20 / VII / 2000

dear

Just a little present
for your birthday to
let you know how
much we appreciate you & care
for you.

Thank you for being so kind
with us & for sharing stories
& games with us.

May God always bless you
& Honour & peace be with
you forever!!

A big hug from us,

Gerardo, Suyai & Dagget

P.S.: Hope you enjoy the
book! (it's in Spanish
but worth the effort ☺)

Los pasos del hombre
MEMORIAS

Literatura Mondadori, 129

Los pasos del hombre

MEMORIAS

FRANCISCO COLOANE

MONDADORI

Barcelona, 2000

© 2000 Francisco Coloane
© 2000 de la presente edición para España y América:
 MONDADORI (Grijalbo Mondadori, S.A.)
 Aragó, 385. 08013 Barcelona
 www.grijalbo.com
Diseño de la cubierta: Luz de la Mora
Ilustración de la cubierta: Francisco Coloane (1929), estancia Sara
Primera edición
ISBN: 84-397-0527-1
Depósito legal: M. 15.382-2000
Impreso y encuadernado en Artes Gráficas Huertas, S.A.,
Fuenlabrada (Madrid), sobre papel AMABULK, offset volumen ahuesado,
mano 1,5, de Papelera de Amaroz, S.A.

ÍNDICE

SALUDO DE EFRAÍN BARQUERO

Este saludo a Coloane –figura tan legendaria y tan querida de nuestra literatura– es de comprobación de sus grandes imágenes australes, desmesuradas y esenciales.

Pero también quiero detenerme en el hombre mismo, en su presencia magnética de barba y ojos, y de gran dulzura y serenidad, como son los movimientos de la naturaleza que obedecen a la luna, al mar, al viento, y hacen posible la atracción que sentimos por él; el respeto vivo de ver encarnarse en el escritor todo un mundo poblado de criaturas fabulosas y primordiales, de secretas zonas donde reinan las ballenas, los lobos, los guanacos, los caranchos; la extensión y el galope aventurado de su vida. Otro ser tal vez habría sucumbido a esa experiencia si no hubiera estado sostenido, como él, por el amor al hombre y a la poesía.

Yo quisiera recordar aquí los nombres de los personajes que él conociera y engrandeciera, personajes con un oficio definido de luchar o de morir: cazadores de lobos, amansadores, aventureros, prófugos, campañistas, marinos, velloneros, pilotos de cúteres, jinetes solitarios, todos ellos hijos de la sobrecogedora Patagonia, de la incalculable conjunción de los océanos australes, o venidos de más lejos, de remotos países, huyendo de un pasado o del eterno destino de los hombres que al final termina por apresarlos, como un témpano, como la estepa magallánica, o como la misma ley humana, implacable y silenciosa.

Nombres extraños de otros seres se unen a los nuestros, dando así mayor misterio y profundidad a estas regiones desoladas de nuestra patria. Y todo salido de este impulso cósmico y esencial de Francisco Coloane, porque, al mismo tiempo que sufrió y luchó junto con estos compañeros solitarios y fundamentales, recogió las más grandiosas manifestaciones de esos páramos, captó a sus héroes en su mayor fuerza y desnudez, nos descubrió la Tierra del Fuego, un mundo atacado por el mar, por la nieve, por el viento del oeste, y por los más oscuros y elementales sentimientos humanos.

Es una literatura que no precisa comentario alguno, sino fervor, entrega y entereza, porque es una suprema lección de vida.

A sus grandes y poderosas visiones de hombres y de bestias que avanzan a través del viento, del mar y de la lluvia, con los ojos devorados por los pájaros, debemos contestar con sus propias palabras, con pequeños trozos de sus cuentos que sabemos de memoria. Escuchemos: «En la noche, el viento y el mar tienen todos los tonos humanos, desde la risa hasta el llanto; y además unos murmullos sordos, unos lamentos lejanos y lacerantes que lengüetean las olas; esos dos elementos grandiosos, el mar y el viento, parecen empequeñecerse para imitar ladridos de perros, maullidos de gatos, palabras destempladas de niños, de mujeres y de hombres».

Son los propios elementos los que están en juego en su obra, son las propias potencias de la naturaleza las que conforman la estructura moral de sus personajes.

A mí, personalmente, me atrae y sobrecoge Coloane cuando da esas ojeadas lentas y misteriosas a la llanura infinita; cuando mira una y otra vez ese pasto coirón de «brillo acerado» —como él dice—; cuando se siente perdido bajo el cielo eternamente ceniciento; cuando avista con extraño pavor esos lugares aprisionantes y oscuros, rodeados por las «matas negras»; cuando huele el aire y la turbulencia de las pasiones desamparadas; en una palabra, cuando penetra temblando en ese triángulo que él trazara y que es la esencia misma de sus libros: «la Naturaleza, el Caballo, y el Silencio».

Al margen del gran caudal de experiencias que nos comunica, de la riqueza y el dramatismo de sus narraciones, de su fraternidad y generosidad humana, me gusta también el Francisco Coloane de las obsesiones, de la premonición, de las revelaciones geográficas. Me gusta cuando es todo piel, olfato, sustancia, temor ancestral y primitivo. Me gusta cuando se hace esquivo, sordo, lejano, clarividente y mítico. Me gusta cuando se vuelve Cazador y Lobo al mismo tiempo, y nos describe ese mundo vedado y alucinante de las pariciones marinas. Así dice: «De súbito, la galería de la caverna se ensanchó y en el fondo de una poza enorme se divisaron montoneras de cuerpos grandes, pardos y redondos, que se movían con pesadez y lentitud... La parición estaba en su apogeo. Algunas lobas se ponían de costado y de sus entrañas abiertas sanguinolentas salían unos turbios animalitos moviéndose como gruesos y enormes gusanos con rudimentos de aletas... Quejidos de tonos bajos, sordos. Choques de masas blandas. Desplegar de aletas, resoplidos. Chasquidos pegajosos de entrañas en recogimiento. Algo siniestro y vital, como deben ser las conjunciones en las entrañas macerantes de la naturaleza... ¡Una isla pariendo!... ¡Región de un mundo lejano!... ¡Lobos, loberos, islas extrañas!...».

Nuestro saludo de hoy es de confirmación, intensidad y vigencia de su obra. Por eso quiero terminar con un trozo inédito que el mismo Coloane me recitara de memoria hace algún tiempo; paisaje revelador y profundamente poético que parece sustentar el fondo de sus creaciones, por su penetración material, su honda palpitación y su búsqueda de la sustancia fecunda. Es éste: «Esta mañana he visto por primera vez el germen de un hombre, y era hijo mío. Cuando me lo trajeron en una palangana enlozada que tenía la forma de un riñón partido, semejaba una delicada flor de cardo que hubiera ido a parar su vuelo entre unos coágulos de sangre.

»Pero había algo más en ello, como un trozo de luz cuajada a la hora del amanecer, o el rastro material que deja en el espacio el proyectil cuando es mirado desde la cureña por el ojo del artillero.

»La comadrona lo tomó entre sus dedos y entreabriendo la flor de cardo me mostró un punto oscuro y me dijo:

»–Eso es.

»–¿Qué? –le pregunté.

»–Su hijo, o lo que iba a ser su hijo.

»–¿Y lo demás?

»–No es nada –me respondió.

»No era la primera vez que yo escuchaba la palabra "nada" sobre algo semejante. Fue pescando centollas en el estrecho de Magallanes. Nuestras redes habían recogido un huevo de raya mimetizado en un trozo de alga muerta. El patrón del cúter lo abrió de una cuchillada y mostrándonos un cuenco de gelatina transparente donde latía un gusano violeta, nos dijo:

»–Eso es.

»–¿Qué? –le preguntamos.

»–La raya, o lo que iba a ser la raya.

»–¿Y lo demás?

»–No es nada –respondió, dejando caer de nuevo el alga muerta sobre las centollas que se removían en la cubierta como grandes rosas de carey...».

Palabras del poeta chileno Efraín Barquero en el homenaje a Francisco Coloane con motivo de la entrega del Premio Nacional de Literatura de 1964

LOS PASOS DEL HOMBRE

POCAS PALABRAS

Estos pasos del hombre describen un recorrido accidentado, cuyo trazo, vaciado en centenares de cuadernillos, hojas sueltas, servilletas de papel de los bares, fui acumulando durante largos años.

Son sólo algunos pasos. Mientras me acerco aceleradamente a los noventa años, siento que la vida me ha regalado una riqueza de vivencias con seres y objetos que no imaginé ni en la mejor expectativa de los sueños de un muchacho que partió en busca de algo más, hacia el extremo sur y no hacia el norte.

Hay demasiadas omisiones de amigos, personas, situaciones, geografías y de mis propios sentimientos y pensamientos. Es inevitable en mi caso, no una excusa. He vivido más de lo que he podido escribir y recordar.

Estas páginas se deben al trabajo generoso de un amigo, gran escritor, José Miguel Varas, quien robándose tiempo para su propio oficio, se dedicó con minuciosa rigurosidad a montar literariamente estos pasos.

Agradezco a Eliana y Juan Francisco, quienes buscaron y ubicaron estas desordenadas páginas con ingente laboriosidad y las entregaron a José Miguel.

Creo que ahora podré volver de nuevo a mi Chiloé, a la Patagonia y al mar. Saludar a Sola Sierra, a Sybila Arredondo, a Bisagra viuda de Soria, dar la mano a más de algún yugoslavo o ex yugoslavo, compartir con tantos seres que han hecho posibles estos pasos.

I. ISLAS DE INFANCIA

Allá están y son alrededor de cuarenta hermanas surgidas de las areniscas terciarias, que se protegen de las erosiones oceánicas, de los maremotos y de las erupciones volcánicas. Un día fui a ver la casa en que nací a orillas del mar; pero se la habían llevado el tiempo y la última salida de madre del Pacífico, en que casi todo el archipiélago del mar interior de Chiloé bajó un metro de nivel sobre las aguas. Fue una de las consecuencias del terremoto y maremoto de 1960.

Al bordear los noventa años un hombre que recuerda su infancia debe tener cuidado de no traicionar la realidad del niño que fue. He visto a niños de tres años hacer y decir cosas que sólo he encontrado en grandes artistas y poetas. ¿Quién recoge esas obras de arte? Nunca, desde luego, la memoria de ellos. ¿No será grotesco ver a un viejo tratando de recordar a un niño o, peor aún, tratando de recordarse como niño? Tratemos de descender por el abrupto peñasco.

Nací en la costa oriental de la isla Grande de Chiloé, que protege con su base granítica de la cordillera de la Costa a las islas menores, desde el canal de Chacao hasta las bocas del Guafo. La vida de esta región está regulada por el flujo y reflujo oceánico que viene desde los cuernos de la luna y de los que habrá más allá de los astros, y por las lluvias esparcidas con toda la rosa de los vientos. Llueve allá de mil formas, con cerrazones bramando huracanadas, copiosos llantos celestiales que traspasan el corazón de los vivos en comunicación con sus muertos, que reposan bajo los cementerios de conchales. A veces lágrimas de animales del agua, mitológicos unos, reales otros, brotan como chisguetazos violentos desde las soterradas holoturias hasta los puños tempestuosos bajando del cielo. «El Diablo está peleando con su mujer», se oye decir en los rústicos fogones campesinos. «Están meando el cielo y la tierra», replica el último viejo que se ha salvado del último naufragio. Los altos alerces conservan en su savia el ir y venir de tres mil años de llanto. El mañío acústico los repite en sus tinglados y los muermos floridos, en la suprema inteligencia de la miel de abejas.

A veces por cuarenta noches y cuarenta días arrecian los diluvios. No se sabe quién llora más ni quién llora menos. Se realiza la unidad de las cosas del cielo y de la tierra, y de los peces, pájaros, bestias del agua, en el barro los *cuchivilus*, los *traucos* en la floresta, los *camahuetos* en los barrancos, las viudas volanderas, los *millalobos*, hombres, brujos, demonios de muchas orejas y colas. Así nacimos los chilotes y así morimos, encerrados en nuestra escafandra cósmica, regulada por las luces y las sombras de los cielos a los abismos. Un mal día o una aciaga noche entran por las bocanas del océano las grandes olas de un maremoto y nos descuajan con escafandra y todo, dejándonos como un astronauta sobre el ramaje de un coigüe. Así le ocurrió a un pescador de ostras en Ancud en el maremoto de 1960. Pero lo encontraron vivo y volvió nuevamente a pescar en su mar.

Es difícil meterse en las cavernas de la mente de un niño chilote. Es más fácil analizar la cabeza de un viejo. De los niños, poetas ignorados, se sabe muy poco: por ende, se les induce a tomar este camino o el otro. Total, ellos casi nunca han decidido su destino. Así como juegan con el primer palo que encuentran a la deriva, encajándole un mástil y un timón y echándolo a navegar con un soplo, empiezan a hacer al hombre.

Mi infancia lejana se desenvolvió entre dos islas del archipiélago de Chiloé, en la costa oriental de la isla Grande y frente a la de Caucahué, que en huilliche quiere decir «lugar de gaviotas grandes», pues hay también el *chelle* o *chillehué*; en la misma lengua, una gaviota más pequeña, enteramente blanca y de cabeza negra. Entre las dos islas pasa el canal de

Caucahué formando un ángulo obtuso, en cuyo vértice está el puerto de Quemchi, que tenía poco más de quinientos habitantes cuando yo nací.

Al oriente del varadero, en «la tierra de la punta», en una casa construida sobre pilotes de madera alquitranados, mi madre, Humiliana Cárdenas Vera, campesina de Huite, hija de Feliciano Cárdenas y de Carmen Vera, me dio a luz a las cinco y media de la mañana, el 19 de julio de 1910. En esos días, mi padre, Juan Agustín Coloane Muñoz, andaba navegando de capitán de barco de cabotaje.

En la casa había una especie de puente de tablones para ir del comedor a la cocina. En la alta marea, el oleaje llegaba hasta debajo del dormitorio y así no demoré mucho en pasar del rumor de sus aguas al de las aguas del mar. Hasta hoy me acompañan los flujos y reflujos de esas mareas y sangres. La voz de mi madre y el rumor del mar arrullaron mi infancia. Los sigo amando y temiendo. De madrugada ella me gritaba siempre: «¡Panchito, arriba, está listo el bote!». Y yo me levantaba a regañadientes para tomar desayuno y embarcarme en un bote color plomo, de cuatro bogas, hecho de tablas de ciprés y cuadernas de cachiguas, que nos llevaba al alto del estero de Tubildad. Allí teníamos siembras de trigo, papas, linaza y legumbres, y nuestros animales: algunos cientos de ovejas y unas decenas de vacunos.

Mi madre se sentaba a popa, encajaba la caña en el timón, a la manera de un manubrio de bicicleta, y tomaba los chicotes para gobernar. Los manejaba lo mismo que las riendas de un caballo. Otro chicote permanecía colgado detrás de la puerta de la casa: ése era para manejarme a mí. Los remeros generalmente eran tres hombres y una mujer, la Juana, alta y delgada, que acompañaba a mi madre en sus quehaceres. En cuanto tuve edad tomé el remo de popa, el más liviano, y reemplacé a un remero.

Humiliana era una mujer menuda, entrada en carnes, de rostro blanco atezado, nariz aguileña, ojos café y tres rulos en la frente. Era enérgica, seca y mandaruna. Vestía siempre amplias faldas. Usaba un pequeño revólver con cacha de conchaperla en un bolsillo grandote que llevaba debajo de la pollera, atrás, en la cintura.

En nuestro bote demorábamos cerca de una hora de Quemchi a Tubildad, según la corriente y el viento. Había que doblar el promontorio de Pinkén, extraña formación sedimentaria que penetra al mar como un angosto paredón selvático, con una abertura en el centro por donde se puede pasar en pleamar para acortar la navegación. A veces el oleaje del golfo de Ancud entra por ahí con fuerza. Cuando sale viento, la travesía es peligrosa. Hay que escapularlo con cuidado y ganar luego el redoso. En los días de calma las aguas son tan transparentes que se ven entre los roqueríos del fondo toda clase de mariscos.

En lo alto del promontorio siempre había un martín pescador al acecho, que se desprendía de las tornasoladas bromelias como una saeta para zambullirse y emerger luego con un pejerrey o un robalo en el pico. A veces una foca nos seguía como un perro cuando los remeros le silbaban. Los *cahueles*, como llaman allá a los delfines, bufaban saltando a nuestro derredor. Una vez vi uno blanco jugando con uno negro. Saltaban al aire, se daban vueltas y caían como tirabuzones. Esto ocurría en primavera.

Cerca de la playa de Tubildad había un gran banco de choros grandes, de los llamados «zapatos» por su tamaño. Deteníamos a veces el bote y con una fisga, una vara de luma astillada en cuatro partes en su extremo, separadas las hendiduras con clavijas, ensartábamos los choros que queríamos. Los buzos acabaron después con este banco de gigantescos moluscos.

En el alto de Tubildad teníamos una casa de madera de piso y medio, con dos miradores, uno de los cuales daba a un lago bordeado de bosques en sus extremos y con pampas suaves en sus costados. En la otra orilla se divisaban casas con arboledas de manzanos, humos y gentes con sus siembras y cosechas. Aquello para mí era un país lejano. El mío estaba en esta otra orilla, donde teníamos nuestros sembrados, que a veces los coipos venían a destrozar. Los perseguíamos con perros, les colocábamos trampas y hasta entrábamos a la laguna en un bongo para cazarlos, lo mismo que a buscar huevos de patos silvestres. Esta laguna desembocaba en el mar por medio de una gran cascada, que caía como una cinta espumosa y blanca desde un cantil repleto de helechos, pangues y toda la variedad de la flora chilota. Del mar venían los chelles y gaviotas y de tierra adentro las cututas, las taguas y los diferentes patos. Nuestros gansos volaban a veces en bandadas desde nuestro patio trasero para ir a juntarse con los pájaros silvestres del mar y de la tierra. Era una algarabía feliz que acuñó en mi infancia una tierra prometida que no he vuelto a encontrar.

Al frente de nuestra casa, después del camino de entrada, mi madre cultivaba una huerta-jardín donde había de todo, especialmente frutillas que vendía en el pueblo, grosellas y frambuesas. Mi padre había traído blancas costillas de ballena y vértebras que servían de asientos y mesas. Yo jugaba entre esas grandes osamentas sobre el césped y las flores y me sentía como un Jonás, navegando en el vientre de un cetáceo. De allí tal vez provenga mi romanticismo por la caza de ballenas. Si hubiera sido poeta habría escrito un gran poema de un niño navegando por las profundidades de los mares y pasando de una ballena a otra como los astronautas en el espacio. Es curioso, dicen que la vida y el hombre vienen del mar, pero aunque aquél ya ha caminado por la luna, todavía no ha podido hacerlo por las grandes profundidades marinas.

Leyendo un viejo derrotero que poseía mi padre aprendí algo sobre el pueblo en que nací, Quemche o Quemchi. Ese libro es una reliquia. Tal vez para asegurar su pertenencia, él puso dos veces su firma, con letra que demuestra la solidez de una mano joven, en las páginas siete y ocho. Faltan las primeras seis páginas, pero no los anexos de mapas e instrucciones. Presumo que la edición data de fines del siglo XIX.

Esto se deduce de la comparación con otros derroteros. Por ejemplo, la edición del *Derrotero sobre naufrajios ocurridos en las costas chilenas*, del capitán Vidal Gormaz, corresponde al 1.º de enero de 1901. Poseo otro libro que es también una reliquia, ya que perteneció al capitán Arturo Prat Chacón, cuyo nombre aparece escrito a mano, a lo largo, en las páginas al corte del lomo. Fue regalo de un amigo que conocía mi afición por el mar.

Dice el antiguo derrotero de mi padre:

Puerto Quemche. 1,5 millas al SSE de Tubildad se halla el puerto de Quenche sobre la costa de la isla Grande, que ofrece un excelente varadero en el río Caln de la carta inglesa n.º 1,289. Para llegar a él es necesario andar 5 millas desde la entrada del estrecho barajando a prudente distancia la costa de la isla Caicahué. Vencidas las cinco millas se encuentra la mayor estrechura del canal, formada por dos puntillas de arena, a menos de 5 cables una de otra, con 10 brazas de profundidad a medio freo. Para pasar esta angostura conviene mantenerse cerca de la isla de Caicahué hasta que la playa de Quenche, que es la continuación de la costa occidental de la angostura, aparezca completamente abierta. Este puerto es actualmente uno de los centros de esportación de maderas, en él toca cuatro veces al mes el vapor que hace la carrera entre Ancud, Puerto Montt y Castro. En este puerto se observan las mayores diferencias de altas y bajas mareas de todo el golfo. La diferencia de nivel entre la alta y la bajamar es de 4 a 6,5 metros según la marea. Al oriente del varadero para buques de 12 pies de calado, la tierra de la punta es plana, i se levanta a 1,8 metros sobre el mayor nivel del mar, i 300 metros al interior se eleva repentinamente formando cerros escarpados i boscosos.

He conservado la ortografía del antiguo derrotero y los términos náuticos de sus amarillentas páginas 447 y 448 sobre los canales de Chiloé, porque yo no lo haría con la misma precisión y claridad.

Los historiadores se ocupan casi siempre de los grandes hechos, de las grandes ciudades. Los pequeños pueblos con sus aconteceres, tal es el caso de Quemche o Quemchi, no tienen historia escrita. Por eso quiero dejar a un lado toda la fantasía y la imaginación que me han permitido crear la verdad sospechosa de mis cuentos y novelas, y trazar un breve bosquejo cuasi histórico de mi pueblo. Digo sospechosa porque un viejo amigo de Tubildad, Elías Yáñez, que me tuvo en sus brazos cuando yo era todavía pequeño, me contó que un muchachito le había preguntado si él había sido ballenero. Por supuesto, Elías le respondió que no. «Luego –le replicó el muchacho– Francisco Coloane es un mentiroso, porque en su libro *El camino de la ballena*, usted aparece como un ballenero.» Ciertamente no lo había inventado. Sólo di su nombre, el de uno de los hombres más nobles que he conocido, a uno de mis personajes.

El decreto de la fundación de Quemchi tiene el n.º 417 de agosto de 1881 y en parte dice así: «Considerando que la caleta de Quemchi ha tomado una importancia tal que está llamada a servir de base para ser una de las poblaciones más concurridas de la provincia, y que con su habilitación de puerto menor, su importancia aumentará lógicamente, se aprueba el plano del señor H. Langdon, para que con sujeciones estrictas a él se arreglen las calles y construyan los edificios de la población Quemchi. Se recomienda muy especialmente al encargado de velar por el cumplimiento del presente decreto que vea modo de dejar expedito un sitio en que más tarde ha de funcionar la escuela pública de Quemchi. Anótese y trascríbase, (firmado) *Luis M. Rodríguez*».

Después de leer en su versión original el decreto de fundación de mi pueblo, me surgen algunas dudas sobre su origen y el significado de su nombre. Un vecino de Tubildad, puerto muy próximo a Quemchi, autóctono del lugar, me ha contado que la palabra viene de *quenche*, que quiere decir «gente de cabeza grande». El abogado Carlos Olguín, oriundo de Quemchi, en su trabajo sobre *Instituciones políticas y administrativas de Chiloé en el siglo XVIII*, nos cuenta que ella significaría «lugar de hombres sabios». Ojalá fuera así. Sin embargo, no hay que olvidar que todo ser humano, pueblo, etnia, raza o nación, se han creído el ombligo del mundo, lo que ha llevado a los peores desastres de la humanidad. Quemchi no podría ser una excepción. En todo caso, *quenche* se convirtió en *quemche*, del mapuche *quemchu*, que significa tierra «ferruginosa, oxidada», de acuerdo al diccionario de Meyer y E. Wilhelm (edición de 1955, obsequio de Meyer). Según Olguín, primitivamente este lugar fue una zona boscosa que llegaba hasta la playa, junto a la cual corría la vega de Quemche o Quenche, donde más tarde se asentaría el pueblo. De acuerdo con lo que me ha conversado, en 1828 sólo había cuatro casas en la región que comprende Huite, Tubildad, Quemchi y Aucar. Una casa por lugar. Así, en Huite estaba la casa de Bartolomé Colhuane; en Quemchi, la de Juan Pablo Tocol; en Aucar, la de Martín Quinan, y en Tubildad, la de Loncomilla. Estos cuatro padres de familia, todos con sus nombres autóctonos, eran dueños o propietarios de esos lugares.

Luego me asalta una nueva duda: ¿seré yo Colhuane y no Coloane como me pusieron en el registro civil, hijo de Juan Agustín Coloane?

La vida era simple y la gente se fue afincando en sus terrenos, haciéndolos fecundos así como se multiplicaban las familias. Sé por relatos de los mismos lugareños que muchos llegaron a las islas arrancando de los araucanos, ya que ellos eran huilliches, y de esa lucha primitiva, de a caballo o de a pie, lanza en ristre, con maza o arcabuz, de entreveros con piratas holandeses, franceses e ingleses y portugueses, por nuestras costas de naufragios y salvatajes, está imbricado en parte el mestizaje isleño, donde predomina más la maternidad que la paternidad indígena.

¿Y quién fue Juan Agustín Coloane, mi padre?

Mi padre era un autodidacta del mar, como yo de la literatura. Sólo que yo nunca pude usar la pluma como él su arpón. Me cuentan que primero anduvo en las «lobadas», como se dice allá de las cacerías de focas. Luego fue patrón de chalupas balleneras que pescaban para la factoría de Corral.

Era la época en que se cazaba con el arpón de mano. Más tarde cazó el cetáceo con cañón arponero en la *Yelcho*, nave de la que fue capitán. Fue este mismo barco, adquirido por la Armada y al mando del piloto Pardo, el que salvó a Shakleton en la Antártida. De mis abuelos paternos, sólo escuché hablar de la «abuela Muñoza» y de un tal «Pancho Yegua», que vivió sus últimos años en una casa solitaria.

Elías Yáñez está siempre presente en mis recuerdos. Tranqueando a sus más de noventa años, tenía que pedirle que me esperara al subir la cuesta para su casa, y yo tendría entonces unos cincuenta o menos... Él sabía más de mi infancia y de mis antepasados que yo mismo. Y de los suyos, como el primer Cárdenas, llamado Juan y que era un caballero porque llegó hasta el canal de Chacao con un animal para que Alonso de Ercilla y Zúñiga escribiera en un coigüe: «Aquí llegó donde otro no ha llegado». El primer Yáñez, según Elías, llegó desde Osorno a las islas arrancando de los araucanos que le habían «desollado» los pies. Allí se quedó y formó su familia...

Como él me tuvo en sus brazos a la semana de nacer, me dijo: «Usted era un niño así de largo y con un llanto ronco, muy ronco...». Entonces extendía los brazos, con los que acostumbraba medir hasta el aire para hacer desde un bote, un catre, un ataúd o una casa, con sabiduría y afecto para mostrar mi tamaño. Elías me dio a conocer un librito, *Memorias de un marinero mercante*, de David Villarroel, nacido en Quemchi, quien remolcó el buque llamado *Primer Chilote*, un vaporcito construido en Ancud. Allí leo: «Salimos a las cinco de la mañana aprovechando la corriente y el viento sur; no tuvo inconveniente el capitán don Juan A. Coloane, quemchino, para sacarnos rumbo al océano. Estando a la altura de la isla Sebastiana, el capitán ordenó preparar el velamen...; de pronto da una cabeceada el buque inundándose la cubierta de agua, se corta el remolque quedando a merced de las olas... Al momento ordenó el capitán izar foque y cazar mesana mayor, gavias y velachos. Los marineros corrían de proa a popa en las drizas y escotas cantando, porque así se acostumbra en el mar... El capitán con la bandera despedía al *Primer Chilote,* que era juguete de las olas. Nunca se oyó decir que el capitán Coloane hubiera sufrido algún traspié en sus navegaciones».

Quise quedarme con el librito por amor a mi padre y por vanidad. Elías me lo prometió más de alguna vez; sin embargo, pasó el tiempo, desapareció el viejo Elías y con él mis ilusiones de apropiármelo.

Mis dudas persisten: ¿seré Colhuane y no Coloane como aparezco en el registro civil, hijo de Juan Agustín Coloane?

Mi hijo Juan Francisco tenía unos siete u ocho años cuando llegó un día muy preocupado a casa, de su escuela anexa a la Normal José Abelardo Núñez, porque la maestra le preguntó: «¿Cuál es el verdadero nombre de su padre?». Él sólo le respondió: «El mismo no más». Sin embargo, llegando a casa interpeló a su madre y le hizo la pregunta al revés: «¿Mi papá es mi papá?». «Por supuesto que sí», le contestó, pero el niño volvió a la carga: «La profesora dice que no se llama así, porque Neruda no se llama Neruda y tampoco la Gabriela Mistral». Difícil tarea para un padre contestar las interrogantes o dudas de un niño, cuando él mismo no tiene seguridad de nada. Juan Francisco continuó con su inquietud. Con mis raíces afincadas en Chiloé y en Magallanes yo no tenía mayores preocupaciones por conocer el origen de mis antepasados. De mi padre nunca tuve noticias al respecto. Estoy seguro que él no se aproblemó con este tema.

Un buen día del año 1962, cuando yo trabajaba de corrector en la editorial de lenguas extranjeras, en Pekín, China, llegó a mi oficina un amigo y me obsequió un sello de correos, emitido por el servicio postal de la colonia portuguesa de Macao, en el que aparece la «isla de Coloane». Por cierto, se despertó mi curiosidad, y aún más la de mi hijo. Nos dedicamos a revisar la *Historia de China* de Wang Chu-Heng. Allí leímos que Macao, al occidente del río Perla, tiene dos islas adyacentes, que son Ttantsai y Luhuan, según la toponimia china. Se agrega que Portugal tomó posesión de Macao después de la guerra del Opio de 1840 y pasó a denominar ambas islas «de Coloane» y «Taipa».

En 1974, después del golpe militar en Chile, Juan Francisco viajó a Estados Unidos para desarrollar un trabajo de investigación como sociólogo. Pasaba largas horas en la biblioteca de su universidad. Revisando un anuario estadístico, encontró varios textos con materiales sobre la región del Mar del Sur de China, lo que le permitió conocer mejor lo que ya sabía sobre Macao y sus dos islas. De sus apuntes he anotado lo más interesante para mí.

Los contactos entre portugueses y chinos no fueron sencillos. En el siglo XVI los chinos arrendaron a los portugueses la península de Macao con sus islas. Así esperaban eliminar la piratería y mejorar su comercio con Portugal. Empero, la piratería aumentó a medida que se acrecentaba el comercio con la incorporación de los nuevos mercados representados por Holanda, Inglaterra y España. A la par, el imperio portugués se iba debilitando, incapaz de hacer frente a la invasión cada vez mayor, en sus posesiones, de navíos de comercio y barcos piratas.

Los marineros de los buques mercantes eran sometidos durante las travesías a maltratos brutales. Esto originó sangrientos motines. En el siglo XVI se recuerda uno en que la tripulación dio muerte a casi toda la oficialidad. Entre los pocos que se salvaron estaba el poeta Luis de Camões, desterrado de Portugal a Goa, colonia portuguesa en la India, y de allí a Macao. Se dice que parte de su poema épico «Los Lusíadas», en el que relata el viaje de Vasco de Gama a la India, fue escrita en Macao. Hasta allí llegaban, pues, además de muchos marineros «desenganchados» de sus barcos, toda clase de aventureros, corsarios, poetas, artistas. También esclavos negros procedentes de África y asiáticos de Malasia. En contacto con los misioneros portugueses, muchos de ellos se convertían al catolicismo. Hacia el siglo XVIII la colonia tenía una población heterogénea de varios miles de residentes.

Macao se fue transformando en un gran centro comercial y también en un centro del juego y la especulación, con un gran casino que es hasta hoy una gran atracción para los turistas. Juan Agustín Coloane bien pudo ser uno de aquellos marineros que se evadían de los duros trabajos y castigos que tenían que soportar en los barcos. Tal vez tomó su apellido de aquella isla junto a Macao. Se puede suponer que, embarcado de nuevo, desertó en Chiloé porque el paisaje de estas islas remotas le recordaba el de aquellas otras de su infancia.

El 9 de febrero de 1998 recibí una tarjeta enviada desde Macao por Joyce Pina, una joven china-portuguesa que leyó mi libro *Tierra del Fuego*, en traducción al portugués. El saludo de Año Nuevo de la tarjeta viene en chino, portugués e inglés. He conversado con Joyce por teléfono en dos ocasiones. En la segunda me grabó algunos minutos para Radio Macau.

Después de tantas interrogantes acepté afirmarme en mi apellido, especialmente desde el 21 de mayo de 1968 en que la Ilustre Municipalidad de Quemchi me declaró «Hijo ilustre» en reconocimiento a mi modesta labor literaria, cuyo basamento son las islas de mi infancia.

Terminado el acto, me acerqué a mi amigo Carmelito Cendoya, oficial del registro civil, quien me invitó a conocer su oficina y a examinar los libros que han ido registrando la vida social y la historia del pueblo. Por supuesto, quise revisar los archivos para satisfacer mi curiosidad y mi inquietud no agotada por muy largos años.

Carmelito, más joven que yo, me pasó un archivo correspondiente a la letra C. Ni muy abundante ni muy viejo, para una población que nunca ha sobrepasado los mil habitantes. Allí me topé con una diversidad de nombres conocidos: Cárdenas, Cabello; y luego Colohane, Coluane, Colvún, etc. Entre ellos, aparece la inscripción de un matrimonio: «Coloane Muñoz, Juan A., soltero de 26 años de Huite, casado el 18 de mayo de 1892 con Humiliana Cárdenas Vera de 20 años de Huite. Él, hijo de Francisco y Mercedes; ella de Feliciano y

Carmen». Revisando otros archivos encuentro Holguín y Olguín, Ferreyra y Ferreira, Huichacán y Güichacán, Mancilla y
Mansilla, Macía y Masías, etc. Le pregunto a Carmelito por
qué esta diversidad de escritura, en circunstancias que a veces
se trata de miembros de las mismas familias. Con mucha sabiduría y un tanto asombrado de mi ignorancia, me respondió:
«No olvides que la Ley Civil data del 17 de julio de 1884 y su
vigencia se inicia el 1.º de enero de 1885. A los pueblos los
efectos de la ley fueron llegando de a poquito. Algunos funcionarios escribían bien. Otros anotaban lo que entendían».

A veces tenemos la pretensión de desentrañar o tal vez de
inventar misterios y de pronto nos encontramos con la época en que los hombres no pulimentaban la piedra, como las
tres hachas que encontró el viejo Elías en un coigüe, que no
nos dejaron su testimonio escrito.

Rosa, mi Rosa Millalonco, fue la mujer que más me amó en
mi infancia. De antigua familia indígena, ella trabajaba en los
campos de mi abuelo. El chicote de mi madre me hacía
acercarme en busca de refugio al regazo de Rosa. Cada vez
que nos agarraba un temporal, Rosa me hacía rezar entre sus
faldas para que nos salváramos. Pero cuando la tempestad la
provocaba yo con mi mal comportamiento, recibía los chicotazos entre esas mismísimas polleras. Las llevo en mi sangre y me sacuden cada vez que un temporal me sorprende
desprevenido o durmiendo, en tierra, mar o aire. En el vacío
de aire de un avión, remontando la cordillera de los Andes,
me desperté una vez pensando en ella y persignándome. Tal
vez eso me salvó de ser comido por mis semejantes, como le
sucedió a los uruguayos de un equipo deportivo, pasajeros de
un avión que cayó entre las cumbres.

Rosa Millalonco tuvo que soportar una vez un puntapié
en el labio mientras ataba mis zapatos. Herí su boca y la vi
llorar. Tengo presente su rostro trizado por las lágrimas. No
he olvidado jamás ese instante. Toda mi vida traté de expiar
lo que le hice. La última vez que estuve con ella, con inmen-

so cariño, fue cuando moría su padre de ciento diez años. Murió ella poco tiempo después, sin haber tenido otro hijo que yo.

Millalonco quiere decir «cabeza de oro». Un oro que siempre derrama el sol sobre nuestras islas, el del instinto maternal en medio de la despiadada naturaleza. Rosa no tuvo hijos, entregó toda su ternura a los ajenos. Su cara maternal era tan ancha, luminosa y redonda como la luna, donde se refleja como en una estatuilla que se lleva dentro, la obra del gran «millalonco» en su timoneo planetario.

Tomaba, pues, mi madre los chicotes de la caña del timón y nos íbamos costeando por el canal de Caucahué hasta remontar Pinkén. En una hora estábamos en nuestra casa de Tubildad. Para llegar a ella había que repechar un pedregoso y duro camino en ascenso abovedado entre ramazones de petas, arrayanes, pelús, tiques, helechos y pangues, para nombrar sólo algunas de las innumerables especies de la floresta chilota. En lo alto de una colina nos esperaba la casa blanca de piso y medio, con mirador hacia la salida del sol. Al norte, la orilla de una laguna larga que escondía sus extremos en los bosques. Cuando llueve, la laguna desagua por una catarata rumorosa y espumante que cae entre esa frondosidad voluptuosa desde un acantilado hasta convertirse en un arroyo que transcurre por el lecho fangoso del estero de Tubildad. Aquí teníamos un gran corral de pesca, que en primavera se llenaba de sierras. Las recogían por carretadas para ahumarlas en los colines. En invierno quedaban algunos robalos que, según acuerdo de los vecinos, pertenecían al que madrugara más. Era un curioso estatuto de apropiación estrictamente respetado. Nunca oí contar a mi madre que hubiera tenido conflictos.

Al hablar de carretadas, debo aclarar que en esos tiempos de mi infancia, se usaba una especie de bongo cavado con azuela al que se le dejaba un mocho donde se amarraba la cadena al yugo. Era un buen medio de transporte anfibio que servía para el barro, los charcos, y en el bosque se arrastraba lo mismo que un tronco convertido en canoa con fondo plano. De lo alto de Tubildad se las dejaba caer llenas de sacos de trigo o de papas impulsadas a trechos por su propio peso como un tobogán. Mi madre manejaba todo esto, ya en bote, ya en su caballo mulato, con montura a un haz, con cacho para sostener la pierna. Me llevaba siempre al anca, cuando era muy pequeño; y yo me agarraba a su cintura, donde siempre me molestaba el gran bolsillo bajo su pollera, *ñelputo*, en que guardaba el pequeño revólver de cacha de conchaperla, desde que el viejo Barría, vecino con el cual tenía un pleito por linderos de tierra, según contaban, la amenazó diciendo que un día iba a aparecer quemada en el pajar... Éste fue uno de los primeros terrores de mi infancia. Con angustia veía salir de la umbría boscosa el rostro de fiera de Barría y a mi madre muerta en medio de una hoguera alimentada por la paja del trigal, después de una trilla a yeguas.

Con el tiempo permanecíamos más en Tubildad que en Quemchi, yo montando ya mi propio caballo, un mampato negro llamado Huaso. Con él me iba de Tubildad a Huite, a aprender las primeras letras a la escuela rural. Me acompañaba de a pie Virginia, hija de un inquilino, un poco mayor que yo. Cerca de la escuela vivía mi abuelo Feliciano Cárdenas Domínguez. En su casa se alojaba mi profesora doña Victoria Bahamonde, que vivió en Quemchi hasta avanzadísima edad, aunque yo la recuerdo muy joven, dulce y hermosa. La tuve en mi casa de Santiago con su marido don Arturo Holguín Wastendhorf, después que recibí el Premio Nacional de Literatura, en 1964. La pieza que habitaba mi profesora en la casa de mi abuelo tenía un afiche en colores anunciando el «Té Ratanpuro», con un desfile de hermosas muchachas de faldón corto, gorro militar con penacho, piernas al aire, y la más vistosa dirigiendo el redoble de los tambores con su guaripola. La casa de mi abuelo era a la antigua. Tenía un *collín*, un enrejado sobre el fogón rústico, donde siempre había pescado o carne de chancho ahumándose. También un manzanar y un guindal pródigo. Recuerdo una variedad de manzanas pequeñitas, rojas y muy dulces, y la reineta o limón, que doña Carolina, la segunda mujer de mi abuelo, me obsequiaba de paso a la escuela. Las guardaban en barriles con paja de trigo en el invierno y así su frescura y sabor conservaban durante el largo invierno algo del sol de las sementeras.

La escuela estaba en una península arenosa bordeada de matorrales costeros como quiscales, el que da los dulces chupones, petas con sus mitahues, lumas con sus cauchaus y maquis de parecidos frutos. En la marea alta aquella península se convertía en una isla, pues el mar entraba por la angosta bocana de un estero que llegaba desde el corazón de los bosques altos, al pie de los acantilados y los cerros. Sólo podíamos pasar a la escuela cuando había marea baja. Después se construyó un puente. Por el norte de la península hubo en tiempos antiguos un varadero donde se carenaban los buques españoles. Todavía quedaba el cuadernaje de uno de ellos. Las cuadernas salían del légamo como costillares de oscuros cetáceos.

Era toda la escuela una sola sala de clase que albergaba simultáneamente tres cursos. No sé cómo doña Vicho, como llamábamos a nuestra maestra, una joven dulce y hermosa, se las arreglaba para la enseñanza simultánea de tres cursos primarios y además para civilizarnos, pero no nos pegaba como mi madre. Tampoco puedo explicar cómo aprendí a leer y a escribir. Lo mismo me ocurre ahora cuando escribo un cuento o una novela. A veces lo hago con alegría y entusiasmo y otras con esfuerzo y aburrimiento, pensando que si yo me lateo con lo que escribo más deben latearse los lectores, y entonces lo dejo. Por eso la literatura no ha sido para mí tan indispensable. Puedo vivir perfectamente sin ella, sobre todo si no tengo la libertad de expresar lo que siento y pienso. Un día el cura de Quemchi, amigo de mi madre, me regaló un libro de Salgari. No me llamó la atención. Lo que yo veía bajo la ventana del palafito donde vivíamos, las peleas entre yaganes y chilotas, las olas de arena para el terremoto, las tempestades, eran mucho mejores que las aventuras de Salgari.

Los pájaros que en la alta marea venían a posarse en bandadas en el extremo arenoso de la península eran más libres que nosotros. Con buen tiempo, la puerta de la sala de clases se dejaba abierta y de las blancas letras en el negro pizarrón, nuestros ojos volaban como las alas blancas y la cabeza negra de los chelles, la gaviota más pequeña y hermosa de las islas. Las *patrancas* eran nuestra mayor atracción. Es una especie de pingüino que se conoce con el nombre de «pájaro-niño» por su pecho blanco, su lomo negro y su inocencia infantil. Tiene un graznido ronco, parecido al de una matraca entre dos aguas. Hacia ellos nos lanzábamos en carrera apenas doña Vicho tocaba la campanilla de recreo. Como no vuelan, les cortábamos la retirada al mar y los ultimábamos a patadas y peñascazos. Doña Vicho corría dejando su escuela de pájaros terrestres para correr a defender a los del mar de la crueldad de nuestro «grupo móvil».

Varios muchachitos teníamos caballos. Las niñas iban generalmente a pie. Cuando salíamos de la escuela armábamos carreras de caballos y en verano nos echábamos, montados en ellos, al mar.

En nuestros bolsones de loneta, Virginia y yo llevábamos la pizarra, el «lápiz de leche» (un lápiz de mina blanca que hacía las veces de tiza) con una pita amarrado al marco de madera, y el silabario Matte cuya primera lección empezaba por OJO, ilustrada con un gran ojo de párpados abiertos sobre la palabra. Este ojo de pestañas negras me ha perseguido toda la vida: hermoso cuando lo veo en una niña, sombrío en una mujer, trizado en una vieja. En el cielo, a veces, entre las nubes cuando se adivina el sol, de pronto sale avizor con esa extraña claridad que los marinos llaman «ojo de buey», al «norte claro, sur oscuro, aguacero seguro». También lo recuerdo en estampas religiosas como el de Dios sobre la tierra y en las hojas de los avellanos al relampaguear en medio de la tempestad. Siempre ha tenido para mí algo extraño la visión de un ojo aislado de la totalidad de su organismo. Es como la escotilla por donde atravesaran las luces y las sombras de nuestra conciencia, interrogándose, cerrándose y abriéndose con un perplejo parpadeo. Caín fue perseguido toda la vida por ese ojo. Lo aprendí en la enseñanza religiosa de las estampas que decoraban la pieza de mi hermana Claudina. Es el ojo del «monólogo interior» tan usado en la técnica literaria moderna con el parpadeo del punto seguido cortando el mensaje de la frase como en el telégrafo Morse. Con el equilibrio entre sus propias luces y sus propias sombras, interrogándose, pasa el camino de los pies del hombre sobre su planeta.

Bajo un bosque de avellanos que quedaba junto a otro de manzanas silvestres llamadas camuesas, entre la casa de mi abuelo y la escuela de Huite, pasábamos a jugar con Virginia, la Viqui, mi compañera de viaje, de regreso de la escuela. En los bolsones llevábamos además nuestro bastimento, consistente en tortillas al rescoldo, milcao, huevos duros, carnes o pescados, generalmente ahumados, y las manzanas reinetas. Los frutos del avellano, pequeña baya verde, roja, morada y oscura en las cuatro estaciones del año, se ponen muy sabrosos si se los guarda en un hoyo profundo bajo la tierra, donde no les llegue la lluvia. Nuestros juegos eran subirnos a los manzanos aunque las camuesas fueran ácidas, revolcarnos en la hojarasca otoñal, dando vueltas de carnero, y esconder avellanas bajo la tierra para comerlas en el invierno. Lugar puro, sagrado y maravilloso del bosque de mi infancia. Retozábamos inocentemente, como niños de siete años, pero a veces pienso que la serpiente ya andaba escondida en nuestro paraíso terrenal y la veo surgir como una planta de sombra que sube enroscada a la copa enrojecida de los avellanos en primavera. Siempre que ha surgido la flor del amor en mi pecho, lo ha hecho como esa raíz de sombra con su olor a avellana enterrada. En mi recuerdo busco aquel paraíso perdido, y asoma con su perfume de umbría la Viqui, tal vez porque debimos haber seguido juntos los viajes verdes, rojos, morados y negros de la vida.

Quiero insertar aquí una descripción de ese lugar hecha por un hombre a quien admiro.

Se trata de Charles Darwin en su *Viaje de un naturalista alrededor del mundo*. Escribe así el día veintiséis de noviembre de mil ochocientos treinta y cuatro: «Al atardecer alcanzamos una encantadora y pequeña bahía situada al norte de la isla Caucahué. Los habitantes se lamentan mucho de la falta de tierra. Esto, debido en parte a su propia negligencia, porque no se quieren tomar el trabajo de roturar, y en parte a las restricciones impuestas por el gobierno; hace falta, en efecto, antes de adquirir una pieza de tierra, por pequeña que ésta sea, pagar al geómetra dos chelines por cada cuadra que miden y, además, el precio que le place fijar como valor de la tierra. Después de su evaluación, hay que sacar la pieza de tierra a subasta tres veces, y si no se presenta quien la quiera adquirir a precio superior, pasa a ser propietario de ella el primer postulante, al precio fijado. Todas estas exacciones impiden la roturación en un país donde los habitantes son tan pobres. En la mayoría de los países se desembarazan fácilmente de las selvas quemándolas, pero en Chiloé el clima es tan húmedo, las esencias forestales son de tal naturaleza, que es absolutamente preciso abatir los árboles, y éste es un serio obstáculo a la prosperidad de la isla. En tiempos de la dominación española, los indios no podían poseer tierras; una familia, luego de roturar un terreno, podía verse expulsada y ver pasar esas tierras a poder del gobierno. Las autoridades de Chile cumplen hoy día un acto de justicia al dar un lote de tierra a cada uno de esos pobres indios. Por lo demás, el valor del terreno boscoso es poco considerable».

El insigne sabio de *El origen de las especies* decía una verdad que un siglo después yo vería con mi propia familia. Al fallecer mi madre en 1926, mi hermanastro mayor, Francisco Cabello, vendió las tierras de mis padres y de mis abuelos. En la de éstos vivía, como ya he contado, una familia indígena desde tiempos inmemoriales, los Millalonco. Ellos fueron desalojados con la crueldad de la injusticia que algunos llaman ley y arrinconados en un bosque, donde tuvieron que roturar de nuevo, con elementos rústicos, para poder sembrar un poco de papas y no morirse de hambre con lo que les daba el mar. A pesar de mi juventud, intervine pidiendo que la parte que me correspondía se la entregaran legalmente a Santiago Millalonco, pero pudo más la codicia y esa propiedad privada amparada por la ley. Por suerte mis manos no se mancharon con ningún dinero de la venta de esas tierras, porque, además, me marginaron de esa expropiación hecha en indebida forma, ya que no reconocieron mis derechos.

En el derrotero del capitán de navío Baldomero Pacheco C., de 1913, que mi padre usaba en sus navegaciones, en la página 204, se encuentran las siguientes indicaciones:

El puerto de Huite mide unos seis cables de saco i dos de ancho en la entrada, i por su configuración i abrigo contra todos los vientos ha merecido el nombre de dársena. Su forma es mui regular sondándose 25 metros en el centro, profundidad que disminuye gradualmente hacia las orillas, lo rodean alturas de contornos suaves, algo escarpadas en parte i de unos 50 metros de elevación.

Al oriente del puerto, en la medianía de la restinga de arena que lo cierra por ese lado, a menos de un cable de la orilla, hai un buque a pique que podría ser un obstáculo para una nave que fuera a fondear por ese lado.

La playa de la costa occidental de la dársena, mui suave i compacta, es perfectamente apropiada para las operaciones de carena i limpieza de los fondos de las naves; la tranquilidad de las aguas en el puerto es casi absoluta i la amplitud de las mareas llega a seis metros. El establecimiento del puerto es 0 h. 54 m.

En Huite no había maestranza, por lo que era necesario que el buque que se dirigiera al lugar llevara consigo todo lo necesario. Las maderas son abundantes, pero sin preparar; sin embargo, era posible encontrar carpinteros de ribera y calafates. Huite tenía una población pequeña, diseminada en las colinas y sus industrias consistían en la corta de madera y el cultivo de sus pequeños predios; el agua se podía obtener con cierta facilidad, así como víveres frescos.

Entre esos pequeños predios estaba el de mi abuelo Feliciano, un viejo alto, huesudo, de tez morena y cabellera entrecana como las crines de su caballo Rosillo, con avío de cuero de oveja y unos estribos de madera semejantes a cajones de lustrabotas. Cuando veo las ilustraciones del *Quijote*, mi oscuro y pequeño caballo chilote me recuerda al burro de Sancho. A veces mi abuelo me prestaba su Rosillo, y en una ocasión en que estaba de visita en nuestra casa de Tubildad, bajé con el caballo blanco por la cuesta hacia el estero. El día, hermoso con un sol de oro, y el mar con una calma plateada, me incitaron a romper las olas con el pecho del Rosillo, y así nos echamos a navegar aguas adentro. Encajé los pies entre las correas de los arzones y los estribos quedaron flotando. Hacía calor, y al Rosillo pareció gustarle el baño porque endilgó hacia la orilla que llevaba a Quemchi. Había oído decir que mi abuelo a veces atravesaba a nado esa parte del estero, sobre todo si se le había pasado la mano con el «espíritu volteante», como le llamaba al aguardiente. Me encaramé sobre los pellones de la montura gozando de aquella proa viva que rasgaba la plata del mar bajo la risa de oro del sol.

De pronto un vaivén y mi nave se escora a estribor. Le doy un fuerte tirón de riendas y el caballo dobla el pescuezo hacia la orilla de donde habíamos zarpado. El Rosillo se bamboleó casi hasta dar una vuelta de campana y me caí al agua, pero agarrado como un mono a los arzones. Luego, me deslicé hacia la desflocada y larga cola que se confundía con la estela. No recuerdo cómo salimos; mas todavía siento los sacudones del «barco» que trató de echarme por la borda. El sol de verano bajó a limpiar nuestras mojadas culpas. Ni mi madre ni mi abuelo supieron del percance que me permite contar el cuento.

Carmen Vera, la abuela a quien no alcancé a conocer, era del «interior», es decir, de gentes de más al sur. Contaban que viniendo a caballo a casarse con mi abuelo, un camahueto derrumbó un cerro interrumpiéndole el camino costero. Sin embargo, allí encontró un botijo llamado «pisco», con numerosas monedas de oro y plata que constituyeron su dote para el matrimonio. La encontraron muerta en la cuesta de Huite, cerca del bosque de las manzanas silvestres. Se supuso que se había caído del caballo y que una raíz le había golpeado en la nuca, o una piedra, que de vez en cuando se encuentran entre las matas. Algunas hasta de la época del neolítico.

La versión del errante buque fantasma *Caleuche* fue transmitida por esa abuela a mi madre y de sus labios a los míos, pero advirtiéndome que cuando don Feliciano llegaba a Quemchi con «espíritu volteante», no dejaba dormir a doña Carmen Vera hablándole tantas leseras toda la noche.

Al llegar a Huite por la playa, se pasa por una pequeña ensenada convertida en gran piscina en la marea alta. En la pequeña y fértil peninsulilla que la forma, vivía la familia de Tocho Oyarzo. El lugar se llama Puerto Oscuro, debido a los altos acantilados boscosos que dejan caer sus sombras en las aguas. Una punta rocosa, Yauvilú, tiene, o mejor tenía, porque el terremoto de 1960 bajó la costa en más de un metro, una caverna pedregosa por la que asomaban raíces semejantes a culebrones de mar trepando el acantilado, y una vertiente; pero tal vez su nombre en las cartas marinas es probable que provenga de la serpentina sinuosidad de esa costa, que termina como una cabeza de culebra con la sigilosa lengua afuera. Los marinos, al levantar sus cartas, no sólo trazan los perfiles del terreno que pisan, o van a pisar otros que sigan sus aguas, sino que los nombran con símbolos que los retraten.

El hecho es que mi abuelo antes de llegar a esta punta vio de pronto un barco espejeante fondeado a la cuadra. Luego se desprendió de sus costados una chalupa con cinco marineros de uniforme blanco, tan relucientes como la obra misma de la nave. Atracaron a la cueva de la punta, se perdieron un buen rato en ella y luego salieron bogando sobre las bancadas con un pie pegado al espinazo y la cabeza torcida hacia atrás, como corresponde a los embrujados tripulantes del *Caleuche* o de algún barco que pase a «hacer agua» en ese lugar. Se llena la chalupa con el agua de la vertiente casi hasta los bordes y los marineros tienen que remar en las bancadas para no mojarse o caerse al agua.

«Este puerto puede ser de mucha importancia, porque la diferencia de nivel de las mareas es grande, el agua es profunda cerca de tierra i no se levanta marejada. No se conoce otros lugares de la costa de Sud América que reúna estas condiciones tan favorables para varar i limpiar o reparar sus fondos. Esta punta es mui acantilada, la costa occidental es cuidadosa, roqueña i somera hasta 90 metros de tierra. Se denomina Yauvilu o Culebra», dice el más antiguo de los derroteros de mi padre.

Como se ve, estaban dadas las condiciones para que Tocho Oyarzo, activo propietario de la pequeña península, recibiera a los tripulantes del *Caleuche* en sus aquelarres nocturnos. Además, sus ovejas negras daban la mejor lana para los pantalones de carro, chompas y mantas; vacas negras con la mejor leche, perros negros para cuidar la oscuridad del puerto, y gallinas negras, porque ponen huevos entre los que a veces se incuba un basilisco y el que se lo come crudo puede reponer un tripulante del buque embrujado cuando un desertor se queda en tierra por comerlo.

Si Darwin hubiera fondeado en Puerto Oscuro en vez de hacerlo en Huite, seguramente que hubiera tropezado mucho antes con el eslabón perdido para su teoría del origen de las especies.

Pero por allí pasaba solo mi abuelo en su Rosillo y con su «espíritu volteante» porque se contaba que tuvo el encuentro nocturno con un «burro plateado cuyas orejas parecían pailas». Le echó el caballo encima para darle alcance, pero el burro se escondió bajo tierra, dejando una llamita que asustó al caballo. En las mañanas de San Juan era tradicional que los alrededores de la escuela amanecieran todos dados vuelta por las palas y picotas de los buscadores de entierros, los tesoros escondidos por los españoles o por piratas que posiblemente dejaron otras huellas en las islas. *Calanche* se llamaba el barco que comandaba el holandés Vicente Van Eucht, y «calenche» se le denominaba a un pueblo indígena que habitaba los contornos del golfo de Penas. Tanto los calenches como los chonos fueron traídos por los misioneros jesuitas a las islas de Chiloé, muchas de las cuales conservan sus nombres: Chaulinec, Tac, etc.

Mi abuelo Feliciano murió aplastado por un árbol que hacheaba en un bosque alto de su propiedad. Lo encontraron con el tronco sobre el pecho. Cada vez que visito el cementerio de Huite llego hasta su tumba, que siempre conserva un avellano como tratando de arrancarlo de sus raíces. Tantos derribó su hacha de leñador que «el que a hierro mata» a veces con el árbol de la vida muere. Por su edad debe haber calculado mal los tres últimos hachazos que se dan en el tronco al otro lado del corte y que determinan la dirección en que el hachero quiere que caiga el árbol.

El juez de Quemchi no autorizó la sepultación de sus restos hasta que no se le practicara una autopsia. Largos y oscuros trámites obligaron a mi madre a que el ataúd fuera colocado en el campanario donde se trillaba el trigo y se guardaban las ovejas con camadas de paja ratonera que servían de abono en los papales. Mientras tanto, dispuso que se rezara una novena en la casa, y al caer la noche íbamos de Tubildad a Huite, a una hora de a caballo, llevándome a las ancas de su Mulato.

¡Qué noches estas en que un niño por primera vez olfatea los rastros de lo que llaman muerte! Había escuchado músicas celestes y las imágenes religiosas con que mi madre y mi hermana decoraban sus habitaciones. En noches de tempestad junto a su brasero de cancagua se acordaba de su marido y de su hijo que navegaban, rezaba por ellos; pero no dejaba de tomar su mate con sopaipillas. En el día de los muertos, plena primavera, la gente iba al cementerio portando coronas de siemprevivas, lianas que se arrastran como un llanto luminoso bajo el bosque, adornándolas con los dorados «zapatitos de la virgen» o la restallante y diabólica granada del sonrosado ciruelillo.

Sobre una tarima se levantaba el catafalco de mi abuelo, pero por sobre el campanario empezaron a volar negros gallinazos atraídos por su olfato de la muerte. En contraste, tres o cuatro grandes muermos alrededor permanecían cual altos candelabros floridos. Estos muermos se tupen de rosas blancas tan perfumadas que trascienden las quebradas. Se repletan asimismo de abejas que pululan en busca del néctar que produce la «miel de ulmo» y de otros grandes moscardones de terciopelo rojizo, que en vez de la geometría incomparable que emplean las unas en la arquitectura de sus panales, los otros, silvestres, depositan su cera en los huecos de palos podridos o entre raíces bajo la tierra, en porosas celdillas semejantes a las pencas de los piures en el lecho marino, y así, como a ellos, uno tiene que levantar el pastel terroso hacia el cielo y dejar caer en los labios la miel de esa soterrada ubre materna.

En ocasiones llegábamos cuando ya había comenzado el rezo, y más allá de los muermos se escuchaba un confuso rumor de insectos en busca de su néctar nocturno, semejante al de una libación colectiva. Durante nueve días acudieron los vecinos dirigidos en sus oraciones por algún fiscal o cabildante de la parroquia de Huite. Después de los rezos se servía abundante comida de carne de cerdo, vaca o cordero, con un pan grande de harina morena. Lo que no se alcanzaba a consumir era llevado por los concurrentes en calidad de *lloco*. Se destapó un barril de chicha de manzana de la arboleda del finado Feliciano y, por su salud en la otra vida, se bebía en ésta. Un árbol había aplastado a mi abuelo, pero había dejado el perfume de su trabajo en sus manzanos, guindos y cerezos.

El camino que llevaba de Tubildad a Huite atravesaba por una hondonada boscosa donde vivía el viejo Meje, de quien se decía que era brujo, pero una noche dos mocetones atraparon al viejo, que se colocaba una sabanilla blanca para asustar a la gente.

A veces los espectáculos de la naturaleza sobrepasan la imaginación de los hombres. El morro Lobos tiene un perfil parecido al de un cabo de Hornos más chico. Su lomo desciende como el de una gran foca echada. En la cabeza, a setenta y seis metros sobre el nivel del mar, destella un faro cuyos tablones de luz barrían el golfo de Ancud, entraban por el canal de Caucahué y subían a las ventanas de la casa de mi abuelo, iluminando de paso el campanario donde se velaban sus restos. Desde los lomajes se divisa todo esto. Una noche se levantó otro faro en el seno de Reloncaví que empezó a vomitar fuego por dos cráteres, uno al sur y otro al norte. Hasta hoy los navegantes que cruzan el golfo observan de vez en cuando los períodos de actividad de este curioso volcán. Esa noche el caballo Mulato se detuvo ante los resplandores volcánicos y los tres, bajo la bóveda estrellada, nos pusimos a contemplar esos grandiosos fogonazos de las nevadas cumbres de los Andes, con su desplazamiento sobre el golfo de Ancud. Cayó una estrella al mar, signo allá de que alguien ha muerto. Mi madre se persignó sobre su animal y me ordenó que yo lo hiciera, luego empezamos a rezar nuestra propia novena.

La muerte es algo que no puede entender un niño y los ajetreos de los vivos en torno a ella, mucho menos. Debe haberme ocurrido algo cuando después de la muerte de mi abuelo me dieron *raspadura de cacho de camahueto* para el susto, así como aceite de lobo para el frío, pero si bien el aceite de foca nos hace más fuertes, con lo otro dicen que uno se pone «encamahuetado», de carácter rabioso. La muerte del anciano dio lugar a ciertos hechos que siguieron a su entierro y a las oraciones. No estaba casado legalmente con doña Carolina, que había aportado a la convivencia como dote sólo a sus dos hijos, Elvira e Isaías. Mi madre se anexó la heredad, porque su hermano Remigio había muerto. Doña Cayoya, como familiarmente la llamábamos, se quedó en calidad de inquilina. Debió haberse enojado con mi madre porque me ordenó que pasara de largo por la vieja casa. Sin embargo, cada vez que me veía doña Cayoya salía a la puerta y me alargaba manzanas reinetas guardadas en el heno, el perfume de lo que había cultivado con su muerto. Por eso debe llover tanto sobre las tierras nuestras. El cielo chilote tiene que lavar tantas culpas que más de una vez he sentido sus latigazos en mis ojos.

«Hay que salir a suplicar gente», decía mi madre cuando llegaba el tiempo de cosecha o de siembra. Se pagaban por estas labores ochenta centavos diarios (1918) más tres comidas en la cocina de techo de paja que se levantaba solitaria en el fondo del patio. Los trabajadores, pequeños propietarios, no tienen mucha necesidad de trabajar para otros y de allí lo de «suplicar». En verano llegaban de vacaciones mis hermanos Alberto y Claudina, ambos mayores que yo. Habían dejado el seminario y las monjas. Veo a Alberto guiando una yunta de bueyes para arar. Es una mancorna no bien amansada y se le viene encima. El boyero huye a las perdidas dejando al hombre del arado batiéndose solo con los novillos encabritados. La gente se ríe burlonamente de mi hermano, y comenta que con sus altos estudios ya ha perdido la costumbre de arar con sus propios bueyes. Claudina asistía cual toda señorita, con sus tejidos y bordados, y se sentaba en un extremo del trigal para «vigilar a la gente». Las echonas resonaban mientras tejía y yo correteaba en medio de los trabajadores. No me permitía entrar en su pieza decorada de santos e imágenes. Una vez me dijo que Dios estaba en todas partes y que si yo hacía algo malo desde el arrayán del patio me estaría observando para castigarme. Le contesté si me creía tonto; sin embargo, creo que debo haber usado una palabra más irreverente porque me dio un tapaboca y me echó escalera abajo. En su pieza se encerraban cuando Liche Vera venía a verla. Me vengué de ella advirtiéndoselo a mi madre. Parece que se armó un escándalo porque al tiempo se tuvieron que casar como Dios manda. Tuvieron dos hijos, mas con el tiempo también el Diablo los separó. Los niños, como los perros, olfatean lo que hacen los grandes con el amor. Alberto y su prima Virginia se sentaban en un claro del bosque a mirar las aguas del canal. También me echaban cada vez que me acercaba a ellos. Una vez caminaba con una pareja de mozos que se metieron a una ramazón ordenándome que siguiera el camino solo, pero aguardándolos. Extraña es la soledad que se produce en el corazón de un niño en esos casos.

Jamás pude ver un trauco, que hace lo mismo con las niñas en los bosquecillos aislados. Mi abuelo Feliciano solía decir: «No creo en traucos ni en santos que mean».

Mi madre estuvo casada primero con un marino español, Francisco Cabello, con quien tuvo un hijo que el marino no alcanzó a conocer porque murió en un naufragio. Lo llamó Francisco, lo criaron mis abuelos y mi padre lo hizo marino en el *Westfold*, un barco sueco arrendado a una naviera chilena. Llegó a ser piloto, capitán y práctico de los canales magallánicos. Con bastante diferencia de años nací yo y me puso Francisco Vicente por el día del santo. ¿Por qué insistió en este nombre, Francisco? Era una mujer tenaz y tal vez querría siempre un Francisco tierra adentro. A menudo la veo de pie en medio de un potrero arado, como una sombra viva con la oscura sangre de esa tierra. Su rostro lo llevo en mí como el de esas estatuillas preincaicas del alto Perú que tienen dos caras, una por dentro y otra por fuera, tan diferentes que los arqueólogos sospechan que una representa al individuo y la otra el alma colectiva de su pueblo o la de un dios, que a veces es lo mismo; siempre alguien atrás o delante de nosotros, en el espacio y en el tiempo. Así entramos y salimos por esas puertas, como ellos de otras. Puede que la soledad natural del hombre no sea más que eso: puertas del amor, de la familia, de la comarca del morro Lobos y de algo que siempre hay que buscar más allá de los faros.

Cierta vez llegó Francisco Cabello, mi hermanastro, a pasar sus vacaciones a Tubildad, tal como lo hacían Claudina y Alberto. Traía una escopeta española de tres cañones y un perro de aguas de la raza terranova. Con dos carretas en forma de bongo y varas cruzadas armó una embarcación con la cual nos fuimos a cazar patos a la laguna de los chelles, como algunos la llamaban, porque en ella abundaban esos gaviotines de cabeza negra. En la orilla opuesta a la de nuestras tierras, se levantaban a medio faldeo de las colinas otras casas de dos aguas, de media agua y de una y media, con esa caída asimétrica del techo de tejuela tan apropiada al clima y paisaje que hace recordar la definición de arquitectura de Le Corbusier: «armonía de volúmenes bajo la luz». En Chiloé habría que agregar «bajo la lluvia». Esa orilla era un mundo lejano y desconocido para mi infancia; pero en la nuestra se levantaban los trigales y papales que había que defender constantemente de los grandes coipos, de las bandadas de choroyes y tordos.

Nunca me había adentrado en el maravilloso mundo de la laguna hasta que llegó el piloto del *Westfold* y armó esa especie de balsa donde hasta el perro Terranova se sentía a sus anchas. Nos internábamos entre islotes con ramazones recogiendo huevos de aves acuáticas que hacen sus nidos en canastillos de mimbres flotantes; en los bordes de musgos y turba ponían las cututas y las taguas; las bandadas de patos silvestres se dejaban caer en abanicos tornasolados o pardos. Este gran ojo de agua, cuyas comisuras se internan en los bosques, reflejaba todos los colores del cielo y de la tierra: lampos ocres, dorados, diferentes matices de verde en su floresta, líquenes y musgos, sepia de cañaverales y junquillos, variadas ramazones de murtillas, murtas, mechay y calafates. Durante un tiempo nos alimentamos de nuestras cacerías inolvidables; pero Cabello tuvo que partir a su barco y yo me quedé dando vueltas por la orilla porque los bongos volvieron a su destino de carretas arrastradas en los barriales. Me compraron luego un pequeño rifle máuser para paliar mi nostalgia, con una recámara que permitía una sola bala del calibre veintidós. Mi madre controlaba la caja verde de pequeñas balas plomas como si fueran monedas, advirtién dome que disparara a pájaros que se pudieran comer. Así los sarapitos del estero de Tubildad fueron mis primeras víctimas. Son tan grandes y sabrosos como un pollo, porque comen lo más fino de las piedras y el limo.

El pato a vapor o quetro es semejante a un ganso asado y una bandurria, tal cual una pava estofada. Un buen día llegué a casa con un pato herido en el ala, y tuve la ternura de conservarlo cuidándolo entre los domésticos. Pero mi madre lo cogió del cogote y dándole unas vueltas le dio muerte y lo cocinó. No lo quise comer.

Ella era utilitaria hasta con sus amistades. En el pueblo, amiga del cura, de la pareja de carabineros, de la jefa del correo, señora Ortiz de Zárate, tía de Julio, nuestro gran pintor. No se relacionaba con la «aristocracia» de Quemchi, constituida por dos familias, la de Vicente Lobos, gerente de la sociedad de buques y maderas, y la de José del Carmen García, capitán de puerto. Los carabineros y sus señoras venían a almorzar a la casa. Yo no podía ver al cabo Moraga, con su cara de gangocho debido a una viruela, desde una vez que al pasar por su cuartel escuché los gritos de un hombre castigado por robo de ovejas. En cambio, el carabinero alto y su delicada señora de labios muy pintados de rojo, los únicos de Quemchi, nos mostraba fotografías de la parada militar de Santiago, donde aparecía con un sombrero de «tarro de pelo», montado en los caballos que tiraban las carrozas del presidente de la República. Su mujer, después del almuerzo, se entretenía jugando a las «lositas» conmigo, tendida en la arena de nuestro patio. Un día en ese mismo patio bajamos con mi madre rezando asustados entre oleajes de arena, seguramente producidos por un fuerte temblor con caracteres de terremoto.

Frente a la casa de Tubildad cultivaba personalmente una huerta en el jardín, de donde obtenía frutillas por canastadas que vendía en su pequeño mercado de Quemchi, un gran cuarto con dos puertas que daba a la calle. Contigua estaba la pieza de costura, donde en un diván se quedaba dormido mi padre, mientras leía revistas profusamente ilustradas sobre la primera guerra mundial, en especial sobre los combates navales. Yo no tenía nociones de por qué los hombres construían barcos tan hermosos para luego agarrarlos a cañonazos, destruyéndolos y hundiéndose con ellos.

Tanto en el mar como en la tierra el tráfico de pájaros y animales era constante. Las mareas cubrían y desnudaban los barrancos del mar, pasando los cahueles en manadas de diez o doce, o en parejas solitarias. En una ocasión desde lo alto de un cantil los vi saltar como tirabuzones. Hay dos especies de toninas y delfines, unos enormes y otros más pequeños; pero el nombre genérico que le dan los isleños es cahuel. Cahuelmo quiere decir «lugar donde se reúnen los cahueles». Recuerdo el día en que entró un grupo saltando al estero de Tubildad: de pronto sus danzas continuaron verticales en las profundidades. Siempre me habían impresionado por sus bufidos orillando las costas. Es como si se hablaran cuando sus afiladas trompas rasgan el agua y emiten breves resoplidos en días de calma. Los lobos me daban miedo por sus cabezas de bestias casi humanas. Sin embargo, los delfines, no sé por qué, me atraían. En esa misma mañana de sol, con mar transparente, cuatro o cinco se pusieron verticales, con sus aletas caudales hacia arriba, en la orilla arenosa de Tubildad. ¿Qué hacían? El viejo Elías se acercó a explicármelo: hozan el limo igual que cerdos, desenterrando las pinucas cuando no encuentran jibias, pulpos y calamares con que alimentarse. Lo mismo hacen los robalos y por las huellas que dejan en la arena, visibles en la baja mar, los pescadores detectan sus comederos y tienden allí sus redes. Teníamos un bote pescador y una red. Salía con cuatro hombres en la noche a tirar sus lances. Al primero lo llamaban el «lance del pescador». Con ése se hacía la primera comida en una fogata al reparo de las piedras. Se ensarta el robalo abierto en una cruz de dos palos de coligüe, llamado *recatún*, y se asa clavándolo con las escamas hacia el fuego. Envidiaba esta comida de los pescadores. Luego uno se quedaba a la orilla del aguatero, sosteniendo el halar de quilineja, soga tejida con la resistente liana del bosque con la cual además se hacen canastos y escobas. Los otros entraban mar adentro largando la red por la popa y luego apaleaban el mar con varas delgadas encerrando el cardumen. El bote avanzaba hacia la orilla con el aguatero en una punta y los pescadores en la otra, recogiendo la red en forma de bolsa con los peces saltando entre sus mallas. En la madrugada llegaban los pescadores y acompañaba a mi madre hasta la playa donde se distribuían los robalos por su tamaño sobre las piedras. Una parte para cada pescador y dos para la dueña del bote y de la red.

Oía decir a menudo que la gente se iba para Argentina a buscar trabajo. Una mañana desperté solitario en la pieza en la que dormía, junto a la de mis padres, en Tubildad. Llamé a mi madre y nadie me respondió. Sólo el silencio. La casa estaba sola, vacía y habían cerrado la puerta con llave. Las ventanas son fijas. Me encuentro encerrado. Miro a través de los vidrios y grito. Nadie. Me visto apresurado y salgo por una ventana. No hay nadie en el patio, ni en el jardín ni en ninguna parte. Salgo al camino real y me voy caminando hacia el sol. En la lejanía aparece de pronto mi padre con algunos hombres de trabajo. Me pregunta para dónde voy. Le contesto que «para la Argentina». Me toma en sus brazos y viene conmigo de vuelta a casa. No puedo precisar la edad que tenía cuando por primera vez me fui a Argentina a buscar trabajo y tuve que volver en brazos. Como tampoco cuando le daba de comer al caballo Maule, un negro cariblanco de gran alzada comprado en Osorno, junto a mi pequeño Huaso. Ponía el manojo de avena en la trompa del grande y cuando éste iba a dar la mascada se lo pasaba al chico. De repente siento los dientes del Maule que rasgan mi cara. Corro a gritos, espantado por el dolor y la sangre. Las cicatrices de los dientes del caballo quedaron mucho tiempo marcadas en mi mejilla izquierda. A veces me sobo la cara como si aún las conservara, tal vez por eso me habré dejado barba. Mis padres se asustaron tanto como yo. Sin embargo, mi Rosa Millalonco más; pero después me dijo que el caballo podía haberme comido, y luego botarme como bosta en el pasto o entre los troncos, igualito que los excrementos del trauco, un hongo amarillo que después de las lluvias sale en los palos podridos. Una noche vi una bandada de brujos muy chicos que volaban en la isla a través del canal de Caucahué. «Tantos brujos que pasaron anoche», le dije a Elías; mas él con su sabiduría me explicó que no se trataba de brujos sino de patos liles y *yecos* o cuervos de mar, que en las noches se recogían a sus guaridas detrás del morro Lobos. Al levantar el vuelo del mar sus membranas natatorias llevan adheridos los cauquiles, cuyas fosforescencias trazan la estela luminosa de su vuelo como la de los barcos en el mar. Los niños creen todo lo que les dicen los grandes, hasta que empezamos a sospechar o hasta que un hombre verdadero nos dice la verdad. Ése fue siempre nuestro gran vecino Elías Yáñez. El escritor cae a veces en la deformación profesional de crearse un personaje infantil con sus recuerdos, y entonces prefiero la ficción del cuento. Para ser veraz, en lo posible, trataré de recordar hechos aislados; pero tan reales como las yuxtaposiciones que los pájaros llevan en sus vuelos nocturnos o dejan caer en la tierra cuando descansan junto a un alero, con variadas semillas de plantas en sus vientres.

Una noche mi padre está sentado en el escaño de la puerta que da al gran patio con la cocina de techo de paja aislada en el fondo. Me manda a buscar algo y tengo miedo de atravesar aquel patio oscuro, por los murciélagos que pasan de uno a otro alero y, sobre todo, por un gran árbol donde se oía el grito de un *coo*, una lechuza blanquecina. «Anda porque yo te estaré mirando desde aquí», me ordena. Camino un trecho bajo la protección de esa mirada, pero en la mitad del camino quiero volverme. Tiemblo de miedo, pero en vez del grito del coo, oigo de nuevo que su voz me acompaña en la sombra. Doy una carrera hasta la cocina rústica y le traigo lo que me ha pedido. Me pregunta por qué tengo tanto miedo. Le digo que el coo es un brujo que toma esa forma para venir a asustarnos. Me explica que los brujos no existen, ni los traucos, ni los camahuetos, menos los imbunches; que todo es lesera de la gente y que no hay que tener miedo a lo que no existe, así como había atravesado las sombras del patio, sin temor. No olvidé su lección, pero siempre tengo miedo a las sombras. Otra vez en un temporal le oí decir: «No hay que tenerle miedo al mar, mas sí mucho respeto».

Otra noche apresuradamente se levanta y sale al patio. Se oye un disparo. Pregunto. Mi madre me explica que se escucharon pasos en las tablas bajo el alero y que el papá salió a ver qué estaría pasando. Al otro día amaneció colgando de las patas un gran coo, en las ramas de uno de los árboles. Juana, una empleada flaca y alta, me dice que mi padre mató al brujo. Ya no pregunto. Una tarde golpean en la puerta de rejas de la entrada y con la misma Juana vemos a un hombre de poncho negro con grecas rojas. Lleva una rama de canelo y con sus hojas se limpia las narices a modo de pañuelo. Habla con Juana y se va. Ésta me cuenta que «ese hombre era un brujo que vino a averiguar la muerte del coo». Temo entonces que así como veía a mi madre un día quemada en un pajar, a mi padre le «tiren un mal».

Noche estrellada, luna llena sobre el campo y la laguna. Salgo con mi rifle del veintidós. Sobre la punta de un árbol seco veo la silueta de un pájaro. Mala suerte, no es un coo, sino un miserable tiuque. ¿Se podrá cazar un pájaro en la noche? Contorneo el árbol cuyo gancho seco me interroga a través de la luna. Pongo la silueta del tiuque a trasluz, en mitad del plato de la luna. Trato de hacerle puntería. No preciso bien el punto de mira para encajarlo en la ranura; pero el brillo en el caño del fusil me permite achuntarle. Disparo y el tiuque cae casi a mis pies. Mi madre sale asustada a ver de qué se trata. Le muestro mi trofeo. No me cree. Examina el pájaro y encuentra la herida aún caliente, pero agrega: «No sirve el caldo de tiuque».

Mañana de sol en Quemchi. Me levanto con pereza. Mi madre está en la cocina sobre el mar, a la cual se llega por un puente de tablones semejante a la cubierta de un barco. Un pájaro viene volando desde el luminoso horizonte del canal. Se para sobre la piedra puntuda. No tengo mi fusil, pero busco en el velador su revólver de mango de conchaperla. Veo que tiene una bala pasada, pero no en el hoyuelo que corresponde al del cañón, sino justamente en el que le precede en la nuez. Conozco sólo el mecanismo de mi rifle, mas no el de este revólver. Jugando apunto a mi sien derecha, presiono en el gatillo, pero súbitamente el pájaro vuela desde la piedra puntuda a otra más cercana. Jugando siempre, vuelvo el arma hacia él, como lo hice conmigo «sabiendo» que la aguja del gatillo no iba a percutir en el fulminante de la bala, como era mi rifle del veintidós. Aprieto fuerte y el revólver me sacude levantando mi mano temblante. Me aterro. Acude mi madre dando un grito y me encuentra con su revólver en mi mano. Le miento para evitar sus chicotazos. Le digo que quería cazar un pato lile que estaba parado en la piedra. Me regaña. Pero a temprana edad aprendí que el silencio es la mejor coraza ante el castigo y el conocimiento ante la amenaza de una muerte. Las comadres habrían dicho que me había suicidado. Es posible que mi espíritu se haya reencarnado desde entonces en el vuelo de los patos liles, porque cuando los veo cruzar sobre mi cabeza, me parece que entre ellos va el ángel de mi guarda.

De Huite me pasaron a la escuela de Quemchi. Mi profesor don Humberto Elgueta, un hombre moreno y bajo, de ojos bondadosos, tocaba su violín enseñándonos a cantar: «Oh, naranjal; oh, naranjal, cuán verdes son tus hojas; no cambian nunca de color, ni por el frío ni el calor». Jamás he vuelto a escuchar la forma melodiosa en que mi maestro tocaba el violín. Tenía tantos hijos que a veces creo que nos confundía con ellos. En cambio, el director don Julián Canobra, un hombre alto y colorino, vecino nuestro con su terreno en la playa de Tubildad, era imponente y autoritario. Muy culto; hablaba francés. Me traía en su chalana cuando estábamos en Tubildad. Bajaba la cuesta con mi bolsón hasta su playa con una hermosa costanera donde había plantado álamos que susurraban al viento. Nos embarcábamos en su chalana de fondo plano y bogando él, o yo a veces, llegábamos hasta el promontorio de Pinkén, a cuyo reparo varábamos la embarcación y nos íbamos de a pie a la escuela. Un tiempo después hubo problemas de linderos de tierra entre él y mi madre y no me llevó más en su chalana.

Por primera vez piso el muelle de Puerto Montt, más largo y hermoso que el de Quemchi, con barandas de fierro forjado pintadas de verde azarcón. En la caseta de la aduana me presentan al tío Cárdenas, que me regala una banderita chilena. Veo por primera vez un tren, y en las noches las luces de la ciudad forman una diadema que se refleja en las aguas hasta la bahía de Angelmó. Puerto Montt es el París de mi infancia. Mientras mis padres duermen en la pieza del hotel, me deslizo a probar unas oscuras frutas que han comprado de pasada. Me echo dos a la boca y las escupo por su sabor amargo y salado. Despierta mi madre y me encuentra robando aceitunas. En ese primer viaje hubo un incendio en la costanera y a la diadema de luces se agregó una hoguera comparable a las erupciones del volcán Osorno. Lanchas y barcos comenzaron a danzar al resplandor de las llamas con el oleaje del viento sur. Cerca de nuestro barco un velero de tres palos izó su velamen mojado para aprovechar la hoguera o zarpar. El barco que capitaneaba mi padre, llamado el *Huandad*, de ancho casco de fierro parecía una batea al lado de la fina y alta línea del velero.

El recuerdo más impresionante es el de un temporal pasado en el *Victoria*, un remolcador de alta mar que mi padre capitaneó antes que el *Huandad*. Llevábamos a remolque abarloado un velero de cuatro palos para sacarlo mar afuera por la isla de San Pedro hacia las bocas de Huafo. El casco del remolcador, negro alquitranado, con la regala verde, y el velero como un albatros blanco, con su línea de flotación bastante sumergida por el peso del cargamento de ciprés de las Guaitecas. A la cuadra de la isla de San Pedro nos agarró un temporal del golfo de Corcovado, de esos que no dejan pasar ni al *Caleuche*. El velero, cual blanco fantasma, remontaba y descendía entre montañas de agua tratando de aplastar al pequeño pero poderoso remolcador que con sus máquinas lo empujaba mar afuera. Dormía en la litera de arriba en la estrecha cabina de mi padre, quien mandó que el camarotero me amarrara con una soga para que no me cayera dormido en una rolada; sin embargo, en mitad de la noche me despertaron diciendo que «el capitán ordenó que se ponga el salvavidas, la ropa de agua y suba a cubierta». Él mismo me ordenó el chaleco de loneta con corcho por dentro, que me sobraba por todas partes. Subimos al puente entre negruras de viento y agua. Veo el velero confundiendo su blancura con las crestas de las olas que reventaban en su cubierta. No podría describir cómo fue ese temporal nocturno. Falsearía al niño que sufrió y al viejo que lo recuerda, con la tentación literaria. Sólo escucho las voces de los capitanes y contramaestres cruzarse como relámpagos de una a otra banda en medio de la oscuridad. Remolcador y remolcado se desprenden perdiéndose, el uno, mar afuera, impulsado con sus velas bajas y, el otro, emproando las olas con un rodeo semejante al de un cuervo marino que regresa a su cueva continental.

Mañana de sol en las tranquilas aguas de la bahía. En un bote vamos con mi padre hasta una playa pedregosa que un bosque descubre junto a un acantilado. Desembarcamos con una marraqueta bajo el brazo y una botella de vino. Caminamos entre piedras grandes y chicas decoradas por la ostra verdosa. Él se sienta en una y sacando su cuchillo me corta un pedazo de pan; con el lomo desprende ostras, las abre y me las ofrece. No me gusta el sándwich de ostras, son tan desagradables como las aceitunas, en comparación con los choros zapatos de Tubildad. Juego en su derredor mientras él sigue desprendiendo ostras y empinándose la botella de vez en cuando. Regresamos al barco. Me quedo solo en la cámara. De la botella de vino blanco ha quedado algo. Empiezo a empinármela como lo hiciera mi padre. Me siento mareado y me recuesto en la mesa sobre mis brazos. Otros brazos, no sé si los de mi padre o los del camarotero, me han llevado a la cama con mi primera dormida de borracho. Nunca lo vi a él más borracho que yo mismo.

Zarpamos de Pumalín al norte, con mi último vistazo al fondo de la bahía donde se levanta una casa de techo rojo junto a un río. Esa mirada está fresca todavía. No he podido explicarme por qué y eso que nunca más he vuelto a ese lugar.

Durante la navegación pasamos a la cuadra de una especie de monumento de piedra en medio del canal Desertores. Tengo que recurrir de nuevo al más antiguo de los derroteros que usaba Juan A. Coloane.

Islote Nihuel. Está situado en medio del canal Desertores, mide unos treinta metros de altura i es plano en la parte superior; su aspecto jeneral es el de un gigantesco tronco de cilindro o pilastra truncada, con su basamento, el cual se proyecta por debajo de las aguas en torno del islote formando un gran banco con rocas afloradas, que hacia el S. se estiende unos doce cables i seis al O. i N.; por el oriente las aguas son más profundas.

Los flancos del islote son absolutamente verticales, pero se puede, sin embargo, trepar a él (lo que hacen los chilotes para recoger guano) siguiendo el fondo de las grietas labradas por las lluvias.

La imponente columna solitaria se levanta después del grupo de islas llamadas, asimismo, Desertores. Según me contara Olga Alvarado Pereira, su abuelo portugués llegó con otros dos desertores de un barco de la misma nacionalidad que se instalaron, Machado en Caucahué, y Pereira en Quemchi, cuya hija Inés vivió en una casa contigua a la nuestra, y era comadre de mi madre. Con sus hijos Víctor y Olga nos criamos juntos. Él fue un conocido relojero de Puerto Montt, y Olga mantenía una casa de pensión para estudiantes de las islas. ¿Y quién era el otro desertor? Olga no lo recuerda, aunque atendió en sus últimos días a don Lulo Machado, como llamábamos al viejito Luis de Caucahué, que dejó numerosa descendencia. Luminosos y oscuros son los orígenes y destinos de algunos desertores.

Estuve años atrás al norte de Constanza, puerto rumano donde fue exiliado el poeta Ovidio por el emperador de Roma; visité las ruinas de una ciudad desenterrada en una península, cuando aquella costa del mar Negro era una colonia del Imperio Romano. De pronto escucho que me llaman entre las ruinas. Pregunto al intérprete y me explica que coloane en lengua rumana significa «columna».

Elías Yáñez no es historiador ni filólogo, pero me ha dicho que al islote Nihuel se le ha conocido siempre como «la piedra de Calto», y que los primeros chilotes que subieron a esa columna monumental lo hicieron elevando un volantín cuyo hilo les sirvió para tender un *nivelay*, la piola que se lanza para recoger después el cabo más grueso para amarrar un barco. El volantín cruzó de banda a banda la columna pétrea y por la soga subieron cavando peldaños en la piedra como lo hacen los alerceros en la cordillera. Así bajaron el guano de los pájaros para llevárselo de abono a sus papales. El tubérculo es originario de nuestras islas, y algún día posiblemente se eleve otro volantín para clavar en el islote la bandera de los chilotes, con una de las variadas flores de sus papas como símbolo, porque las hay blancas, violetas, solferinas y rosadas. Si Canadá tiene como símbolo la hoja de un árbol típico en medio de su bandera, ¿por qué nosotros, los chilotes, no hemos de levantar la flor de la planta que ha dado de comer a todo el mundo después que nos redescubriera Colón? Entonces habrá otra isla de mi infancia y un «neocolonialismo».

Nuestra casa de Quemchi tenía una pesebrera construida sobre pilotes más bajos que los usuales para que pudieran entrar los caballos. Cierta vez se desató un temporal y los animales se encabritaron tratando de escapar cuando la marea fue subiendo y las olas empezaron a entrar en la pesebrera. Colombo, nuestro inquilino, los tomó de sus cabestros montando mi mampato. Los dos caballos grandes se pararon sobre sus patas y empezaron a manotear dando mordiscos. Uno arrancó mar adentro y el otro salió por un callejón detrás de la casa. Desde entonces los hipocampos, esos pececillos de los mares cálidos, tienen para mí algo más que una similitud con la pelea de esos dos caballos entre las olas.

Nuestro Maule corría con el alazán de don Fernando Cordonier en las fiestas del dieciocho de septiembre por la calle principal de Quemchi. Recuerdo la carrera en que perdió el Maule, más grueso y pesado que el mediasangre del francés. Mi padre era un hombre corpulento, de ancho bigote. Para ese dieciocho de septiembre trajo de a bordo un gran atado de cohetes y cuando creí que me los iba a dar todos, me dejó sólo unos cuantos paquetes chicos y tuve que acompañarlo para repartirlos en la plaza pública.

Nuestras primeras armas fueron las cerbatanas hechas de palo de saúco, que es esponjoso por dentro. Las rellenábamos con papel mascado en sus extremos y dándole con una baqueta saltaba el disparo con una bala de papel que iba a dar a un zorzal o a la nuca de un compañero.

El cambio desde la escuela de Huite a la de Quemchi significó en mi infancia el paso de un salvaje a un semicivilizado. Un vecino nuestro, alemán, había instalado una pequeña industria de bebidas gaseosas con el agua de la vertiente cercana y una máquina compresora donde se ponían botellas de grueso vidrio transparente con una bola de cristal en el gollete sostenida por un anillo de goma, rojo. Había que presionar la bolita de vidrio con un dedo para que saltara el dulce chorro gaseoso. El alemán dejaba el valor de la botella, pero aun así no resistíamos la tentación de quebrar el gollete para sacar la bola y convertirla en el más precioso bolón de nuestros juegos.

En el otro extremo de la calle de la punta se levantaba una especie de horca donde Pedro Calixto colgaba sus bueyes para proveer de carne a los barcos. Dos altos troncos, una viga atravesada sobre ellos, y allí destripaba sus animales. La resaca venía a limpiar la sangre en la arena. Calixto, además, era dueño de una cantina en su casa de trato; así llamada porque allí se hacían las contrataciones de los marineros para los viajes largos. Asimismo se pagaba el socorro a las madres, esposas e hijas, cuando el barco partía a ultramar y se les daba un anticipo de sueldo, o bien si acaso sucedía un naufragio. En esos casos, algunas ventanas de Quemchi ponían crespones negros en sus cortinas.

En la casa de trato se armaban reyertas entre marineros a las que Pedro Calixto ponía fin con un mastín que siempre tenía encadenado en el patio. El perro estaba preparado para llevar a dentelladas la paz entre los hombres. Frente a la casa de trato estaba la tienda de los Oelkers, dueños de los veleros de tres palos *Nelson* y *Calbuco*.

Recuerdo aquella ocasión en que mi madre me envió a comprar a esa tienda y perdí el dinero. Volví a recorrer lo andado y no lo encontré. Le concedí un plazo a Dios para que después que le rezara tres padrenuestros y tres avemarías me ayudara a encontrar las monedas; sin embargo, Dios me abandonó y sólo pasó silbando muy orondo Carlos Pedersen, hijo de la viuda de un marinero nórdico vecina nuestra, como si Dios se hubiese preocupado más de él que de los chicotazos de mi madre.

Del matadero y embarcadero de Calixto partían los bongos indígenas que venían a vender su leña para las calderas de los barcos a vapor. Estas flotillas de bongos pasaban frente a las ventanas de nuestra casa, y muchas veces me entretuve contemplando los combates navales que se armaban entre ellos, con el «espíritu volteante» que les vendía el dueño de la casa de trato, quien además era el que les compraba los rajones de leña. Se lanzaban al abordaje en sus bongos, a puñetes y remazos; mas, si alguno de ellos caía al agua, todos se apresuraban a rescatarlo; no sé si por piedad o para seguirle dando. Como chilote, nada de lo de esta tierra y de sus hombres me es ajeno. Lo que me preocupa es llegar a ver un día toda la tierra convertida en un solo bongo desde el atolón de Mururoa hasta la cueva de Choukoutien, con abordajes atómicos.

En el molino frente a la pequeña isla de Aucar, al sur de Quemchi, molíamos nuestro trigo, llevándolo en sacos en nuestro propio bote. Durante estas faenas nos alojábamos en la misma casa del molino, cuyo dueño cobraba una maquila pagada con la misma harina de trigo y de linaza, pues allá se combinan para obtener un mejor pan.

Desde la bocatoma se largaban las aguas del tranque por un torrente encajonado que daba a la rueda con que se movían dos piedras redondas, una plana y la otra en forma de cono encima. Por un hoyuelo caía el trigo desde una tolva, a través de una canaleta, regulado por la tarabilla. Se hacían tortillas y churrascos con chicharrones, manteca y carne de cerdo, en el fogón del mismo molino. Las noches y días de molienda eran inolvidables. En las paredes de tabla tinglada vi los primeros murales tallados a cuchillo o simplemente dibujados con los carbones de la hoguera. Generalmente barcos, traucos y algunos santos. La tarabilla soltaba las lenguas y en ese ámbito propicio surgían los sucedidos o cuentos de brujerías. Ese molino de Aucar fue mi primer taller artístico y literario.

Nunca olvidaré lo que contara allí Elías Yáñez sobre «el brujito Quelín».

Sucedió en la isla Chauquis Grande, que se columbra desde Quemchi. Para ir a la escuela, Quelín tenía que atravesar de parte a parte por el medio de la isla que tiene unos dos mil habitantes. Muchos escolares llevaban su bastimento para almorzar en la misma escuela, pero Quelín iba a almorzar a la casa de su abuelo y se volvía tan rápidamente que el viaje no duraba más del tiempo que empleaban sus compañeros. Como siempre era el más puntual en la entrada a clases, los compañeros empezaron a sospechar de la rapidez con que hacía sus viajes y, al preguntárselo, Quelín les respondió que los hacía en el *macuñ* de su abuelo, el chaleco hecho con piel del pecho del cadáver de una mujer, que usan los brujos para volar. «¿Dónde lo guardas?», le preguntaron. «Lo llevo arrollado en un cachito del camahueto, aquí debajo», contestó metiéndose la mano por entre el cinturón, hacia las ingles. Asombrados y envidiosos, sus compañeros le pidieron una demostración para creerle. «Vuela, vuela, si eres brujo; si no te vamos a sacar la cresta», le gritaron cuando salieron de la escuela. «¡Ah..., no puedo, en este momento no puedo; esperen un ratito...!» Desapareció Quelín detrás de unas matas y, ante el asombro de la parvada de escolares, apareció un tiuque grande que empezó a revolotear sobre sus cabezas. Trataron de atraparlo, pero no lo consiguieron. El tiuque se paraba sobre las estacas del cerco y cada vez que se acercaban sus perseguidores, volaba de estaca en estaca, o bien planeaba sobre sus cabezas embolinándolos, o seguía jugando con ellos, como hacen los chelles cuando corretean con los perros costeros. Si las gaviotas juegan con los perros, ellas en bandadas sobre un perro loco y solo, ¿por qué no lo iba a hacer «el brujito Quelín» con sus compañeros? Así se lo llevó saltando de estaca en estaca, revoloteando sobre sus cabezas, hasta que en una de ésas, desapareció por el camino hacia la casa de su abuelo. Al día siguiente, Quelín no regresó a la escuela. Todos lo extrañaron porque siempre había sido el más puntual. No volvió más. Lo mismo que si a uno lo expulsan del colegio.

El profesor inició una investigación entre sus alumnos. Con su pedagogía moderna, porque era del norte, egresado de la escuela normal de Santiago, había iniciado democráticamente una organización disciplinaria rotativa, con un jefe de curso y su ayudante. A un tal Muñoz le correspondió la semana en que ocurrieron los sucesos del brujito Quelín. Cierto o no, dijo al profesor que habían encontrado a Quelín jugando con su cachito de camahueto donde escondía enrollado el macuñ de su abuelo. Lo habían sacado de las casitas agarrado de los brazos para llevárselo al profesor, pero se les escapó saltando por las estacas del cerco. «¿Y el cacho del camahueto?», les preguntó el profesor. «¡Ah..., se lo tiramos a un barranco, de donde salen los camahuetos!», le contestaron.

Nunca se supo más de Quelín hasta que se recibió de técnico agrícola en una escuela de Ancud. Era tan buen estudiante que su familia hizo otro esfuerzo y lo envió a una universidad del norte, y según comentarios, llegó a ser un gran profesor, luego de recibirse de ingeniero agrónomo. Lo bueno fue que en Chauquis Grande, al fin se supo toda la verdad: Quelín no tenía abuelo, sino abuela y ella se sacrificaba todos los días llevándole una ollita con comida, momentos que aprovechaban para almorzar juntos entre las ramazones, cerca de la escuela.

La islita de Aucar, al sur de Quemchi, tiene la forma de un barco, porque es alargada, de bordes acantilados, que se levantan hacia el noreste y van descendiendo al suroeste, donde una restinga de piedrecillas y arena la une a la isla grande en la baja marea. Una abundante floresta crece sobre estos cantiles dejando en su interior una planicie de césped, donde se levanta una iglesia de alerce, la casemita del cura y un cementerio pequeño cerca de la popa del «barco». Los tallados a cuchillo en el tinglado del molino, dentro de la iglesia navegaban colgados de las vigas, porque hasta allí llegaban a dejarlos los marineros, especialmente los de Caucahué, cuando regresaban sanos y salvos de sus prolongadas singladuras que a veces llegaban hasta Australia.

Cumplían sus promesas a la Virgen tallando y aparejando veleros en miniatura mientras navegaban en otro, como los de las estatuillas incaicas. Las tumbas con sus luces deslavadas generalmente estaban adornadas de conchas blancas y nacaradas de almejas, navajuelas, lempos, choros y cholgas que son muy abundantes en el redoso de Aucar. En cada pleamar las aguas cubren la restinga y la pequeña iglesia con su cruz en lo alto de su cúpula de tejuela de alerce, con líquenes y musgos, se echa a navegar con la tripulación de sus muertos. A popa, donde suelta su última amarra con la restinga, siempre hay un bote negro dado vuelta, por si un tripulante retrasado quisiera ocuparlo. Desde el año 1876 para adelante, don José de Moraleda hizo los levantamientos topográficos de la región para sus cartas marinas. Era un navegante español ilustrado. En su diario de viaje relata que al llegar a Tenaún, al sur de Quemchi, oyó hablar de una famosa hechicera que hacía milagros. Posiblemente la Chillipilla de que hablan los investigadores. Moraleda le cruza una apuesta para que le haga el milagro de dejarle su barco en seco. La bruja chilota se la gana retirando el mar y dejando el navío español varado. Vencido, Moraleda le entrega su libro de magia blanca, pero aprovecha la varadura de su barco y deja parte de su tripulación carenándolo y con la otra se interna por el selvático lomo de la isla Grande, que llega hasta el Pacífico.

El libro mágico seguramente cayó en manos y mentes propicias, y así la tea de las supersticiones medievales europeas prendió a los leños chilotes, creándose esa rica mitología surgida de nuestros fogones autóctonos, con todos los monstruos y ángeles del bien y del mal que nadarán siempre entre las dos aguas de la condición humana.

Mas, en el año 1912, a nuestros brujos se les fue pasando la mano, y las autoridades eclesiásticas, civiles y militares hicieron una redada llevando peces gordos y no tan gordos a la cárcel de Ancud. El proceso está con seguridad en nuestro Archivo Nacional, porque en una revista universitaria leí tiempo atrás que uno de los detenidos declaró que el libro sagrado que se conserva en la cueva de Quicaví fue traído por un español, y de allí ellos desarrollaron sus propios conocimientos, sobre todo el del uso del *latué*, o «palo de los brujos», una planta cordillerana cuyas hojas y frutos maceran para una bebida que produce alucinaciones, locura y muerte, cuando no se la regula con manos expertas. Moraleda estaba lejos en el tiempo y en el espacio para atestiguar su siembra de ideas foráneas.

Me liberé de los temores de ver a mi madre quemada en un pajar cuando le compró a Barría sus hectáreas colindantes e instaló en su propia casa a un tío Cárdenas, que apodaban don Yesca, tal vez por lo cicatero. Debió ser así porque nunca me prestó la *Historia de Carlomagno*, que leía y releía como si fuera su Biblia. En cambio don Chipe, Cipriano Villegas, el cura de Quemchi, me regaló el primer libro que leí en mi infancia: *Dos abordajes* de Emilio Salgari. Debo confesar que me aburrió; yo quería leer la *Historia de Carlomagno*. No sabía quién era y todavía no lo tengo muy claro, porque aún no he leído esa historia.

A poco de estos recuerdos, tuvimos que trasladarnos a la casa del tío Yesca, que hacía muy buenos quesos redondos en la corteza de un árbol, debido al incendio de nuestra casa.

Cierta tarde nos encontrábamos con mi madre y Juana, su ayudante de cocina para la casa grande, cuando repentinamente al mirar por una ventana grita con voz desgarrada: «¡Señora, se está quemando la cocina!». El techo ardió como la amenaza de Barría; agarró el extremo de la pieza donde estábamos, y con el viento del suroeste agarró toda la casa. Mi madre me entregó una cartera grande y me dijo que me alejara hacia el jardín. Allí, sentado en una vértebra de ballena y entre unas «colas de zorro» asistí al espectáculo más inolvidable de nuestra infancia. Corrían las dos mujeres entre las llamas tratando de salvar algo. Llegó corriendo nuestro buen vecino Elías y alcanzó a rescatar algunas camas. Una bandada de nuestros gansos levantó vuelo y planeando descendió hasta la laguna de los chelles. Se quemó todo, menos un arrayán detrás de la cocina con techo de paja, causante del incendio. Mi padre regresó días después. Lo veo acodado junto a un cerco de entrada a lo que fue su casa, contemplando con la cabeza afirmada en una mano los chocos carbonizados de los cimientos, mientras unos *treiles* lo rodeaban con sus gritos. El arrayán todavía existe, más alto y frondoso, y en lugar de la vértebra de ballena busco una piedra errática, semienterrada en la cocina, desde donde contemplo y revivo todo esto cada vez que viajo a casa de Elías.

Con el incendio de Tubildad tuvimos que permanecer más en la casa de Quemchi. Al frente de la nuestra se levantaba la casa de dos pisos de mi tía Candelaria Vera, casada con un marino italiano, Lorenzo Boldrini, que proliferó con bastante descendencia. Siempre que mi madre iba a Tubildad yo me quedaba en casa de mi tía Cañe. El tío Lorenzo me incorporó rápidamente a sus quehaceres. Lo recuerdo un tanto viejito, mediano, ágil e industrioso. Tejía redes y fabricaba cabos para los aparejos de los barcos con un artefacto de madera en el que yo daba vueltas a la manivela. Un cono de madera, estriado con canales, iba avanzando en sus expertas manos a medida que la filástica de manila o la estopa de los alerces trenzaban el cabo. Antes había organizado el remolque de grandes veleros que no podían maniobrar en el canal por su angostura. Quedaban al pairo en el golfo de Ancud, y los traía con cuatro botes a remo, a veces con cinco o seis, según el tonelaje.

Era cordial y hospitalario con los hombres de mar. Su salón y comedor estaban adornados con retratos en colores de la familia real de Italia, y otras oleografías donde se veía una cacería de osos polares. Marineros barbudos con machete en mano se defendían de un gran oso blanco que a dentelladas trataba de hundirles la embarcación. En otra, una troika rusa era acosada por una manada de lobos esteparios; la que más me gustaba a mí y que siempre miraba era una especie de hada azul y blanca, con un instrumento de cuerdas en sus manos, caminando como Jesús sobre un acordeón de olas.

Una escalera de anchos peldaños llevaba al segundo piso, donde se ubicaba mi dormitorio. Una noche semidormido bajé la escalera, y desperté del todo en medio del salón donde bailaban marinos con amigas de Quemchi. Virginia Boldrini Vera, prima de mi madre, me tomó de la mano y me condujo de nuevo a mi cama. La vagarosa mujer de piel de nácar y azul marino sigue danzando en mis ojos. Las Virginias se me yuxtaponen, con el olor de las avellanas enterradas y el perfume de los rosales del mar.

Bajo los manzanos, el tío Lorenzo armaba *güaches* para los zorzales, una especie de trampa. Sobre la tierra cernida se ponen gusanos bajo un zuncho con una red. Cuando el zorzal baja a comérselos se tira del cordón que está amarrado al palo que levanta el zuncho y lo apresa. Ésta era una de mis funciones, escondido tras un manzano. La tía Candelaria tenía que desplumar estas avecillas y cocinarlas por docenas. Bajo esos mismos árboles se carneaban los venados que se cazaban con trampas que instalábamos en el bosque del barranco. Al degollar el cervatillo cumplía un rito: me embadurnaba las rodillas con la sangre caliente y corría hasta el lindero del monte para que saliera tan corredor como el venado. Eso me lo había dicho el tío Lorenzo, y yo me hacía que le creía y corría, mientras él se ponía a reír. Sin embargo, pienso que me hizo bien porque una vez, ya más grande, puse doce y dos quintos en los cien metros planos.

Del mar sacábamos calamares y pulpos grandes. Las pinucas las preparaba a la manera china, tostadas en las brasas. La famosa piedra Puntuda es una verdadera baliza puesta por la naturaleza a la orilla norte del canal de Caucahué. Cilíndrica, terminando en cono, señala las grandes mareas cuando queda en seco. En sus alrededores cubiertos de laminillas, huiros y sargazos, entre piedras de todo tamaño y trechos arenosos, tendíamos las lienzas con anzuelos y carnadas de holoturias. Había ostras, caracoles, pancoras y, en ciertas épocas, cangrejos grandes amarillos que se pescan de noche con faroles y chonchones. Vienen hacia la luz y se cogen con la mano. Más al centro del canal está lo que llamábamos el «barranco de mar», con sus remolinos que se producen al chocar las dos corrientes de marea que entran por el sur y por el norte desde el magnífico Pacífico. Todo está en constante movimiento allí, sin descanso; las cosas de las profundidades marinas, de los altos cantiles frondosos, de las luces y sombras que bajan del cielo entre nubes nacaradas o tormentosas. Si hay una sensación de respiración de esponja que se hincha y se deshincha desde los barrancos del mar a los del cielo infinito, junto a la piedra Puntuda se encuentra.

Un día unos pícaros tendieron una lienza con dos anzuelos en sus extremos con carnada de almejas. La gaviota grande, esa señora mórbida de plumaje blanco y negro, gusta de las almejas, que por sus valvas cuelan muchos litros de agua de mar durante el día para obtener su alimento, tal lo hacen las ballenas azules, de barba, con los camaroncillos. Al filtrar el plancton lanzan un chisguetazo que deja un hoyo en la arena, delatándola. La gaviota da el picotazo y la saca elevando el vuelo. Desde arriba deja caer la almeja sobre las piedras para romperle su dura concha, y baja a servírsela, pero esta vez dos gaviotas encontraron la mesa puesta como los zorzales bajo el manzano, y se lanzaron cada una en su anzuelo seguramente creyendo que otras gaviotas habían trabajado para ellas. Los que pusieron el espinel a propósito se acercaron al espectáculo escalofriante: dos gaviotas en una soga destrozándose, chillando de dolor, aleteando por los aires, dejando caer sus gotas de sangre, hasta que ellas mismas cayeron moribundas.

Vi al tío Lorenzo empuñar sus manos amenazantes contra el cielo y vomitar imprecaciones en su italiano marinero. Algún día esta anécdota estará en algún cuento o relato. Pero ¿cómo hacer descender esas alas y esos vuelos hasta el corazón de los que se autodenominan «humanos»?

El tío Lorenzo enfermó. Fui un día a visitarlo; sin embargo, sólo me dejaron atisbarlo desde la puerta de su dormitorio. Reía a carcajadas dentro de su lecho con altas barandas de bronce donde habían corrido las cortinas para ocultarlo. Tres días estuvo riéndose como un loco, luego le sobrevino una parálisis y la muerte. Alguna gente comentaba después que todo se debió a que comía muchos pajaritos y tantos animales raros del fondo marino, como los pulpos, que allá no se comen. Con la pérdida del tío Lorenzo, se enterró lo mejor de mi niñez.

Una diabetes aguda desembarcó a mi padre a los cincuenta y cuatro años de edad. Ahora yo podría ser su padre con mis casi noventa años. Él murió el 11 de agosto. En tierra enflaqueció y envejeció rápidamente. Lo veo junto a un gran brasero y me pide que le traiga el diario. Me equivoco en la fecha o le traigo una revista de las que acostumbraba a leer, recostado en el sofá del costurero de mi madre. Se enoja y por primera vez me castiga en la cara con su ancha y ya enflaquecida mano. Sólo otra vez me había pegado con cierta dureza. Lo recuerdo todavía. Fue cuando metí el dedo entre las valvas de una cholga puesta con otras en una vasija para el curanto. Gritos, llantos y la cholga colgando. Tomó una cuchara y dando con el revés en la concha la partió, liberándome de la tortura, mas, con la misma cuchara, me dio en la boca para que no siguiera llorando.

Aprendí su lección y esa noche no lloré. Mi madre me despertó ese fatídico once de agosto de mil novecientos diecisiete gritándome: «Levántese, el papá está muriendo». Corrí a la pieza contigua y él alcanzó a tomarme de la mano. Con voz apagada me dijo: «Volvamos al mar». Su rostro ceniciento se inclinó hacia la pared y sus dedos se soltaron de los míos como si fueran la cabilla de un timón, dejándola a la deriva. Llovía torrencialmente; mi madre no llamó a nadie y se puso a llorar a solas con su muerto. Sentí mucho frío y me fui a acostar a la pieza donde dormía con ella. Desde esa pieza muchas veces los había escuchado conversar en voz baja y reír con vertientes soterradas.

Lo enterramos en el cementerio de la colina acompañado de gran parte del pueblo con la banda de músicos de los bomberos a la cabeza, organizada por Antonio Scholtbatch, un hamburgués anclado desde los catorce años en Quemchi. Los hermanos Mamentorff tocaban el trombón y una corneta. Calilo Zúñiga, un marinero alto y tuerto, su gran bombo, y varios otros los tambores, hechos de cueros de oveja estirados en corteza de árbol. Vicente Lobos, agente de la sociedad de buques y maderas, pronunció un discurso en que lo comparó con un roble derribado, a la inversa de lo ocurrido con mi abuelo. Mi hermano Alberto alcanzó a llegar a sus funerales. De vuelta a Puerto Montt para transbordar a su barco, la goleta en que viajaba naufragó y se salvó agarrado a una caja de madera seca de mañío, con que se fabrican los baúles chilotes, tan bien ensamblados.

Un mes después mi madre fue a ver a su comadre María Albarrán, que vivía en Ancud. Lloró junto a ella lo mismo que esa noche del once de agosto a solas. La tía Maica, como la llamábamos, cariñosamente, entre su llanteada me miraba con asombro de que no la acompañara con mis lágrimas. Hice esfuerzos, pero no conseguí que me brotara una sola lágrima. Un niño no puede ser hipócrita hasta el llanto. Entonces, como mi padre esa noche, volví el rostro hacia la pared ocultando mi vergüenza de no poder llorar, y sintiéndome casi un culpable de la muerte de mi padre.

La lluvia tiene olores y colores como los frutos de los avellanos de la tierra en que nací, y lo que más recuerdo de esas lluvias de mi lejana infancia es su transparencia empozada en los charcos sobre el pasto después que ha pasado el temporal. Es cual si se hubiera cuajado la mirada de Dios sobre la hierba. Un Dios bueno, el que me enseñara a amar mi madre desde la cuna, no así el Dios malo con que me amenazaba mi hermana Claudina, espiándome desde las hojas de los árboles para castigarme por lo que hacía o no hacía.

En el mar la lluvia no tiene sentido, porque cuando llueve todos se mojan menos el mar; sobre él la lluvia hace el ridículo; sin embargo, si llueve semanas enteras y hasta meses, se torna tediosa y crispa los nervios. En las noches oscuras, porque hay noches que llueve con luna, se vuelve despiadada y tenebrosa. Semeja oscuras balillas con que algunos pícaros ametrallan nuestros frágiles tejados de tejuela o alerce, o bien un llanto del cielo que bajara a la tierra para comunicar a los vivos con los muertos. Entonces, surgen los buenos y los malos recuerdos de lo que hemos hecho con ellos, o lo que ellos hicieron con nosotros.

Ya adulto, durante un tiempo se me repitió un sueño con mi padre: voy con él de su mano ascendiendo una colina; nos detenemos en la cumbre para contemplar un maravilloso paisaje de tierra adentro, con frondas, prados y arroyuelos. De pronto oigo su voz que me dice: «¡Volvamos al mar!». Me doy vuelta a mirar su rostro, pero ha desaparecido dejándome solo, así cual cabilla suelta de su timón a la deriva en aquella noche del once de agosto.

Con mi madre, fallecida en mil novecientos veintisiete, me ocurre otro sueño: vamos entrando por un varadero entre barcos carenándose y otros en construcción, con su cuadernaje al aire. De pronto me encuentro de espaldas sobre un muelle resbaladizo por el oleaje que lo azota. Me embarga el miedo de caer porque no tiene barandas. Grito llamándola con angustias de muerte y ella acude desde las sombras con los chicotes con que manejaba la timonera de su bote. Me los pasa por debajo de los brazos y me arrastra como si fuera un ballenato hacia su rampa azul, y me salva. Si la virgen de la Candelaria existe, es porque debe tener algo de mi madre.

Otras veces despierto al borde de un abismo donde termina el mar de mi infancia; pero siempre encuentro a alguien a mi lado. O una música lejana que viene de mis islas traída por el tamborileo de la lluvia sobre los techos del viento. Bajo esas aguas del tiempo y en el fondo de mí mismo no veo otra cosa que un hombre, una mujer y un niño, jugando con un bote a orillas de nuestro mar interior de chilote, al cual le han puesto un mástil y un timón, esperando un soplo en la vela, para hacerse a la mar entre las islas.

II. ESTANCIA SARA

A mediados de julio de 1923 tuve que interrumpir mis estudios en la isla Grande para continuarlos en Punta Arenas, Magallanes. Fue mi primer viaje oceánico. Iba a cargo de mi hermano de madre, Francisco Cabello Cárdenas, primer piloto del *Chiloé*, un barco de cabotaje que pertenecía a la sociedad Braun y Blanchard. Allí inicié mis primeras travesías y travesuras.

Hicimos escala en Puerto Montt, donde el *Chiloé* debía descargar maderas y otros artículos. Desembarqué junto con mi hermano y tuve mi primer deslumbramiento al observar cómo las luces de la ciudad cabrilleaban sobre las aguas que azotaban los costados de los barcos, algunos al atraque, como el nuestro, otros a la espera del zarpe.

Nos alojamos en un hotel costanero y, después de algunas diligencias, mi hermano me llevó al cine a ver una película de largo metraje. Gigantesca novedad para un niño venido de las islas. No la he olvidado y muchas veces la he traído a mi memoria. Su nombre tan simple, *Las dos niñas de París*, era como las dos niñas de mis adolescentes ojos maravillados. Su final era trágico: una de las muchachitas, muerta, flotaba entre las aguas resplandecientes del Sena, cual una «Ofelia náufraga y doliente», decía la lectura en blanco y negro.

Llegamos a Magallanes a los cuatro días, que era lo que demoraba la navegación desde Puerto Montt. Tal vez mi recuerdo más fuerte de esa travesía fue el haber escuchado radio por primera vez en mi vida. Era una radio a galena y en ella escuchamos, con mi hermano, el match de boxeo de Jack Dempsey con Gibbons, que se disputó en Nueva York. Los gritos de la multitud me daban una extraña sensación de proximidad. Creo que no entendía mucho lo que pasaba.

El barco se detuvo en el paso del Indio, lugar donde salían los alacalufes con sus canoas y se acercaban a los barcos. Entre las mujeres que venían en uno de los largos botes, vi con asombro que una de ellas traía un pingüino en brazos, como si fuera una criatura. Más tarde supe que los alacalufes protegen del frío a sus recién nacidos con una piel de pingüino que preparan las madres.

Una noche acompañé a mi hermano en la guardia. Era una noche muy despejada y estrellada, quizás con luna. Entonces se espejó el mar y se refractaron las cordilleras nevadas. El barco navegaba rompiendo el hielo con la proa. Parecía que fuera avanzando sobre la Vía Láctea, encima de las estrellas. Era una refracción de espejismos entre el cielo y el espejo del mar en la alta noche.

Finalmente, una mañana de cristal, apareció ante nosotros Punta Arenas, la gran ciudad, esponjada y arrebujada en nieve. Otra imagen imborrable para aquel adolescente silvestre.

Debía retomar los estudios a mitad de año, razón por la cual tuve que repetir el primer año de humanidades en el colegio salesiano. Después, finalizado el segundo año, ingresé al liceo fiscal, donde, por diferendos que en ese tiempo existían entre los colegios estatales y los religiosos, también debí repetir mi segundo año. A veces pienso que eso me hizo aprender un poco más de castellano gracias a maestros que me dejaron algunas huellas sólidas.

Recuerdo entre mis compañeros del liceo a Roque Esteban Scarpa, escrupulosamente cuidado y medido, muy estudioso y serio. Menor que yo, estaba más adelantado de curso. A lo largo de los años, me encontré varias veces con él, en Punta Arenas y en Santiago, y siempre retrocedíamos en el tiempo recordando aquellos primeros contactos en el liceo fiscal. Según Roque yo era un alumno bullicioso a mis dieciséis años con «una osamenta sólida que congrega toda la sangre para que no cese en su crecer y con su voz de ventarrón», según escribió alguna vez. En el cuarto año, según el sistema antiguo, se incorporaron a nuestro curso un grupo de alumnos de la escuela alemana, Deutsche Schule, y otro del colegio San José, el mismo de donde yo procedía. Algunos traían de sus hogares un acento que no era el castellano; otros, los de Chiloé, tenían el dejo de «una España perdida»; el resto eran los propiamente magallánicos, en cuya habla no notábamos ninguna tonalidad especial, aunque más tarde, después de vivir en Santiago, sí percibíamos cierto canto. Otros compañeros fueron José Grimaldi, poeta, autor de los versos que están al pie del monumento al ovejero; Wilfredo Mayorga, dramaturgo y cronista teatral, con quien años más tarde me topé algunas veces en Santiago; Gabriel Gacic, médico, destacado junto al profesor Juan Noé en su lucha contra la malaria; y otro más, Arturo Goselín, que partió más tarde a lejanas tierras y que es un personaje en uno de mis cuentos. Hay otro, muchacho más grandote que yo, cuyo nombre siempre he querido olvidar, porque a los menores les quitaba las bolitas de cristal y los hacía llorar. Un día no lo aguanté más y lo desafié a pelear a la orilla del estrecho de Magallanes. Lo fui empujando, empujando, hasta que levantó los brazos en señal de derrota.

De los profesores en general tengo buenos recuerdos y, para algunos, un gran reconocimiento. Don Hugo Daudet, que era el profesor jefe, nos hacía dibujo. Nos sacaba a la campiña para enseñarnos perspectivas y a mirar el paisaje. Él fue un buen maestro en el sentido más profundo de la palabra. Tengo la seguridad que él me inclinó hacia la literatura. Nuestro profesor de castellano, don Luis Barrera, nos había dado la tarea de escribir una composición sobre el tema de la primavera. Luego, él mismo seleccionó los mejores trabajos para mandarlos al torneo literario organizado con motivo de las fiestas de la Primavera de 1927. El premio recayó en mi obra, una especie de poema en prosa que titulé... «Primavera». En él yo describía esos días magallánicos en que las horas luminosas del día se hacen más y más largas y la llegada de las aves migratorias, especialmente cisnes y cauquenes, que recrean la vida de la ciudad. No me cabe duda que mi buen profesor debe haber puesto su generosa mano en aquel primer intento literario. Don Hugo Daudet se casó con su colega Fanny Proust, profesora de francés, quien muchos años después, en Santiago, me regaló un pequeño cuadro, un óleo de su marido, para mí un tesoro.

En la revista *Germinal*, que creamos los alumnos del liceo, se publicó mi obra laureada. Cuando la vi impresa, con mi retrato, que sacó el mejor fotógrafo que había entonces en Punta Arenas, un alemán de apellido Handler, sentí por primera vez ese vicio inevitable de todo artista o escritor: la vanidad. Ese mismo año sufrí otros estímulos al mismo vicio. En el diario *El Magallanes* me publicaron una columna titulada «Desde el minarete» y firmada con el seudónimo infantilmente siútico Hugo del Mar. Más que un impulso literario legítimo, si los hay, lo que me movía era el deseo de vanagloria entre las muchachas magallánicas.

El señor Roa, mi profesor de trabajos manuales, de rostro oliváceo, fino, modesto, flaco y nervudo, nos enseñó a cepillar el roble magallánico y el roble antártico de hoja caediza, pero que guarda la savia y la sabiduría en el espíritu de sus vetas secas. Así era de silenciosa, pero activa, su enseñanza. Fue nuestro primer maestro carpintero, el que nos hizo hacer los primeros *chivaletes* para los tipos de imprenta con que imprimimos nuestra revista *Germinal*. Tal vez al señor Roa le debo mi afición a ser «maestro chasquilla», que me salvó siempre de depender económica y psicológicamente de la literatura, dependencia que puede ser mortal en un país como Chile. Siempre supe que podía vivir perfectamente sin la literatura, porque además de escritor y periodista soy un poco carpintero, mueblista, gásfiter y pintor de brocha gorda. Sabía que teniendo mis manos libres y sanas y mis pies en buen estado, era capaz de hacer otras cosas para ganarme la vida.

En invierno se pasaba frío en el liceo. A veces, don Luis Barrera se quedaba dormido en clase, tal vez por efecto del frío. No faltaba en tal momento un compañero que tuviese algún manoseado ejemplar de las *Memorias de una princesa rusa* o una novela del Caballero Audaz, y comenzábamos a leer por debajo del banco, muy concentrados en aquella inocente pornografía, hasta que el profesor despertaba y preguntaba: «¿Qué están leyendo?», y entonces ya habíamos pasado velozmente al Mio Cid Campeador.

Otro de los profesores que regresan una y otra vez a la memoria fue don Werner Gromsch. Entre sus bellas historias recuerdo la de su paso por China, donde había aprendido, según decía, el inglés que nos trataba de enseñar en su medio castellano. Era un buen montañista y esquiador y nos llevaba a los montes para nuestra gimnasia. Un puente en Punta Arenas lleva su nombre, en el lugar donde falleció a raíz de un accidente. Otro de mis profesores también era alemán, pero nos hacía clases de francés. Sorbía rapé y se llamaba Pablo von Streusse. Don Pablo se dejaba crecer la uña del pulgar de la mano derecha como punta de aguja y con ese estilete nos punzaba los brazos cuando no sabíamos o no podíamos pronunciar bien alguna palabra.

Al salir a vacaciones después del segundo año de humanidades empecé a trabajar en la oficina del abogado Santiago Toro Lorca. Me pagaba tres pesos cincuenta por cada carilla tamaño oficio que yo llenaba. No era mala paga. Con ese dinero pude comprar mis libros y, de hecho, continuar mis estudios. Porque de mi casa no llegaba gran cosa. Mi compañero de trabajo y uno de mis mejores amigos de la adolescencia era Esteban Jaksic, que más tarde fue sargento primero escribiente del regimiento donde hice el servicio militar. Después del trabajo salíamos con Jaksic a caminar por la señorial avenida Colón. De pronto, en un faldeo, veo una casa muy bonita, ante la cual mi amigo se detiene para decir unos versos o, más bien, una canción. Porque era una especie de canturreo: «Siempre que paso por tu ventana, se enreda mi alma». Allí vivía una joven, Susana, de quien él estaba enamorado. La casa tenía una enredadera de madreselvas que llegaban hasta la ventana de la niña. Era allí donde se enredaba el alma de este joven poeta, cuya manera de expresar los sentimientos me producía una curiosa mezcla de admiración y pudor o vergüenza ajena. Al terminar estos paseos mirábamos el estrecho de Magallanes y a veces leíamos el oleaje, observábamos cómo se llenaba el estrecho de olas de espuma. Nunca olvido una metáfora que me hizo una vez: «Allá está Cristo sobre el mar, apacentando su rebaño de olas».

Seguí en el liceo hasta el cuarto año de humanidades. Después tuve que abandonar mis estudios por un problema familiar... y económico. Mi madre vino una vez a verme a Magallanes, para traerme algunos recursos y conocer esa realidad desconocida. No fue de su agrado el clima, como tampoco la economía del hogar de su hijo mayor y de su nuera. Permaneció en la ciudad unos cortos meses y regresó a sus tierras de Chiloé, donde tenía su propio capital y el bienestar que le daban sus tierras, sus animales y su trabajo, ayudada por la familia huilliche de los Millalonco. Nunca supe qué pasó entre mi madre y mi hermano, pero lo cierto es que mi madre dejó de enviar «mi mesada», lo que determinó que yo tuviera que retirarme del liceo.

De su muerte supe tardíamente. No quiero recordar el dolor y la soledad que me embargaron. Por otra parte, sentí que me desprendía de algo a lo que estaba atado, sentí la alegría de la libertad. Habían terminado para mí los vínculos familiares, que muchas veces son convencionales.

Sin estudios y sin trabajo, me presenté a la oficina de reclutamiento para hacer el servicio militar, en calidad de aspirante a oficial, en el destacamento Magallanes, a cargo del capitán Ramón Cañas Montalva. Me mandaron a la sección montada de ametralladoras. Allí el sargento primero Juan Ramírez nos dejaba a todos estupefactos haciendo «la bandera», hazaña que no podíamos imitar. Ese ejercicio consistía en tomarse con las dos manos de la cincha del caballo y extender el cuerpo rígido de modo que quedara en posición horizontal. El sargento era un tanto duro, como la mayoría de ellos, «para sacar soldados firmes y eficientes». En general, no descalifico el servicio militar. En mi caso, tuve algunas ventajas. Como yo conocía bien los caballos por haberlos montado desde muy niño, tenía oportunidad para arrancar a veces de las obligaciones militares más rutinarias.

Un día, en plenas maniobras, el comandante Saturnino Silva da la orden de alto el fuego. El cabo primero Lara era el encargado de transmitir las voces de mando a la tropa. La sección de la que yo formaba parte estaba apostada en una alta colina. Un desperfecto del aparato telefónico alteró la orden: no se escuchó la palabra «alto», sino sólo la palabra «fuego». Los disparos de las ametralladoras coinciden con la presencia del sargento primero Serafín Guerra, quien se salvó apenas de la andanada. Entre los nervios y el dolor, porque hubiese podido morir el sargento, ¡nosotros pudimos haberlo matado!, en vez de disparar a los blancos abrí fuego contra una bandada de cauquenes que volaban sobre nuestras cabezas. Así maté espantosamente veinte o treinta de estas aves, los gansos salvajes de la Patagonia. Cuando terminó la revista, se ordenó abrir un sumario para establecer quién era el responsable de esta atrocidad. En definitiva no pasó nada y los cauquenes sirvieron para mejorar el «rancho», que era siempre lo mismo: porotos con riendas.

Durante el servicio me tocó hacer de maestro primario. Entre los conscriptos había no pocos hijos de los ingleses que vivían en el campo con sus familias y que trabajaban como administradores o capataces de las estancias. Me correspondió hacerles clases de historia de Chile, de la que no tenían idea.

Al dejar el uniforme y volver a la vida civil, se me hizo apremiante la necesidad de trabajar. Alguien me dijo que en las estancias de doña Sara Braun necesitaban gente. Entonces me apersoné a las oficinas de esta dama, poderosa estanciera de fama legendaria en la región, socia de la empresa naviera Braun y Blanchard.

Me encontré con una mujer de mediana edad, con un físico interesante e imponente para un joven que todavía no sabe desenvolverse con seguridad en la vida. Vestía, a la usanza antigua, unos pollerones largos, como los que llevaba mi madre. Mi credencial era haber hecho el servicio militar y haber salido de él como sargento de reserva. Fue cordial. Sentada ante un escritorio monumental, entintó la pluma en un tintero y escribió una tarjeta de presentación, dirigida a un funcionario de su empresa, un tal Mr. Gibbons. De inmediato me dirigí a su oficina y éste dispuso que yo debía trasladarme de Punta Arenas a Porvenir, Tierra del Fuego, para trabajar en la estancia Sara, la mayor de las que poseía doña Sara Braun.

Alegría, expectación, de nuevo otros paisajes... Cuando despegué por primera vez de mis islas de infancia, escuché una vez a un ex marinero que, al contemplar un pelotón de nubes oscuras que corrían como fantasmas rezagados en lo alto del cielo, decía: «¡La Patagonia! ¡Allá está la Patagonia!», y se detenía a mirar aquella parte del horizonte que más parecía un tropel de ovejas de vellones cenicientos. También conocía de oídas la Tierra del Fuego, porque me había topado en el servicio militar con chilenos que venían de esa zona a cumplir su obligación y que vivían con sus padres en el lado argentino.

Un día, a fines de 1928, zarpé de Punta Arenas con rumbo a Puerto Porvenir en un barco de cabotaje de nombre *Porvenir*, nombre que se me grabó hasta hoy. Como el nombre del automovilista Espejo, quien me llevó desde el puerto hasta la estancia Sara. Mi primera impresión, todavía clarísima en mi retina, fue la de un pequeño y hermoso caserío, diseminado en una planicie terrosa, por donde pasaba el camino a Río Grande. El administrador, don William Breffit, hombre silencioso y correcto, todo un gentleman, me recibió y dio órdenes a un «segundo» para que me acomodase. Me ubicó en un dormitorio en el «comedor chico», como llamaban a la casa destinada al personal subalterno, donde estaban los alojamientos y servicios y el comedor propiamente tal. Ya era un trabajador.

Me sentí contento con mi primer día de labores, pero sentí la rudeza del clima. El viento áspero que parecía penetrar hasta los huesos. Al día siguiente me quedé dormido y no me presenté a la hora debida. Quise darle una explicación de mi tardanza a Mr. Breffit. Él, con suave ironía, me respondió: «¿Y tan pronto se quedó dormido?». Seguí en mis actividades como si no hubiera pasado nada.

Cada jornada traía alguna novedad. Varias veces salí con Mr. Breffit a envenenar ovejas con estricnina y arsénico, para matar a los caranchos y gaviotas que se comen a los corderitos nuevos recién paridos. Jamás pensé en aquel entonces que la carne envenenada también podía servir para matar a los indios onas. En aquel año 1929 ya quedaban pocos, después de haber sido exterminados por las cuadrillas de cazadores especializados a sueldo de los grandes ganaderos. Pero de eso sólo vine a saber años más tarde.

La estancia Sara tenía noventa mil ovejas, algunos miles de vacunos, tres mil caballos y centenares de perros distribuidos en los distintos puestos o sectores que la constituían. Esto exigía un número considerable de trabajadores para las diversas tareas, algunas tediosas, otras entretenidas. Muchos trabajos duros y riesgosos. Allí es donde uno conoce mejor al hombre y compañero.

Al comenzar, recibí, además de las órdenes de trabajo, tres caballos y tres perros. Los hombres y los animales que conocí en esos años me dieron el pie para la mayor parte de mis escritos. Sin embargo, en aquellos años no tomaba notas de ninguna especie. No podía imaginar que las experiencias de aquel período dejaran huellas tan profundas en mi memoria.

Mis caballos, el Chico, el Jerezano y el Fideo, el más regalón, y los perros Ben, Retazo y Don Óscar fueron mis compañeros y amigos en el trabajo y en la soledad. También tuve varios entre los hombres y con algunos forjé una amistad que duró la vida entera. Se llamaron Andrés Nicol y Perico Arentsen, ambos un poco mayores que yo. Al primero lo despedí en el Cementerio General y le eché una paletada con rabia por haberse ido tempranamente. Arentsen murió en Punta Arenas. A él le debo un testimonio, que me dejó de su puño y letra, sobre una de las masacres obreras de Magallanes, de la que se salvó milagrosamente cuando ni siquiera era un adolescente.

Uno de los trabajos más delicados y de mayor significación en el quehacer del campo fue el de capador a diente. Me habían dejado a cargo de un puesto de tres mil ovejas. Con dos hombres más, nos damos a la tarea de capar a los animalitos machos que no tengan más de dos meses. Capados se desarrollan al máximo y así entregan la mejor lana y buenísima carne. En esos años la ganadería ovina era uno de los más importantes rubros de exportación de Magallanes. La casi totalidad de sus productos se enviaba a Inglaterra. Los estancieros decían que cada oveja necesitaba una hectárea para su buena crianza y les producía por cada vellón de lana una libra esterlina.

La faena duraba todo un mes. Todo ese tiempo había que dormir en tiendas de campaña en medio de los vientos que traspasan y queman. El trabajo del capador a diente era muy principal. Se necesitaba boca sana y buena dentadura. Existen buenas razones para justificar este método. ¿Y cómo es? Se toman entre los dedos las bolsitas de los testículos de los corderos, de uno o dos meses, se corta encima de esa bolsita y se sacan, con los dientes, los dos garbanzos que son los testículos. Se escupe y se estira la boca. Las venillas que sangran se enroscan y la sangre se estanca sola. Es como si se produjera una cauterización espontánea. Así la sangría se detiene. Si las venas se cortaran con un cuchillo, el animal moriría. Se dice que la saliva es curativa y permite una mejor cicatrización al arrancarle los testículos al corderito. Aun hoy, con dientes postizos, creo que podría ejecutar esa faena, en la que me ejercité capando a decenas de miles de inocentes corderos.

Dolorosa acción para el hombre, que da rienda suelta a su imaginación en medio de un clima inhóspito. Diría yo que no hay trabajos fáciles en esas latitudes. Pero se va aprendiendo a vivir en una naturaleza extraña, con altos pastizales de coirón que agitan sus penachos al viento, resistentes a la nieve y al hielo. En medio de esa naturaleza está el hombre capaz de enfrentarla con su trabajo. Algunos, venidos de mundos muy diversos que al instalarse allí, se sentían como si hubieran nacido de golpe nuevamente, como si fueran otros seres, sin patria, sin familia, sin pasado, sin recuerdos. Uno de éstos fue Jimmy Field, personaje muy querido, que aparece con otro nombre en alguna narración. Venía de algún lugar de Escocia. Se incorporó pronto al grupo de trabajadores, entre quienes había varios que hablaban inglés. Pero Jimmy tenía buenos estudios en su país natal y muy pronto supo hablar su propio castellano. En los días de ocio no faltaba alguien que tocara algún instrumento. En esas ocasiones, Jimmy tocaba su gaita, otros la flauta o la guitarra. En todo caso, lo que más nos divertía era la victrola del cocinero con sus tangos.

En Navidad o Año Nuevo teníamos dos o tres días libres, los que se aprovechaban según la naturaleza y el bolsillo de cada cual. Con días de anticipación los administradores y jefes habían recibido los víveres que les enviaban desde Inglaterra. Al mismo tiempo se colaban en las estancias los contrabandistas, llamados «zepelines», que vendían a hurtadillas licores, cigarrillos y tabaco de todas clases a los obreros o empleados. A veces estos individuos nos invitaban a jugar a las cartas, nos obsequiaban algún trago y a los pocos minutos nos desplumaban sin que supiéramos cómo.

Muchos tomábamos el camino de Río Grande, otro caserío con media docena de casas de zinc, recostadas como gaviotas grises a unos kilómetros de la margen norte de la desembocadura del río que atraviesa toda la gran isla, desde las nieves eternas del Pacífico, en cuyos ventisqueros nace, hasta el Atlántico sur, donde desemboca. Su poderosa corriente nunca se ha puesto de acuerdo con los tratados limítrofes que demarcan la frontera entre Chile y Argentina según el *divortium aquarium*. Eso podía ser válido para la cordillera de los Andes pero no para las estepas fueguinas.

Una de aquellas casas, la del Pelado, ostentaba un rótulo pintado con azarcón verde que decía «Hotel». En una ventanilla, un papel informaba con toscas letras: «Se da alojamiento al amo y al caballo por un solo precio». Otra casita era la del gendarme de comisaría; otra, la del señor Scott, con su mujer y dos hijas, cuyo trabajo era ser embarcador de lanas y cueros de las estancias. Las otras viviendas, un poco marginales, eran la de La Vieja Encaña y la de La Cinchón Tres Vueltas, casas muy diferentes y semejantes. La primera traía mujeres y muchachas jóvenes para atender a los hombres de las estancias, especialmente durante las temporadas de esquila. La otra dama ejercía su comercio individualmente, sin explotar a nadie. Ella esperaba a los clientes detrás de una cortina que velaba su antigüedad y su soledad.

Aquello era una especie de frontera adonde confluían las corrientes humanas de la pampa fueguina y del mar austral. De la una venían los puesteros, campañistas y ovejeros como yo; y de la otra, buscadores de oro de las islas Picton, Lennox y Navarino y cazadores de focas de los archipiélagos del cabo de Hornos y Diego Ramírez. A veces aparecía también una goleta foquera de las islas Malvinas o de la Antártica. En el mesón del Pelado era donde más activamente se encontraba esta frontera del mar y de la tierra. Se transaban allí oros y oropeles por cueros de todos los pelajes. En las otras el comercio era el de la mujer y del sexo.

Así quedó grabada en mí la permanencia en la estancia Sara de Tierra del Fuego, junto a mis tres caballos y mis tres perros. El Pololo, algo viejón, acostumbraba dar unos corcovos lentos y derechos cada vez que pasábamos una tranquera para ir de un campo a otro. Le conocía sus mañas y sabía comprenderlo: me quería decir que volviéramos, porque nos íbamos alejando de la estancia. Mi perro, Don Óscar, con quien me unía una genuina relación de afecto recíproco, fue testigo y protagonista de una extraña experiencia. Yo estaba trasladando con una horqueta grandes brazadas de pasto seco, desde una parva hasta los comederos con listones en *v* donde se alimentaban los carneros. De pronto bajó un torbellino de viento arremolinado, que empezó a recoger briznas de pasto y formó una especie de cuerpo giratorio, un fantasma que remedaba un cuerpo humano con una cabeza coronada por un casquete y una enorme panza. De súbito, esta figura espectral se dirigió a campo traviesa hacia el lugar donde estaba tendido Don Óscar. Cuando llegó a la alambrada no la saltó, como hubiera hecho una persona, sino que pasó a través de las cinco hileras de alambre sin perder ni un ápice de su cuerpo. Don Óscar enarcó el lomo, hincó las garras en la tierra, se le erizaron los pelos y mostró los dientes. Luego, al ver que el fantasma de pasto seguía danzando al otro lado del cerco, emitió un aullido largo y lastimero. Yo dejé escapar una carcajada y Don Óscar me miró molesto, sin comprender mi risa. En aquel momento el fantasma se detuvo, vaciló, osciló unos momentos y de pronto retrocedió zigzagueando. Cruzó de nuevo la alambrada, como antes, pasó a mi lado y fue a desintegrarse en la parva de pasto. De paso me lanzó unas briznas que quedaron enredadas en mis barbas. En alguna parte he recordado a Don Óscar y he contado esta historia.

Mientras yo vivía mi experiencia del trabajo en Sara no me daba cuenta de las huellas profundas que me estaba dejando. La Tierra del Fuego se hizo carne y espíritu en mi naturaleza de los veinte años. La Patagonia argentina y chilena, en mis cortas temporadas, también tiene una presencia constante en mis recuerdos y en mi limitada obra literaria. En mis galopes por los parajes australes voy llevando a cuestas sus paisajes, sus ventarrones, el oleaje incesante de sus mares y, por sobre todo, mis personajes, como Jackie y Peter, Larkin, Susana, Lorenzo Cárdenas y tantos otros.

No hay duda de que Jackie fue el hombre que más me llamó la atención. Era hijo de algún aventurero llegado en los primeros tiempos de la colonización en las vastedades de la Patagonia y Tierra del Fuego. Se le recuerda desde su llegada a alguna estancia cuando sólo tenía unos diez años. Había crecido entre los indios fueguinos y había llevado junto a ellos una vida salvaje en las montañas. Vivían de la caza de baguales, guanacos y otras bestias silvestres, que les daban carne y pieles, su alimentación y su vestuario. Era un hombre de mediana estatura, pelo y bigotes colorines, con ojos tirando a verdes siempre inyectados de sangre, que movía constantemente entre las arrugas de unos párpados sin pestañas. Había sido amansador y tropero y lo reflejaba en su esqueleto maltratado. Tenía las piernas rotas y era quebrado de hombros. Daba la impresión de un coipo apaleado saliendo de un charco. Las privaciones y aquellos trabajos deterioraron su mente y su espíritu. Siempre tuve la impresión de que disfrutaba al matar aquellos animalitos que debían ser sacrificados. Poseído de un raro afán de acabar con aquellas vidas iba de animal en animal asestando crueles y certeras puñaladas. Su cara quedaba salpicada de rojo y se chupaba el bigote con gesto peculiar cuando algunas gotas de sangre caían entre sus cerdas. Al término de esta triste faena, los cuerpos de pelaje fino y reluciente de potrillos y guanacos se amontonaban unos junto a otros en un extraño espectáculo.

Vida recia la de esas lejanías. Contrastes en la naturaleza. En los días de verano oscurece cerca de la medianoche y amanece entre las dos y media y las tres de la mañana. En invierno la última luz se retira a las tres de la tarde y la primera aparece a las nueve de la mañana. También los hombres adquieren caracteres especiales, como la naturaleza en que viven. Junto a una horrible crueldad, una ternura infantil.

Ortega y Gasset, en una de sus creaciones literarias, describe la impresión, el extraño sentimiento que se produjo cuando dos de los primeros hombres de la tierra se avistaron en el cruce de sus caminos en esas lejanías primitivas.

En medio de una huella, cuando un toro o una vaca se encuentra de súbito con un charco de sangre que ha quedado de la muerte de un congénere, huele, husmea, levanta la cabeza, mira hacia la distancia y lanza un bramido estremecedor. Conmueve hondamente el relincho de las yeguas madres al olfatear el olor de la sangre de sus hijos muertos al otro lado de la cerca. Uno tiene la impresión de que esos seres han presentido la siniestra intervención de la mano del hombre.

Al recordar aquellos años de la estancia Sara, me parece comprender mejor cómo y por qué escribí. Acumulando realidades y fantasías, concatenando hechos ocurridos en uno u otro tiempo o lugar, viviendo, soñando, observando, escribí mis libros de cuentos... Tal vez sea más fácil inventar realidades falsas. Pero es triste después, para el lector, niño o adulto, comprobar que lo han engañado. Es más fácil inventar una realidad que penetrar en la que tenemos más cercana. Para esto último se necesitan coraje, hombría y un pensamiento vigoroso para calar las relaciones fantásticas que hay siempre en el corazón de la realidad. Los escritores son como los amansadores de potros. Todos pueden montar a caballo pero sólo unos pocos son capaces de amansar un caballo chúcaro. El mayor problema en la creación literaria, para mí, es armonizar la profundidad de pensamiento con el reflejo de la verdad de la vida, a través de la imagen, el símbolo o de la palabra sencilla, accesible para muchos.

La estancia, con sus praderas y colinas, era un jardín de altos coironales. Un río la circundaba por el sur, el Atlántico por el este y algunos lagos donde anidaban los cisnes de cuello negro y, en sus migraciones, los flamencos. En primavera era un hervidero de vida salvaje: guanacos, zorros, cururos, cauquenes, avutardas y muchas variedades de patos. Muchos de ellos vienen del norte sólo a empollar y, al llegar el otoño, emprenden el regreso con la generación nueva.

Los amplios horizontes, las llanuras planas casi a nivel del mar, las buriladas colinas que en otro tiempo estuvieron bajo el lecho oceánico o fueron formadas por los desplazamientos de glaciares, el viento a veces tormentoso y otras con claros celestes y nubes desvaídas, todo, todo aquello era un verdadero escenario de hondas y misteriosas repercusiones ecológicas y telúricas cuya observación alcanzaba en mí el nivel del arte. El caballo y el hombre en su lomo era lo único que en mis tiempos rompía las sabanas del viento, de los pastizales y la luz de esos horizontes. A veces, cuando me asaltaban las grandes desesperaciones, montaba a caballo y salía a galopar hasta perderme en medio de la tempestad o entre la niebla, a traspasarme de lluvia y a luchar contra los vientos silbantes que queman y hielan. Allí estaba la verdad de una vida desconocida que tal vez vine a comprender cuando estaba muy lejos de ella. Galopar era el único ritmo apropiado para dominar aquella naturaleza que no se olvida y que ha obsesionado la mente de muchos, uno de ellos Charles Darwin. ¿Hay acaso una memoria subconsciente en la que penetraron aquellos vastos paisajes que en otra época estuvieron sumergidos en el mar y que nos ata sutilmente a esa sugestión?

Sin embargo, nunca la literatura estuvo más lejos de mí que en esa época. Ella no había sido más que un fugaz atisbo adolescente. Ni un apunte, ni una carta motivaron en mí aquellos ignorados aspectos de la vida fueguina. Ni siquiera tenía a mi alcance una buena lectura. Trabajábamos de a caballo y campo afuera. Después de nuestras tareas, sólo había tiempo para dormir. Si alguien me hubiera dicho entonces que algún día iba a ser escritor, me habría reído por la inverosimilitud del vaticinio.

Ahora, a la distancia, pienso que me hice escritor por variados hechos. Tal vez, el más importante, la vida que viví en mi infancia y adolescencia, ya que en aquellos años mis lecturas fueron pobrísimas y escasas. Cuando me hicieron leer el *Quijote*, lo encontré tedioso, salvo algunos momentos humorísticos. Fui incapaz de comprender la filosofía profunda de la vida que encierran sus páginas y que me proporcionan hoy el más grande placer al leer cualquier párrafo de esta verdadera biblia del saber humano. Una revista que se editaba en Buenos Aires, *El Suplemento*, llegaba a la Tierra del Fuego argentina. En sus páginas conocí algunos autores. Rainer Maria Rilke me sorprendió por su profundidad metafísica, que me confundía por mi incapacidad de desentrañar ese anhelo de algo inalcanzable, que podría ser Dios o una felicidad terrenal. Otra lectura fue la de Somerset Maugham, con su realismo entretenido que no me daba que pensar.

No conocí en aquella época a Jack London, menos a Joseph Conrad, con quienes me han llegado a comparar, honrándome por supuesto. Podría decir sin arrogancia que creo que no tengo influencias literarias que yo pudiera reconocer en mi pequeña obra. Pero de lo que no me cabe duda es que el ambiente, el mundo que me ha rodeado, los libros, la prensa, la vida cotidiana, el amor, el odio, todo eso, ha hecho de mí lo que he sido: un trabajador del lápiz o de la máquina de escribir que ha volcado en el papel experiencias vividas, muy próximas a la verdad. Nunca ha estado en mí crear atmósferas especiales o de artificio. Siempre sentí el arte motivado por impulsos emocionales. Creo que ésa es mi literatura. Las imágenes, cuando las hay, no son más que juegos de elementos con sus símbolos, que reflejan o pueden reflejar bellamente el sentido de las palabras, muy a menudo con la concreción en una idea.

Me habría gustado lograr en algunas de mis páginas las pinceladas de color que da un buen pintor o la musicalidad de una sinfonía. Eso lo he visto sin poderlo expresar. Se trataba de un témpano errante que entraba por el canal Inglés, en las cercanías de las Shetland del Sur. Era una montaña de música errante cuyas formas habían sido esculpidas por la erosión del mar. El espectro solar se quebraba en sus aristas con todos sus colores y matices. Tal vez el poeta pueda alcanzar con su palabra la conjunción de las artes.

Por fortuna, no ha sido una preocupación mía el adentrarme en mi propia literatura. No he pertenecido a grupos, corrientes literarias, ni me he sentido influenciado por otros escritores. Sí, estoy seguro de que la buena literatura, y me refiero a la local tanto como a la universal, me ha enseñado mucho. Hay además autores científicos que me han dejado una profunda huella: Charles Darwin y Martin Gusinde, que no me canso de releer.

Como ya lo he dicho, he desempeñado múltiples oficios y trabajos y todo eso me ha dado mi material para escribir. Compañeros de trabajo, hombres de carne y hueso, naturaleza, vastedad de pampas y mares, dieron vida a mi trabajo literario. Múltiples viajes por varios continentes, con sus ciudades y paisajes, gentes y costumbres diversas agregaron una multiplicidad de factores que se han ido combinando a través de los años. Tengo una dualidad entre el hombre y el escritor, que proviene de mi nacimiento en el hogar de una mediana propietaria de tierras de Chiloé y un capitán de barco de cabotaje; de mi educación en Chiloé y Magallanes, de mi experiencia de trabajador de estancia y de mi vida posterior de periodista y burócrata en Santiago. Todo mi trabajo literario no ha sido más que el esfuerzo por reflejar las fantasías que contiene la propia realidad de aquellas regiones australes y que suelen superar las creaciones de la imaginación. Un navegante, patrón de un cúter, me contó que navegando una vez en las cercanías del cabo de Hornos le pareció escuchar sones musicales. En un bote navegó a remo en esa dirección. Entre unas rocas encontró un barco destrozado. El mar había sacado de sus bodegas un cargamento de pianos que llevaba y los había dejado encallados en la arena. Las olas iban y venían sobre sus teclados haciéndolos sonar. Mantuve largo tiempo esa historia o, mejor, esa imagen, en mi recuerdo, pensando que debía relatarla, darle forma literaria. Finalmente lo hice en la novela *Rastros del guanaco blanco*. Pero no sé, siento que tal vez no alcancé a reflejar o a transmitir todo el misterio que encierra.

III. LA CIUDAD Y EL MUNDO AUSTRAL

Después de retirarme de la estancia Sara, con mis buenos billetes en los bolsillos, decidí emprender una nueva aventura: viajé por primera vez a Santiago, capital del extraño país que era Chile para nosotros, los del extremo sur, los magallánicos.

En 1929 el gobierno decidió que Magallanes pasara a ser una provincia. Pocas noticias me produjeron tanta impresión como ésta. Hasta entonces, según nos habían enseñado en el liceo, Chile comprendía veintitrés provincias y dos territorios: Aysén y Magallanes. Según mi modo de entender, el cambio significaba ser chileno de verdad. La provincia austral iba a tener representantes elegidos por votación directa y no por los dictados de quienes dirigían el país desde Santiago. Empero, seguía gustándome «ser magallánico».

Me recibió una ciudad hostil. Si mal no recuerdo, era el año 1930. Ya se manifestaba la crisis mundial; en Chile más profunda y más larga que en otros países, como que duró hasta 1933. En el barrio Estación Central tomé un cuarto en el hotel Castilla para los primeros días. Por las calles pululaban toda clase de gentes, perros y gatos. Muchos pordioseros. Me resultaba difícil entender que eso era Santiago, una gran urbe, la Gran Capital. Los rostros, el tono y el acento con que se dirigían unos a otros, todo me era extraño y me apesadumbraba. Fue mi primer desencuentro con la ciudad en la que me afincaría años después.

Me faltaba ese viento que con crueldad tan a menudo azota y limpia las calles de Punta Arenas y que obliga al pequeño mundo que las puebla a refugiarse puertas adentro, alrededor de la estufa, esperando que lleguen la nieve y la escarcha para salir a patinar a la laguna del cerro de La Cruz. Me devoraba la nostalgia, pero tenía que reaccionar. Entonces, nada mejor que tomar un periódico y leer los avisos económicos para ver en qué podría trabajar un hombre de poco más de veinte años, sin profesión, que sólo ha conocido las labores del campo en medio de enormes extensiones donde se apacientan miles de ovejas. Ése era mi *curriculum*, como se diría hoy.

Para mi gran sorpresa, no me resultó difícil hallar un trabajo. En el diario se anunciaba que en una oficina de la compañía de gas, no muy lejos de mi hotel, se necesitaban jóvenes que se dedicaran a vender carbón coke. Me presenté y fui aceptado. El trabajo era sencillo. Consistía en conquistar compradores en negocios y en pequeñas fábricas y maestranzas, cuyo combustible era este mineral. A cada cual le asignaban un sector. Yo me quedé con el de Matucana, próximo a mi domicilio. Al poco tiempo formé una clientela, que me permitía pagar la pensión. Así mantenía los ahorros que había traído de mis tiempos de ovejero en la Patagonia. Me daban ochenta pesos semanales para movilización, que yo economizaba: era joven, tenía piernas fuertes y podía andar a pie. En un sórdido rincón de la calle Fariña, por el sector de Recoleta, encontré una casa de pensión que tenía un hálito familiar y cálido y que me acogió como el huésped provinciano que era. Dejé entonces el hotel Castilla de la Estación Central.

Paso a paso mi ámbito de desplazamiento fue creciendo más allá del sector de mi trabajo y empecé a conocer algo de aquella «bohemia» santiaguina, que se juntaba en algunos bares y «picadas» donde se comía y se bebía a precios muy bajos. En esos lugares tuve mis primeros contactos con gente de la prensa y del teatro. Ellos fueron verdaderos puntales para ayudarme a soportar una ciudad que nunca me cayó en gracia (ni yo a ella). No todo era ingrato. Empecé a gustar del clima y, sobre todo, del vergel de frutas y hortalizas que uno encontraba hasta en los más modestos almacenes. Experimenté un gozo mayor al conocer una quinta en un barrio alejado, en esos años verdaderos extramuros. Vi por primera vez en mi vida árboles cargados de duraznos y naranjas. Vi sandías en la mata, lechugas y toda clase de vegetales, que en Magallanes sólo se conocían en latas de conserva, salvo alguna rara hortaliza cultivada bajo techo en alguna casa particular. (Hoy esto ha cambiado y es fácil encontrar muchos productos agrícolas de los que antes se carecía. Pero su precio sigue siendo alto. Las sandías todavía se venden por rebanadas.)

En mi deambular nocturno me topé con José Bosch, periodista de inolvidable generosidad, que me hizo conocer otro mundillo, con lugares muy novedosos para mí: restaurantes modestos y elegantes y las famosas «picadas». También conocí el célebre restaurante La Bahía, que vivía entonces su mejor época. Siempre recuerdo el restaurante de don Silvio, en Catedral y Plaza de Armas, adonde íbamos con José y otro periodista, Salvador Soto, a comer prietas con arroz, acompañadas de un vinito de la casa que nos ofrecía el dueño. Bosch me llevó al diario *Las Últimas Noticias*, donde él trabajaba, y me presentó al director Byron Gigoux James para que me diera empleo. Me puso a prueba por una semana. Pasado este plazo, me contrató como reportero policial con un sueldo de trescientos cincuenta pesos mensuales. Asomaban nuevos horizontes. Mi primer trabajo fue de cadáver. Hubo un asesinato en un sector de Vitacura, entonces extramuros de la ciudad. Cuando llegamos habían retirado el cuerpo del occiso. Entonces, el reportero gráfico que iba conmigo me dijo, con la autoridad de la experiencia: «Ponte la chaqueta al revés y tírate ahí, al lado de la zarzamora». «¿Para qué?» «Para la foto.» Obedecí dócilmente.

En el diario conocí a uno de los mejores hombres que han cruzado por mi vida: Luis Enrique Délano. Él hacía en *El Mercurio* el mismo trabajo que yo. Era un poco mayor.

Juntos hicimos un reportaje sobre el supuesto «atentado» del puente de Maipo al general Ibáñez, quien gobernaba como dictador, con represiones, violaciones, destierros y algunas muertes. Con el fotógrafo Leoncio del Canto, a quien apodaban «Caruso», nos ocultamos entre unos árboles a orillas del río y vimos cómo el jefe de la policía de investigaciones, Ventura Maturana, con el cuello del abrigo levantado, dirigía la reconstitución del atentado dinamitero. Modestísimos vecinos, que vivían sacando arena del cauce del río para las construcciones, llamados areneros, simulaban ser jóvenes oficiales del ejército en este simulacro. Caruso tomó fotografías y Luis Enrique partió en un camión rumbo al pueblo de Nos, desde donde se podía comunicar por teléfono con Santiago. El fotógrafo y yo continuamos nuestras labores en el lugar. Como extraño, provinciano del extremo austral, yo entendía muy poco de lo que estaba sucediendo. Mucho más tarde vine a saber que aquel atentado era simplemente una farsa montada por la policía de Ibáñez. Los mismos hechos se reproducirían años después, con las mismas características y otras peores.

Un día, cerca de la plaza Echaurren de Valparaíso, adonde el diario me había mandado para buscar noticias sobre «fondeos» y flagelaciones de dirigentes políticos y sociales de oposición, tres hombres me asaltaron en una esquina, me golpearon y me patearon en el suelo, al parecer con la intención de robarme. Me dañaron la mandíbula inferior. Me presenté en la comisaría más próxima para denunciar el hecho y expresar, en mi calidad de periodista, mi protesta. De pronto veo a uno de mis asaltantes en el cuartel policial y le digo al oficial de guardia con santa inocencia: «Ése es uno de ellos». El oficial me respondió: «Mire, jovencito, le aconsejo que mejor no haga la denuncia, porque le puede pasar algo peor».

Me retiré calladito.

Para ser honesto, digo que yo no comprendía todo aquel acontecer político. En Magallanes, siendo aún niño, me tocó ver una huelga. No la triste y horrenda de 1919, sino una posterior. Lo que vi fue a ovejeros y puesteros arrojando sus monturas y aperos al suelo hasta formar una gran pirámide en el local de la Federación Obrera. Esto sucedía en Punta Arenas a dos cuadras del colegio salesiano, donde yo estudiaba.

No me sentía cómodo en Santiago, a pesar de que mis horizontes se habían hecho más promisorios. Un buen día, más bien a medianoche, encontré en la pensión una postal de la catedral de Ancud. Grande fue mi sorpresa al leer: «Hoy he estado orando por usted. Manuela». ¡Manuela!, me dije. Recuerdo cierto vértigo y mis manos temblorosas que aprisionan la tarjeta. Era una amiga con quien caminábamos, por lo general en silencio, por las calles de Punta Arenas. En invierno, a menudo íbamos juntos a patinar a la laguna del cerro de La Cruz. La nieve cambia todo el paisaje de Magallanes. Niños, jóvenes y hasta los mayores abandonan las cocinas bien calefaccionadas para gozar del placer y la alegría que produce ese material blanquecino y silencioso cuyo manto pronto cubrirá la ciudad. Algo como una tromba pasó por mi cabeza. Sin pensarlo dos veces agarré mis escasos bártulos y partí de nuevo al sur. Dos días de tren y luego Puerto Montt, islas, fiordos, ventisqueros, golfos... ¡Magallanes! Había desandado un largo recorrido, cuyo comienzo, empedrado y áspero, me había dejado un extraño regusto.

Cuando dejé Santiago, ya se sufría y se comentaba la gran crisis económica que afectaba al país, primero por efecto de la invención del salitre sintético que derrumbó el precio del salitre natural, principal producto de exportación de Chile en aquel tiempo. Pero la depresión era universal y estaba azotando las economías de los grandes países. Estas importantes noticias se recibían por goteras en la nueva provincia de Magallanes, donde se había creado una radio y circulaba un diario local, que informaban de acuerdo a sus medios y a sus fines.

La gente del extremo sur se informaba más y mejor por la prensa y las radios argentinas. También la vida cultural nos ligaba estrechamente a nuestros vecinos. De allá venían la literatura, las revistas, el teatro y los conjuntos musicales. Por otra parte, muchos chilotes se afincaban en minas, industrias o estancias de Río Turbio y Río Gallegos, en territorio argentino, donde formaban familias y se radicaban para siempre. Centenares o miles de sus descendientes siguen viviendo allí.

Mi regreso a Punta Arenas me hizo conocer o comprender dónde estaba mi «ser» y dónde mi lugar en este sucederse de conflictos, luchas sociales y crisis o depresión, término que hasta hoy me cuesta o no quiero entender. Entiendo la depresión que invade a tanta gente que sufre algún desencanto. Pero la depresión económica la crean los especialistas que siguen jugando en las bolsas de comercio para el lucro de unos pocos.

Vuelto a mi terruño, reconocí mis antiguas amistades y reanudé mis paseos por la plaza de Punta Arenas. Es muy característico en provincias que la plaza principal de la ciudad o del pueblo sea el lugar de encuentro de todos: niños, niñas, jóvenes y los de la «terceredad», término de mi creación que no me agrada. En la plaza se conocen las noticias del último segundo, los cominillos y aquellos secretos misteriosos que se cuentan justamente para divulgarlos. En uno de esos paseos me topé un día con la remitente de la tarjeta postal de Ancud, que fue el detonante de mi regreso al sur. Manuela Silva Bonnaud, maestra, tierna y delicada, empezó a ser la compañía imprescindible en las caminatas y en los juegos en la nieve.

También se nos apegaba Julio, su hermano, con quien trabé una larga amistad. Él me llevó a ingresar al partido socialista marxista de Magallanes, voz y organización política de los trabajadores de la región. En sus filas había de todo: anarquistas, socialistas, comunistas, trotskistas, etc. Las reuniones se hacían en clubes sociales o bares. Allí se conocían y se debatían los problemas de los trabajadores, los despidos, los conflictos, todo aquello que incumbía tanto a los obreros como a la organización. La federación obrera de Magallanes se había recuperado, años después del dramático incendio de su local, en 1920, en el que se hizo morir quemados, deliberadamente, a los obreros que estaban en su interior. Existe una foto única del local quemado, después del incendio y la masacre.

Nos sobresaltaron a todos las noticias del año 1931, los movimientos estudiantiles que culminaron en el derrocamiento del general Ibáñez. Luego la sucesión de Juntas de gobierno y la sublevación de las tripulaciones de la Armada en el norte, que se extendió luego a Valparaíso, Talcahuano y otras regiones. Recuerdo que a los dirigentes de aquel motín se los condenó inicialmente a muerte o a presidio perpetuo. Uno de los condenados a muerte fue Pedro Pacheco, gran maestro y dirigente político, con quien nos encontramos veinte años más tarde de paso en China.

Mi amistad con Manuela derivó al poco tiempo en un fuerte vínculo amoroso y de gran compañía, enriquecida por la solidaridad de su hermano. Sin embargo, su familia me rechazó: no aceptaba mis tendencias izquierdistas.

Ese mismo año la Armada había llamado a concurso para llenar un cargo en el apostadero y pontón de Magallanes. Decidí presentarme y llevé, como antecedentes, mi calificación del servicio militar y algunos recortes de periódicos de mi trabajo en la prensa. En una cajita destinada a valores no monetarios, conservo la libreta correspondiente. Dice así: «LIBRETA DE SERVICIO VOLUNTARIO. MARINA DE CHILE. Serie N, n.° 977. Libro n.° 433. Fojas 977». Luego, en la página 4, en grandes letras se lee: «Apostadero y Pontón de Magallanes». A continuación: «Filiación Azul. Cabo 1.° escribiente, soltero, natural de la provincia de Chiloé, profesión empleado. Fecha: Magallanes, 15 de marzo de 1931. Edad: 20 años 8 meses... estatura, peso y rasgos propios. Cédula de identidad 20335 de Magallanes». Para autentificar mi identidad y firmar el contrato de trabajo sirvió como testigo A. Sangüeza, un periodista del diario *El Magallanes*. Era un requisito que se exigía, por ser yo entonces menor de edad. La misteriosa y hasta poética expresión «Filiación Azul» era aplicada por la Armada a los funcionarios administrativos civiles, que sin embargo tenían los mismos grados que los marinos y la marinería.

Mi situación laboral se arregló notablemente. Empecé a ganar cuatrocientos pesos al mes. En esos años, esa suma de dinero equivalía al valor de un buen traje de casimir inglés. Digo inglés, porque era lo que había en la ciudad. Llevar una tela similar o inferior desde Santiago habría significado pagar un precio más alto. En la década de los treinta, la mayor parte de los artículos que se consumían en Magallanes, tanto de alimentación como de vestuario, eran importados. Muchos eran argentinos. No pocos productos venían de Inglaterra y otros países europeos.

En mi relación con Manuela, consideré llegado el momento de dar el paso decisivo y le dije con firmeza: «¡Escoge entre tu familia y yo!». Yo tenía veintidós años cuando entramos a la oficina del registro civil. De allí salimos como marido y mujer, de acuerdo a la ley, en julio de 1932.

Mi primer destino, en los tres años que trabajé en la Armada, fue el arsenal de Magallanes. Serví de ayudante de guardalmacenes. Me tocaba acompañar al jefe en la revisión de los elementos del material que usaban los buques de la Armada y redactar los llamados a propuestas para la compra de armamentos a particulares. También fui ayudante de comisario. Pero mi trabajo más entretenido fue el que desempeñé en el remolcador *El Intrépido*. Yo estaba a cargo del pequeño barco, pero lo manejaba un sargento primero con una tripulación de tres marineros. Tenía un buen desplazamiento porque era de alta mar. Muy rápido, de buena hechura, como se dice de estos remolcadores que deben incursionar en aguas no muy tranquilas. Así conocí numerosos barcos que llegaban hasta Magallanes y a los que había que aprovisionar de todo lo necesario, tanto de víveres como de material de guerra. Conocí también los escampavías que recorren los canales.

Estos trabajos me permitieron asomarme a los pontones, viejos barcos jubilados que se destinan a bodegas. Luego que son desarbolados quedan al abrigo de algún puerto, donde se los usa para acumular carbón o algún material necesario. También se emplean para armar una cabria o un abanico, que sirven para levantar cuerpos pesados. Me seducía la belleza de algunos antiguos veleros. Me entretenía visitando los pontones en mis horas libres y recogiendo cosas inservibles: una tuerca, un trozo de madera noble o un bronce escondido en alguna rendija. Creo que mi manía de recoger cosas carentes de todo valor intrínseco, por lo general del suelo, en las calles, en el campo, a orillas del mar, en casas o barcos ruinosos, viene de entonces. Mi mujer no la comprende ni la aprueba. Pero soy incorregible. He acumulado piedras, conchas y otras cosas inútiles. En el modesto rancho que tengo en Quintero coloqué en una pared un crucifijo de cobre muy oxidado que tiene un solo brazo. Lo encontré en el cementerio de Père Lachaise, en París. En mis años de marino también visité varios faros. Así, sin que yo mismo lo advirtiera del todo, se iba escribiendo mi literatura.

En 1933 enfermé y me examinó el doctor Juan Marín, médico-cirujano jefe del Apostadero Naval y notable escritor. El doctor Marín decidió mandarme a Valparaíso para ser atendido allí. Hice el viaje en el barco-escuela *General Baquedano*. Creo que mi malestar no era demasiado serio, porque durante la travesía de varios días no me sentí mal. Hubo un hecho ingrato que cuento ahora por primera vez. Un marinero trató de violar a un grumete, pero éste se defendió y trató de lanzarlo al agua. Salvó por un pelo de hundirse en las profundidades. Fue dado de baja en el primer puerto y en la tripulación, aunque parezca raro, no hubo ningún comentario respecto al caso. Seguramente el reglamento no lo permitía. (No siempre los reglamentos se cumplen.) En mi novelita juvenil *El último grumete de la «Baquedano»* el viaje está descrito con mucho entusiasmo y el hecho recién narrado aparece enmascarado como una muerte natural.

Un buen o mal día sucedió algo desagradable. Entro a la oficina del encargado de recibir los papeles, entre ellos las propuestas para las adquisiciones de diversos materiales que se sometían a licitación y veo que está abriendo unos sobres con el vapor de una tetera de agua hirviente. Me retiré muy cauto, pero aquel individuo se percató de mi indeseable presencia. Unos días después, me llevó a una armería, donde me mostró una escopeta. Sabía de mi afición por la caza e insinuó que el arma podría ser mía... sin costo. Le di las gracias efusivamente, pero rechacé la oferta. Presumo que en aquel mismo instante se forjó en mí la decisión de retirarme, aunque al comienzo no fui consciente de ello. Unas semanas después hice efectivo mi retiro. En mis tres años de «Filiación Azul» tuve nota diez en la libreta. Una anotación deja constancia de que soy «apto para la plaza superior». Nunca la obtuve ni la solicité. Otra calificación dice: «Funcionario de conducta 10 (sobresaliente), competencia superior al término medio, apto para comisión independiente».

En Punta Arenas, escribí un cuento titulado «Perros, caballos, hombres», imitando aquel de Ossendowski, «Bestias, hombres, dioses». Juan Marín, el escritor y médico ya nombrado, lo tuvo en sus manos e hizo llegar mi modesta creación a Luis Enrique Délano, director de la revista *Letras*, quien lo publicó. ¡Qué satisfacción ver mi cuento en letras de molde!

En 1933 nació nuestro hijo Alejandro.

Regresé a Santiago en 1936. Mi mujer y mi hijo quedaron en Punta Arenas. Mi vida y mis días tomaron otro rumbo. Volví al diario *Las Últimas Noticias* y a poco andar, me topé de nuevo con Luis Enrique Délano. Seguía en el viejo diario *El Mercurio*, siempre detrás de su máquina de escribir.

No recordaba aquel episodio de los tiempos de Ibáñez, pero me acogió con un abrazo, con su bonhomía de siempre.

Entre diversos amigos y compañeros que conocí durante mi trabajo de reportero recuerdo a Antonio Acevedo Hernández, autor de teatro y cronista, cultor de temas que se enraízan en los problemas del pueblo. Hay un cargado acento social, profundamente humano, en todas sus obras. El teatro siempre me atrajo. Me acostumbré desde niño a presenciar las funciones que ofrecían compañías argentinas, buenas o regulares, que llegaban a Magallanes. Leí varias de las obras de Acevedo Hernández, como *La canción rota* y *Árbol viejo*. Él me invitó a participar en esta última, que llevó a la escena el famoso actor y director Enrique Barrenechea. No me hice de rogar, aunque no tenía ni la más mínima idea de lo que era ser actor. Debuté junto a actores verdaderos como Gerardo Grez y Eugenio Retes. No recuerdo en absoluto qué papel se me asignó. Después formé parte de una compañía de teatro dirigida por un actor argentino que daba sus funciones en una carpa de circo, en Valparaíso. El público era escaso y la compañía se fundió. Quedamos todos cesantes y varados en el Puerto. De algún modo regresé a Santiago. Para mí, aquello no fue más que un pasatiempo, aunque mantuve siempre mi interés por el teatro e hice un intento de convertirme en dramaturgo. En cambio, mis compañeros de entonces se mantuvieron largos años en la escena y Gerardo Grez, como Cristo, cargaba la cruz año tras año en las Pasiones que se representaban durante la Semana Santa.

De nuevo la insatisfacción o la inquietud me arrastraron de vuelta a Magallanes, donde me reuní con mi mujer y con mi hijo. Me presenté a un concurso y obtuve el cargo de oficial del juzgado del trabajo. Después de un tiempo ascendí a secretario. Esa actividad fue para mí una gran escuela. Me educó en los problemas de los trabajadores, generalmente incapaces de defenderse de las arbitrariedades de los jefes o patrones. El juez encargado de estas materias en Punta Arenas, don Antonio Ljubetic, hombre de calidad y de ética ejemplar, grabó en mi conciencia las cualidades que deben tener los encargados de hacer justicia, pero que no siempre poseen. En uno de mis cuentos narro la diligencia que él me mandó efectuar a la isla Navarino para que un empleador pagara lo que debía a un cuidador de ganado. En el cuento está narrado el hecho y cómo, si existe voluntad, se puede hacer justicia.

Generalmente los problemas se producían entre trabajadores y patrones inescrupulosos, por incumplimiento o inexistencia de contratos. El personaje de mi cuento había estafado a un hombre que cuidaba su ganado en la isla Navarino. El juez me envió en un remolcador a notificar al demandado. ¡Qué experiencia y qué odisea! Me embarqué en Punta Arenas en el escampavías *Micalvi*. En Navarino, isla situada al sur del estrecho de Magallanes, a orillas del canal de Beagle, se encontraba la capital de la quinta subdelegación del territorio de Magallanes. En 1925 se habían creado varias comisarías *ad honorem*, según convenía a los centros de población rural. Para Navarino se estableció en un principio que dicha oficina se instalara en la isla Picton, a cargo de Emiliano Gómez. Posteriormente se creó una en el mismo puerto adonde debía llegar para cumplir mi cometido. En la isla sólo había unas cuantas estancias destinadas a la crianza de lanares. Podría decirse que no existían caminos. El caballo era el único medio para desplazarse. No fue fácil localizar al demandado. Tuve que ir a caballo de un campo a otro. Aquellas largas jornadas al trote me permitieron desarrollar en medio del silencio algunas reflexiones, preparar mi discurso interno para abordar al hombre.

La pesquisa salió bien. Logré que firmara la notificación y se comprometiera a concurrir ante el juez. Estuve presente en la audiencia y allí pude aquilatar la integridad del juez Ljubetic, quien hizo justicia de acuerdo al rigor de la ley.

Recuerdo también un pleito por tierras, muy frecuentes en aquella región. Un señor Domange se querelló contra un señor Crisóstomo, que fue jefe de policía en Magallanes, acusándolo de estafa o usurpación de una estancia situada al noroeste de Punta Arenas. Hicimos el viaje a caballo para examinar los deslindes y todo eso. Fue mi primer contacto con los bosques de la península de Brunswick. El pleito duraba muchos años. El lugar disputado se llamaba Mina Rica. Al parecer porque allí existían unas vetas de carbón y se sospechaba que pudiese haber petróleo. Fue una experiencia importante en mi vida. Yo, un muchacho chilote, de las islas, llego y me encuentro con esa grandeza geográfica majestuosa y la complejidad de aquel juicio interminable.

No obstante, siempre encontré algo rugoso este trabajo, con muchas aristas y asperezas. Me atraía pero a la vez me dejaba una sensación de rebeldía o de gran soledad al palpar tantos hechos ingratos nacidos de situaciones sociales y humanas que no podía cambiar. Yo me esforzaba por cumplir con corrección y eficiencia toda labor que me encomendara el juez, quien me estimulaba a través de su ejemplo en su propio quehacer. Sin embargo, un día le planteé mi desazón y mi deseo de permutar mi cargo por uno en el Departamento de Extensión Cultural del Ministerio del Trabajo, en Santiago. No tuvo inconveniente en dar el pase para mi traslado.

El jefe de aquel organismo era Tomás Gatica Martínez, novelista, poeta, ensayista y dramaturgo. El personal estaba formado por periodistas, escritores y otros afines a las actividades culturales. Gatica Martínez llamó a colaborar a Pablo Neruda, a los novelistas Nicomedes Guzmán y Fernando Santiván, entre otros. La administración pública, con jefes inteligentes, ha contribuido desde aquella época a dar al menos cierta estabilidad y una vida digna a los creadores literarios, cuya tradición era vivir y morir en la miseria. Allí conocí al insigne investigador de la vida nacional, Oreste Plath, con quien colaboré más tarde en otras tareas burocráticas. Juntos nos tocó después, en varias ocasiones, ser miembros del directorio de la Sociedad de Escritores de Chile.

La llegada al poder del movimiento del Frente Popular y los acontecimientos de los años 1938 y 1939 sacudieron fuertemente mi espíritu. Me golpeó la frase del presidente Pedro Aguirre Cerda: «Gobernar es educar». Él era un profesor primario antes que abogado. Con su mandato, truncado por su muerte prematura, se iniciaron cambios positivos para el desarrollo económico, social, político y cultural del país. Se sentía en general una efervescencia en las agrupaciones políticas, en los sindicatos. El mundo estaba viviendo el comienzo de la segunda guerra mundial, que fue una especie de secuela de la guerra civil en España. La Alemania nazi de Hitler, poderosa aliada de Franco desde 1936 hasta 1939, propagaba su doctrina expansionista en la que se mezclaban elementos económicos, racistas y de un misticismo irracional. Europa en general parecía no escuchar o no comprender las consecuencias de aquella política belicista. Francia e Inglaterra, potencias de la época, confiaron en la palabra del *führer* y de Mussolini, aliado con Hitler, y firmaron el famoso Pacto de Munich que dio carta blanca a la expansión del nazismo. Pronto Alemania completó la ocupación de los países colindantes con su territorio, luego invadió otros más alejados y avasalló gran parte del continente.

Yo me había incorporado al diario *El Sol*, donde hacía deportes. Hice algo de crítica de cine y teatro en el diario *La Nación*. Trabajé un corto período en el diario *El Chileno*, cuyo patriotismo ruidoso derivó al tiempo en abierto apoyo al nazismo. Su director era René Silva Espejo, considerado gran figura del periodismo nacional cuando ya había dejado atrás sus veleidades pardas de juventud. Una tarde, cuando escribía alguna información después del «reporteo» diario, entró a la sala de redacción un robusto cronista policial, llamado Ángel Lira. Venía irritado por algún motivo y se dirigió a mí en forma muy descomedida. Aunque he sido siempre de carácter pacífico, se me calentó de golpe la cabeza y le respondí en el mismo tono. Alcanzamos a intercambiar algunos golpes antes de que nos separara el director. Por cierto, dejamos de hablarnos y en adelante procurábamos evitar toda posibilidad de toparnos. Un día, tiempo después, voy muy temprano por la calle San Francisco, cerca de la Alameda, cuando veo que por la acera de enfrente viene muy serio, avanzando en sentido contrario, con cierto balanceo, mi contrincante Ángel Lira, probablemente a la salida de algún bar, igual que yo. Me puse instintivamente en guardia. Al llegar frente a mí, se detiene y me grita desde el otro lado de la calle, al tiempo que me hace una profunda reverencia: «Cuando dos acorazados se encuentran en alta mar, se saludan, pero no entran en combate». Atravesé la calzada para darle un abrazo y nos dirigimos al bar más próximo.

Mi conciencia, bastante estremecida por los sucesos mundiales, me hizo aceptar un trabajo como cronista en el diario *Crítica*, órgano del partido socialista, al que me sentía vinculado desde mi incorporación, en Punta Arenas, al partido socialista marxista. En el periodismo comencé a expresar la necesidad de volcar toda la gravitación que me producían los hechos que estaba viviendo o que había vivido. Se había plasmado en mi interior una especie de cinta cinematográfica que iba apareciendo en las crónicas que entregaba a diarios y revistas. De manera gradual fui sintiéndome anclado en Santiago, aunque nunca creí que pudiera arraigarme en definitiva. Sureño, aunque no de mis tierras australes, Neruda reflejó en los versos iniciales de un bello poema lo que a mí me ocurría y me ocurre:

> *Despierto de pronto en la noche*
> *pensando en el extremo sur.*

En sus inicios los chilenos vivimos la segunda guerra mundial como una epopeya lejana, con ribetes novelescos y heroicos. Sólo más tarde vinimos a aquilatar todo su horror. En Magallanes, particularmente, donde abundaban las historias más o menos legendarias sobre piratas, naves fantasmas, espías y diversos episodios de la primera guerra, la imaginación popular comenzó a hervir. Recuerdo que en la revista *Zig Zag* publiqué una nota sobre la aventura del crucero ale-

PRESDEN
v

mán *Bremen*, que estuvo escondido un mes en algún fiordo magallánico.

Pensaba entonces que la guerra en el mar no perdería su carácter romántico, pese al acelerado avance de las aplicaciones de la ciencia al exterminio de seres humanos. Hoy no me siento tan seguro de eso. Me parecía que en ningún otro sector de la guerra ocurrían tantas cortesías y rasgos humanitarios como en el mar. Al decir de los marineros, entre ellos Joseph Conrad, pertenecen todos al gran país sin fronteras que es el mar.

Punta Arenas es una ciudad por donde pasan navegantes y aventureros de todas las nacionalidades. En una ocasión, en un bar del puerto, alguien dijo, narrando episodios de la guerra mundial, que los marinos alemanes eran unos cobardes. Al escuchar esto, se levantó un marinero inglés e increpó duramente al que hablaba así. Increpar, entre marineros, significa dar al interlocutor un par de bofetadas. Y si esto fuera poco para confirmar lo anterior, ahí está el comandante de aquel destroyer británico que invitó a su camarote al capitán del buque mercante alemán que iba a torpedear, para que no sufriera al ver la muerte de su barco.

Al iniciarse el conflicto, las potencias aseguraron que dejarían tranquilas las costas de nuestra América. Pero había y hay una parte del territorio chileno que no podía quedar tranquila: el estrecho de Magallanes, por su notable importancia estratégica como vía de comunicación natural entre los dos océanos mayores.

En el combate naval de las islas Malvinas, durante la primera guerra mundial, donde fue derrotada la escuadra del almirante Von Spee, el crucero alemán *Bremen* logró escapar y se refugió en los fiordos del estrecho. Yo conocí en Punta Arenas al hombre que lo escondió en las entrañas mismas de los hielos. Era un cazador de lobos muy conocido, de más de un metro ochenta de estatura, gran barba blanca, contextura fuerte, ojos azules, que vestía con la sobriedad de los marinos mercantes. Era alemán y se apellidaba Pagels. Presumo que más de un peletero santiaguino tuvo que transar con él sobre pieles de nutrias, lobos u otras más finas.

El *Bremen* estuvo escondido durante un mes en los fiordos del estrecho y su tripulación era abastecida por Pagels, quien salía del muelle de Punta Arenas en su pequeño cúter a cazar nutrias como de costumbre, y se metía por la enredada geografía de los canales, hasta llegar donde estaba el barco de sus compatriotas, metido en un ancón y cubierto totalmente con ramas de roble.

Sus intrépidos tripulantes lograron llevar el barco hasta el Pacífico pero en mitad del océano se les acabaron el carbón y la leña de que los había provisto Pagels. Llegaron a duras penas a la isla de Juan Fernández quemando la madera de sus cámaras y otras construcciones. Allí el *Bremen* fue alcanzado por los cruceros británicos *Glasgow* y *Bristol*, que dieron rápida cuenta de su escurridizo enemigo, agotado después de tantas correrías.

En el verano de 1941 leí en un diario que la editorial Zig Zag anunciaba un concurso literario. Pensé que podría escribir un relato novelesco basado en mis experiencias de aquel viaje de Punta Arenas a Valparaíso a bordo del buque-escuela *Baquedano*. En quince días escribí a mano, en dos cuadernos, mi pequeña novela. En ese tiempo yo no tenía máquina de escribir. Tal vez por eso conservaba mi buena caligrafía escolar. Llevé, pues, mi manuscrito a los tribunales, donde había dactilógrafos que pasaban textos a máquina por un módico pago. Necesitaba, según las bases del concurso, un original y tres copias, que envié a la editorial. Me dieron el primer premio. La obrita se llama *El último grumete de la «Baquedano»*. A lo largo de casi sesenta años ha alcanzado un gran número de ediciones sucesivas y ha sido leído a lo menos por dos generaciones de chilenos. También fue llevada al cine. Tengo especial afecto por este retoño.

En la ceremonia de entrega del premio, Manuel Rojas dijo: «A pesar de ser un escritor que recién comienza a escribir, constituye una promesa para nuestro país y no sería raro que pudiera ser uno de los grandes escritores que tomara por tema la Patagonia, que espera desde hace mucho tiempo a quien cante la vida intensa que allí se desarrolla». Esas palabras quedaron para siempre en un rincón especial de mi memoria. Tampoco he olvidado los siete mil pesos que recibí de manos de don Heriberto Hortz, que era el monto del premio ofrecido por la editorial Zig Zag. Me sentí muy halagado por las críticas que fueron apareciendo sobre mi librito. La revista *Atenea* de la Universidad de Concepción, en su edición de julio de 1940 afirmó: «Coloane llegó a las letras chilenas con una personalidad formada, con gran acopio de observaciones y con una manera muy original de ver la realidad a través de las reacciones de su temperamento». El 19 de octubre de 1941, Hernán Díaz Arrieta (Alone), considerado uno de los críticos más autorizados del país, dedicó su habitual espacio de crónica literaria a una amplia reseña de esta novela para terminar diciendo: «Usa la provisión justa de términos náuticos para que el hombre de tierra firme se sienta en alta mar y hasta experimente un ligero desvanecimiento». En los corrillos literarios, que yo recién empezaba a frecuentar, se decía que así como Alone daba un espaldarazo, podía también hundir a un autor. Pasaron muchos años antes que lo conociera personalmente. Yo me sentía muy amigo de Nicomedes Guzmán, escritor de corazón abierto y bondad ilimitada. Caminábamos juntos un día hacia la oficina del director de la revista *Zig Zag* para conversar con otro escritor, Reinaldo Lomboy, que trabajaba allí. Al llegar a su oficina del quinto piso vemos que allí se encuentra el mismísimo Alone, a quien se candidateaba para el Premio Nacional de Literatura de aquel año. En ese momento, el temido crítico hojeaba unos libros. Al escuchar nuestros pasos y vernos se mostró temeroso de ser sorprendido, como un niño que está haciendo una maldad, y apartó los libros a un lado.

«Usted es Coloane», dijo al verme, sin levantarse de la silla. Con gesto amable me pasó su mano, que sentí férrea y vigorosa. Él conocía a Nicomedes y lo admiraba. Luego entrelazamos frases y dijo cosas que me hicieron sonrojar: «Siempre lo he leído con tanto agrado... Su obra no es de las que se dejan de mano... ¡Ese Sur que usted nos describe y nos pinta! ¡Qué violencia y qué hermosura!».

Le conté que estaba escribiendo unas crónicas sobre un viaje que hice al Oriente, a Rusia y a China. «Algunas se están publicando... Puede que se recojan alguna vez en un libro...» Me respondió: «No siempre los buenos narradores aciertan en diarios de viajes». Tal vez tenía razón. Nunca recopilé aquellas crónicas en un volumen.

Vuelvo atrás. Mi matrimonio con Manuela fue de corta duración. Cayó abatida por el cáncer, esa enfermedad cruel que aún la ciencia no sabe cómo superar. A veces me rebelo contra un sistema que es capaz de invertir sumas siderales en alta tecnología para el desarrollo de nuevos aparatos de transporte al espacio exterior, en poderosos aviones para cargar bombas, en cohetes autodirigidos capaces de sembrar la muerte al por mayor: todo ello para atemorizar a pueblos y países y mantener una dominación injusta, mientras que los dineros que se destinan a investigar los flagelos que causan tanto sufrimiento son siempre escasos.

Estuve al lado de la mujer amada hasta que dio el último suspiro. Me correspondía desde entonces ser un buen padre y una buena madre para mi hijo Alejandro. Creo que no supe cumplir. Pasé por un período negro de depresión.

Un nuevo trabajo, como inspector administrativo del Departamento de Previsión Social del Ministerio de Salubridad me ayudó a superar la crisis afectiva y económica por la que atravesaba. Amigos de bar y unos vasos de vino contribuyeron a sustraerme de la sensación de absurdo que todo me producía. Había puesto pie firme en Santiago. Podría decir que comenzaba una nueva época para mí. Había superado toda clase de vicisitudes, una relativa pobreza y tenía un trabajo estable que me daba una sólida base de sustentación para mi hijo y para mí. Seguía gustándome escribir y comencé a sentirme escritor.

Un buen día, aquel mismo año 1941 de múltiples sucesos, mi amigo ya nombrado, José Bosch, me habló de un concurso literario convocado por la municipalidad de Santiago con motivo del cuarto centenario de la ciudad y me hizo ver que yo podría participar con los cuentos que había publicado en diarios o revistas: «¡Júntalos y envíalos! ¡A lo mejor te va bien!».

Varios años antes, en 1936, en un período de vacas muy flacas, yo me encontraba enfermo y sin plata en una pensión de la calle Portales. El mismo Bosch me dijo que si escribía un cuento, él podía llevarlo al diario *El Mercurio*. Agregó: «No es mucho lo que pagan, pero te alcanzará para pasar la fiebre». Lo escribí con cuarenta grados de temperatura. Y apareció al domingo siguiente, bajo el título de «Lobo de dos pelos» con una gran ilustración más grande que el texto, hecha por un dibujante de apellido Álvarez, a quien llamaban «Cucaracho». Al verlo, Bosh me dijo: «¡Buena! Así que ahora escribes lecturas de monos...». Una típica broma nacional. Me pagaron ciento cincuenta pesos, que en mi situación resultaron salvadores. Fue mi primer cuento publicado en un diario de Santiago. Más tarde lo incluí en un libro de cuentos bajo el título de «Cabo de Hornos». Ha sido muy celebrado pero, en honor a la verdad, debo decir que esa historia se la debo a mi amigo Félix, un yagán con quien navegué en un bote salvavidas en medio de una tempestad desatada, desde la isla Navarino a un fiordo. Avanzábamos a ciegas, tratando de no hundirnos, yo achicando con un tarro patrafinero, él remando. Nos salvamos y pude escribir el cuento.

Siguiendo el consejo de Bosch, junté mis cuentos publicados hasta entonces en un volumen que titulé *Cabo de Hornos* y lo envié al concurso municipal. Se le otorgó el premio. Los comentarios fueron muy favorables, lo que a veces me inquietaba y abrumaba hasta la angustia. Padecía tal vez de una profunda inseguridad. En esos días fueron frecuentes las reuniones báquicas, con amigos, compañeros de trabajo y periodistas, para celebrar estos «éxitos». Tal vez yo me embriagaba para agradecer sus atenciones y ahogar mis dudas.

Al gran Joaquín Edwards Bello lo conocí en 1939. No poca gente lo «pelaba». Lo acusaban de arbitrario, demasiado estirado, despectivo. Conmigo fue siempre de una cordialidad y de una generosidad extraordinarias, desde nuestro primer encuentro. Me trataba siempre con una consideración que me desconcertaba, sobre todo en mis tiempos de juventud, porque yo no me sentía gran cosa como periodista ni como escritor.

En enero de 1939, yo era reportero del diario *La Nación*. Había llegado temprano porque el país estaba conmocionado por el terremoto que había dejado veintidós mil muertos, en la extensa zona que va desde Talca a Concepción. Carlos Préndez Saldías, director del diario, y Joaquín Edwards Bello aparecieron de pronto en la sala de crónica donde tecleábamos agachados sobre nuestras máquinas de escribir. El director le insinuó a Joaquín que saliera a recorrer la ciudad a recoger el ambiente después del terremoto, para un recuadro de primera página.

Para gran asombro mío, y de los demás, Edwards Bello le respondió: «Creo que eso puede hacerlo Coloane mejor que yo». Levanté la vista sorprendido y vi su rostro un poco de medio lado, rostro inclinado, tal vez por el dolor que a todos nos afectaba. No me miró. Salí a la calle, di unas vueltas por el centro y después escribí algo que he olvidado. Nunca olvidé, en cambio, aquel gesto de generosidad del escritor famoso hacia el compañero provinciano modesto e inseguro que era yo.

A veces lo encontraba en el restaurante La Bahía, en el *paddock*, como pintorescamente llamaba el extremo interior del largo mesón, donde acostumbraba a jugar al cacho con su amigo Exequiel de la Barra. Otras veces lo vi llegar como huyendo de alguien, bebía un trago solitario y partía con rapidez. Resguardaba su soledad.

Héctor Faúndez, «el Cabezón», otro colega periodista, pasó una tarde al Black and White a tomarse un trago y se encontró en el mesón con Edwards Bello. Éste le hizo un saludo cortante y se fue. Después Faúndez se dirigió al restaurante La Bomba, que estaba al frente, en la calle Merced, y allí volvió a toparse con Joaquín. Éste ya no lo saludó, bebió su trago y partió. En su itinerario, Faúndez llegó posteriormente a La Bahía y vuelve a encontrarse con el fugitivo. Entonces, éste le grita rabioso: «¡Hasta cuándo me espías!».

Las neurosis que caracterizan a ciertos escritores se acentúan con la edad y en Joaquín se había agudizado peligrosamente. Recuerdo que un día alguien golpeó a la puerta de su oficina en *La Nación* y él lo echó con cajas destempladas, sin siquiera escucharlo. Después supe que era el agente de una editorial que le llevaba un contrato y un cheque por adelantado para editar una de sus obras. Camilo Mori me contó que en cierta ocasión caminaban juntos por una vereda y de pronto se dio vuelta, se despidió súbitamente y partió apresurado en la dirección contraria. Después, recordando aquel episodio, le dijo a Camilo que lo había hecho porque no quería encontrarse con alguien cuya sola presencia rechazaba. A veces pienso que este hombre se habría sentido muy bien entre los onas, que se ponían rayas de colores en el rostro para advertir a sus semejantes cuando habían amanecido de mal humor.

A las 8.45 de la mañana del 19 de febrero de 1968 sonó el teléfono en mi casa. Escuché la voz de Camilo Mori, dándome la noticia de la muerte de Joaquín. Acudí inmediatamente a su casa de la calle Santo Domingo. Se había disparado un balazo en el paladar con un revólver Colt, calibre 38, que le había regalado su padre poco antes de fallecer, en París, «para que se proteja».

Me tocó despedir sus restos en el cementerio. Al final lo comparé con «un torero que se había tragado el toro negro de la muerte», recordando una crónica suya publicada en 1932 y titulada «Si hablara el muerto». En ella Joaquín hacía un retrato de los asistentes a un funeral: unos llegaban por vanidad; otros, derrotados en las urnas, traían la nostalgia del Parlamento; otros, en fin, venían por distraer su ocio y pasar un día de campo en ese jardín pretencioso abonado con el jugo de la muerte.

En 1970, me encomendaron hacer un trabajo sobre sus obras. Fui de nuevo a su casa y recogí a través de conversaciones con su admirable compañera, Marta Albornoz, rasgos humanos que me parecen reveladores de su personalidad.

Marta era entonces una mujer de cuarenta y siete años. A pesar de haber tenido dos infartos, se mantenía joven y hermosa, con esa sagacidad de la mujer chilena, mezclada con una ternura maternal para juzgar a los hombres. Sus recuerdos de su vida con Joaquín me parecían a menudo los de dos adolescentes, a pesar de la diferencia de edad entre ambos.

Marta me habló de sus amores. Joaquín la conoció de ocho años en el emporio que tenían sus padres en la calle Maruri. Él trabajaba en el Departamento de Extensión Cultural, que dirigía Tomás Gatica Martínez. También pasaron por allí Pablo Neruda, Marta Brunet, Antonio Acevedo Hernández, Carlos Casassus. «Terminadas mis humanidades entré de secretaria dactilógrafa a trabajar en ese servicio. Me tocaba ayudar a Joaquín y a Acevedo Hernández. Comenzamos a pololear con Joaquín. Pero mi padre quería que no siguiera siendo siempre una empleada, que me independizara. Me puso una peluquería y paquetería en el mismo local. La relación con Joaquín no siguió adelante. Peleamos y durante muchos años dejamos de vernos. Yo me casé con Óscar Cádiz, padre de mi hijo Daniel. Joaquín, por su lado, se había casado con Ángeles Dupuy, una española que murió en 1926.»

Cuenta Marta que un día fue a visitar a doña Ana Luisa Bello, la madre de Joaquín. Su padre, don Joaquín Edwards Barriga había muerto hacía tiempo. Doña Luisa, que siempre le había tenido una especial estimación, estaba muy enferma. De pronto le dijo:

—¿Por qué no te casas con Joaquincito?

—No. Yo ahora soy viuda y tengo un hijo.

—Es que él también es viudo. Martita, piénsalo.

«Tiempo después me llamó Joaquín para decirme que su mamá había muerto. Nos vimos. Me dijo que quería casarse conmigo. Yo le contesté que me había hecho una "chanchada" cuando estaba soltero. De todos modos, él fue a hablar con mi mamá, y nos casamos, pero con separación de bienes. Y así fue.»

Marta es una mujer sencilla, de hablar claro y directo, como a Joaquín le gustaba escribir. Al leer sus crónicas he encontrado a menudo giros pintorescos. Por ella supe que algunas eran expresiones suyas que a él lo complacían.

Además de gran cronista, Edwards Bello era pintor. Vi algunas de sus telas, de pálido colorido, que cuelgan en el living. En una de ellas se ve en primer plano a una dama sentada en una elegante silla tocando una guitarra y con un loro en el hombro; al fondo aparece una fuente y una catedral de dos cúpulas. Según Marta, fue un sueño que tuvo una noche y se levantó para pintarlo. Algunas de sus pinturas se inspiraban en fotografías. Por ejemplo, la que regaló a la Sociedad de Escritores, en que aparecen los funerales de Lenin en medio de una muchedumbre congregada en la Plaza Roja de Moscú.

Creo que Joaquín Edwards Bello fue siempre un hombre de verdad y, por lo tanto, un gran escritor. Se dio en él de manera excepcional la identificación entre el escritor y el hombre. A menudo la obra literaria aparece separada del hombre que la crea. Así es como tenemos artistas y escritores que más vale conocerlos sólo por sus obras y no personalmente. Joaquín escribió siempre su verdad auténtica y, a través de su verdad, dijo verdades y a veces una verdad genial. A mi juicio, en toda existencia humana hay dos verdades absolutas: la de la vida y la de la muerte. En esto Joaquín fue grandioso. Vivió y murió como un hombre auténtico.

Hacia 1942 conocí a Eliana Rojas, una joven que regresaba de Estados Unidos donde había hecho estudios del idioma inglés. Luego se convirtió en maestra de inglés de mi hijo y se produjo una relación muy amistosa entre ambos. A los cortos meses, constituimos una pareja que dura hasta hoy. Nos casamos en 1944. Afortunadamente, Eliana no quiso sentirse ni actuar como una «segunda madre» de Alejandro. Sus relaciones siguieron siendo de amigos o compañeros. Unos años después nació nuestro hijo Juan Francisco. Entre los dos hermanos reina una hermandad completa. Se visitan con frecuencia, alegría que no podemos darnos, porque Alejandro vive en Francia (desde hace treinta y tres años), los viajes son caros y además fatigosos. Hecho anecdótico: cumplimos con Eliana cincuenta años de matrimonio en el tren que nos llevaba de regreso de la casa de Alejandro, de Gap a París, en 1994.

Sintiéndome ya un escritor, consideré conveniente incorporarme a la Sociedad de Escritores de Chile (SECH). No recuerdo la fecha. Tiene que haber sido en la década del cuarenta. En ese tiempo la SECH no tenía casa ni casino, pero hacía una vida literaria activa. Las reuniones de directorio se celebraban en una oficina del local del diario *El Mercurio*. Las conferencias, veladas literarias y encuentros en general se efectuaban en salas de la Universidad de Chile o de diversas entidades sociales. A su término la mayor parte de los asistentes continuábamos el debate en algún boliche, hasta altas horas de la noche. Todos éramos jóvenes y las horas se nos pasaban no en grandes disquisiciones filosóficas o literarias, sino en chascarros, bromas y libaciones. Todos éramos jóvenes. En plena segunda guerra mundial los vapores y los humos se nos iban a la cabeza y más de algo sucedía. Las discusiones se hacían candentes, pero era rara la violencia.

Conocí por entonces a escritores como Pedro Prado, Manuel Rojas y Tomás Lago, los tres bellas personas, integrantes del directorio de la sociedad. A las reuniones asistían también escritoras de prosa y verso, algunas de notable belleza, cuya presencia hacía más grato el ambiente. Comenzó a hablarse de la ley sobre el Premio Nacional de Literatura que se discutía en el Congreso. Todos los escritores se sentían apoyados por dicha iniciativa, que reconocía la labor del escritor, por lo general penosa, poco conocida y aún menos reconocida. Se sentía el aire fresco del Frente Popular, que estimulaba los intentos de reflejar en las obras literarias ámbitos, personajes y procesos sociales hasta entonces ausentes de ellas. La ley fue firmada en noviembre de 1942 por el presidente Juan Antonio Ríos, sucesor de don Pedro Aguirre Cerda.

La sociedad de escritores tenía un representante en el jurado que otorgaba el premio. En el directorio, presidido por don Jerónimo Lagos Lisboa, barajamos diversos nombres para el primer Premio Nacional. Recuerdo entre los participantes de aquella discusión a Joaquín Edwards Bello, Rubén Azócar, Mariano Latorre y Luis Durand. Hubo opiniones discordantes. No obstante, se decidió finalmente que el representante de la SECH propondría el nombre de Augusto D'Halmar. Éste fue el laureado. Asistí al acto de entrega en el salón de honor de la Universidad de Chile. Después nos fuimos con Rubén Azócar y otros escritores a celebrar el magno acontecimiento. Tiempo después comeríamos con el «Almirante Alucinado», como se le había bautizado, en el antiguo restaurante vasco Pinpilinpausha. D'Halmar llamaba la atención por su figura imponente, su cabellera albísima que contrastaba con su tez bronceada, su acento español y la voz profunda con que pedía al mozo su plato preferido: «Callos, como tú sabes que me gustan». En 1970 debí leer toda su obra, porque la editorial Jurídica me había encomendado la tarea de preparar las ediciones de obras escogidas de varios escritores, Premios Nacionales. El primero, D'Halmar, debía iniciar la serie. Me empeñé y di cima a esta dificultosa tarea. La vida me deparó un curioso azar: estar con él el día en que recibió el premio, velar sus restos en la Biblioteca Nacional en enero de 1950 y preparar, veinte años después, el primer volumen de sus obras escogidas.

En 1944 fui invitado a formar parte de la comitiva de prensa que acompañaba al presidente Juan Antonio Ríos en su esperada visita a Magallanes. Para mí, era una ocasión excepcional de volver a ver esas tierras, que no se pueden olvidar, tan lejanas y tan próximas. La visita presidencial iba a coincidir con la celebración del primer centenario de la toma de posesión del estrecho de Magallanes por el estado de Chile, hecho cumplido el 21 de septiembre de 1843 por la goleta *Ancud*. El presidente Ríos iba a dar cuenta, además, de los proyectos de nuevas leyes destinadas a estimular el desarrollo de las regiones del extremo sur.

Los actos de celebración son casi siempre tediosos, con muchos discursos, estadísticas y argumentos políticos ante auditorios integrados por personas que no entienden mucho, no tienen interés en los mensajes que se les transmiten, se distraen hasta con el vuelo de una mosca y prefieren conversar con el vecino. No recuerdo el ceremonial de 1944. No creo que haya sido muy diferente de otros.

En cambio, el viaje a bordo del barco *Araucano*, escoltado por los destroyers *Videla*, *Hyatt*, *Orella* y *Riquelme*, me proporcionó un espectáculo que nunca había visto. Las proas dejaban huellas profundas al hincarse en el océano con un ritmo acompasado con el fuerte vaivén de la nave. Aquella visión, aquellas sensaciones me producían una rara nostalgia, una especie de intriga insondable.

Al atravesar el famoso golfo de Penas nos encontramos con la primera mar arbolada, que hizo dar terribles tumbos a nuestro barco. Hasta allí el viaje había sido muy normal, apacible. Yo me disponía a enviar un despacho con mis apuntes del viaje en cuanto llegáramos a Puerto Edén, una caleta agreste a orillas del canal Messier, de donde debía salir un avión con correspondencia con destino a Puerto Montt y desde allí a Santiago. El balanceo, tal vez de hasta treinta grados por banda, me dificultaba tomar apuntes y hasta pensar. Todos los pasajeros se habían recogido a sus camarotes, porque no se aguantaban en pie. Muchos, afectados de fuerte mareo, verdosos y sintiéndose agónicos, estaban tendidos en sus literas. Yo quise subir a la posición más alta del barco, para contemplar las lejanías del mar en medio de la cimbra.

Al llegar al púlpito, ¡qué sorpresa!, el presidente se encontraba allí. También él había querido contemplar el mar tormentoso, palpar la violencia del viento y del mar. Me acerqué con respeto a ese hombre seco, enjuto, que me pareció más alto de como lo recordaba. Siguió un diálogo escueto y obvio. Con voz firme me dijo:

–Creo que somos los únicos dos pasajeros que estamos en pie.

–Así es, presidente.

–Duro el temporal.

–Sí, así es siempre por estos parajes.

Después de unos minutos de silencio que se alargaban, me estiró su firme mano y bajó. Me sentí confundido por su presencia y no supe articular palabras más elocuentes. También pensé que habría soledad en él y que fue a medirla mirando el mar desde el púlpito de la nave.

Ese mismo año, unas semanas después, recibí una llamada de la secretaría de gobierno. Un funcionario me comunicó que el presidente quería hablar conmigo, el día tal, a las dieciséis horas en el palacio de la Moneda. Acepté con el debido respeto, pero no dejó de inquietarme aquella citación inesperada. No podía olvidar a un hombre de tierra adentro, como el presidente Ríos, capaz de demostrar una gran presencia de ánimo y total seguridad frente a un temporal desencadenado.

Sin embargo, el día en que debía concurrir a la Moneda, yo conversaba distraídamente con mi mujer en el Parque Forestal y, como nos sucedió en ese entonces y también después, en diversas ocasiones, no recordé la hora. Cuando me fijé en el reloj, ya eran las 16.30. Me dirigí a la Moneda con el paso de un gamo veloz y, al llegar a la oficina respectiva, un edecán me recibió y me dijo en tono muy cortante: «El señor presidente canceló la audiencia». Le di las gracias y me retiré. Entendí que era la actitud que correspondía a un jefe de Estado. Fue una buena lección que, por otra parte, acentuó mi tendencia a mantenerme a distancia de las esferas del poder. Supe más tarde por mis colegas, los periodistas encargados de cubrir las noticias de la Moneda, que el presidente tenía intención de ofrecerme un consulado en la ciudad argentina del petróleo, Comodoro Rivadavia. No era mi destino. Seguí un tiempo más en la burocracia.

En 1945 gané de nuevo el premio de novela juvenil de la editorial Zig Zag con *Los conquistadores de la Antártida*, libro que dediqué al fallecido presidente Pedro Aguirre Cerda, quien había fijado el 6 de noviembre de 1940, junto con su ministro Marcial Mora, los límites del territorio antártico chileno, entre los meridianos 53° longitud oeste y 90° longitud oeste de Greenwich.

Tal como he contado y repetido en demasiadas ocasiones, había leído y releído la obra de Nordenskjöld *Viaje al Polo Sur*, relato de una odisea que quise volcar a mi manera en mi trabajo, sosteniendo la tesis de que los primeros visitantes del continente helado fueron nuestros antepasados indígenas, los yaganes del sur de la Tierra del Fuego. Una frase inconclusa de Nordenskjold, este hombre cuyo apellido no puedo pronunciar y que hasta me cuesta escribir, me causó una profunda impresión. Fue tal vez lo que me empujó a escribir mi libro. Dice: «El tiempo triste ha pasado y la primavera, que era nuestra esperanza, ha llegado ya. Dejemos transcurrir un poco más. Seguramente veremos elevarse alguna vela allá lejos en el horizonte, y entonces...». Estoy en deuda con los hombres de esta expedición, la primera al mar glacial del sur, que iniciaron su viaje en enero de 1901. La misión estaba integrada por científicos que estudiaron la fauna, la flora, los hielos, las variaciones del clima, los vientos, las tempestades. La grandeza de esos hombres, para mí, fue su capacidad y osadía para afrontar no sólo una tempestad, sino aquella situación en la que el barco en que viajaban, el *Antártico*, quedó en un pequeño varadero, encerrado entre muros de hielo de dos metros de altura, que presionaban el barco por ambos costados. La situación se agravó más y más, hasta que se presentó la catástrofe. Sigo considerando ese relato una lección de solidaridad, abnegación, comportamiento y sensibilidad, dada con mucha fineza humana. Por eso quisiera reencontrarme con Nordenskjöld, alguna vez, en alguna esfera ignorada y ver si pago la deuda que tengo con él.

Me han preguntado muchas veces por qué no escribí cuentos o una novela sobre Santiago. Después de todo, es en esta ciudad donde he pasado la mayor parte de mi vida. No sé. Tal vez me intimidó la magnitud del tema. Tal vez mi concentración mental y sentimental en las tierras y los hombres de Chiloé y la Patagonia. Pero Santiago... necesita un Balzac.

Dije antes que fui siempre aficionado al teatro. Incluso hasta el extremo de sentirme «actor» en una compañía profesional. Los años cuarenta fueron también los del nacimiento de un nuevo teatro, impulsado por un grupo de jóvenes de la Universidad de Chile, llenos de inquietudes, capacidad artística y talento. Todos, admiradores de García Lorca y de su gran intérprete, la española Margarita Xirgu, exiliada desde los tiempos de la guerra civil. Bajo la dirección de Pedro de la Barra, junto a Agustín Siré, Rubén Sotoconil, Roberto Parada, María Maluenda, María Cánepa, Bélgica Castro, Chela Castro, Jorge Lillo, Pedro Orthous y otros, crearon el Teatro Experimental de la Universidad de Chile, que revolucionó el teatro chileno de manera profunda y duradera, poniendo en escena obras nacionales y dando a conocer además piezas inolvidables del repertorio internacional. ¿Quién podrá olvidar obras como *El cuidador*, de Harold Pinter, o *La ópera de tres centavos*, de Bertold Brecht? Sus personajes se han quedado para siempre con nosotros.

Como admirador del espectáculo y el clima teatral me aventuré a escribir una única pieza dramática que llamé *La Tierra del Fuego se apaga*. Pretendía hacer un drama. El primer lector que tuvo mi escrito fue Pablo Neruda, a quien visité en su modesta casa de Isla Negra. Estaba delicado de salud y, como invitado, aproveché la oportunidad para darle a conocer mi original. Se lo leí completo. Con su gracia y verdad de siempre me dijo: «¡Pancho, esto es un dramón!».

No recuerdo ningún otro comentario suyo hacia mi literatura. Tampoco lo he esperado, ni en general de nadie. Por supuesto, si los comentarios llegan, bueno; si no llegan, bueno también. Se vive sin expectación. Que los días sean como son.

De todos modos, me lancé a mi aventura y mi dramón fue publicado en 1945 por la editorial Cultura de don Francisco Fuentes, donde trabajaba el querido Nicomedes Guzmán.

Allí quedó para distribución en las librerías. Seguramente 'la edición fue pequeña. Nunca me preocupé de eso. Al tiempo no quedaba ningún ejemplar. Conservo uno y digo con orgullo que lo tengo empastado, para que perdure. Como siempre he sido un autodidacto de las letras, no pregunté nada a nadie sobre la técnica teatral, lo concerniente a temática, composición, desarrollo de una trama, escenas, actores, etc. Algún crítico dijo que yo había malogrado un buen material. Otros dijeron que era teatro para leer. Mis amigos teatristas me dijeron que mi error fue no haberlos consultado porque ellos habrían dejado mi obra apta para el teatro. Me quedé conforme y acepté todo lo que me dijeron. La obra se representó de todos modos, años más tarde, y fue llevada al cine en Argentina.

En medio de estos avatares, seguí escribiendo. Después de *Los conquistadores de la Antártida*, se publicó *Golfo de Penas*, recopilación de cuatro cuentos. El que le da título al libro había sido premiado en un concurso. Con el libro *Cabo de Hornos*, cuya primera edición chilena apareció en 1941, sucedió un hecho curioso. Mucho tiempo después, yo estaba en la capital china, Pekín. Entre la gente que trabajaba para las oficinas de traducciones, me encontré con un muchacho alto, bien parecido. Era el escritor mexicano Sergio Pitol. Con espléndida cortesía me dijo: «Yo lo conozco mucho de nombre. Yo trabajaba para la editorial Novaro y cada cierto tiempo le enviaba lo que le correspondía a usted por derechos de autor de su libro *Cabo de Hornos*». Fue una grata sorpresa que me hubieran editado en México y le dije que yo lo ignoraba. También él se sorprendió. Años después conseguí un único ejemplar de los veintidós mil que se imprimieron, según consta en la penúltima página. Lo guardo como una especie de trofeo porque la persona que hizo la gracia de cobrar por mí durante años los derechos de autor que me correspondían, duerme hoy «el sueño de los justos». Nunca me dio una explicación, ni menos un centavo. En beneficio de su memoria pienso que tal vez, al gestionar esa edición, lo hizo de buena fe, para dar a conocer mi obra en México. Luego, debe haber considerado los derechos de autor una justa retribución a su esfuerzo.

Santiago cambiaba, comenzaba a ser una nueva ciudad. Sentí que me atraía, que me invitaba a sentirla e incorporarme a ella, al tiempo que iba descubriendo una variedad de realidades en lo político, lo social y especialmente en la cultura. Comencé a gustar de su clima, a gozar de los frutos de estas tierras soleadas. Una manzana fresca, una naranja, un trozo de sandía en el verano, un vaso de mote con huesillos me producían una inmensa satisfacción. Recorría sus calles centrales así como los suburbios y extramuros, acompañando a la futura asistente social, que sería mi mujer, Eliana. Los paisajes eran otros, me sorprendía su diversidad. En los barrios apartados, niños y muchachos jugando a la pelota, lo que no había visto en Chiloé ni en Magallanes. Los teatros o cines de barrio me encantaban. Siempre que podía entraba a ver la película que estuviese en cartelera. En algunos cines de mayor categoría se hacía un entreacto musical en la sesión vespertina. En una de esas salas conocí a un violinista llegado al país a consecuencia de las persecuciones desatadas por los nazis. Su nombre está ligado al de su esposa, a quien conocí y amé extrañamente. Pasaron los años, nos encontramos de nuevo y no nos reconocimos. Me invadió una profunda tristeza y una sensación de soledad porque me parecía que hasta entonces no había conocido el amor.

La vida cultural y la vida política me aguijoneaban. Fueron los verdaderos artificios que contribuyeron a mi arraigo casi definitivo en Santiago. Encontré muy buenos compañeros y amigos. Pienso en estos dos términos y a veces creo que no hay distingos entre ellos. Así lo siento. Pero con frecuencia he escuchado a más de alguien decir: «Es un compañero, no es un amigo». No me he atrevido a preguntarle cuál es la diferencia. Sería una impertinencia de mi parte, porque a lo mejor yo podría ser un compañero y no un amigo. Compañeros de caminatas y causas políticas, y amigos, fueron Tomás Lago, Rubén Azócar, Juvencio Valle, Hernán Cañas, Yerko Moretic y tantos más.

De pronto la situación política adquirió una fuerte tensión. El presidente Juan Antonio Ríos enfermó gravemente y debió dejar de ejercer su cargo. Como vicepresidente dejó a Alfredo Duhalde, quien mostró tendencias de derecha y grandes ambiciones políticas. El 28 de enero de 1946 la Confederación de Trabajadores había convocado una concentración en solidaridad con los mineros del salitre en huelga. Ese día fuimos con mi mujer al Teatro Municipal. Al terminar la función, le dije que regresara sola a casa y me dirigí hacia la plaza Bulnes, lugar donde se llevaría a cabo la manifestación. Nada permitía prever lo que iba a suceder, pero algún vago pálpito me impulsó a apartar a Eliana de aquel lugar.

El acto comenzó con normalidad pero a los pocos minutos se produjo un forcejeo entre parte de los asistentes y los carabineros, que trataban de desalojarlos del lugar donde se encontraban. De pronto, se escucharon disparos y miles de personas corrieron en diferentes direcciones. Se escucharon agudos gritos de mujer. Yo me empinaba tratando de ver lo que sucedía y de no ser arrastrado por la corriente humana. Distinguí cuerpos caídos en la calle. Algunos manifestantes mojaron hojas de diarios en la sangre de los muertos y heridos y las levantaron como banderas. Me sumé a los que desfilaban, protestando a voz en cuello por la masacre. Los carabineros atacaron de nuevo y la multitud se dispersó en carreras desesperadas. Nos exaltamos contra las fuerzas policiales, con gritos e insultos, hasta que fuimos disueltos.

El resultado fue bien trágico. Seis muertos y una cantidad de heridos. Murió allí Ramona Parra, una muchacha de dieciocho años de edad, que ha quedado hasta hoy como un símbolo de las juventudes comunistas.

La masacre produjo diversos efectos políticos. La Confederación de Trabajadores de Chile convocó una huelga general de protesta por el crimen. Se paralizó la mayor parte del país. Pero en aquel momento se produjo el quiebre de la organización, en la que confluían socialistas y comunistas. Surgieron dos directivas diferentes y antagónicas de la confederación, una bajo la dirección de los comunistas, la otra encabezada por los socialistas.

Al morir el presidente Ríos, los partidos políticos comenzaron a tantear sus posibilidades para determinar quién podría ser el candidato a reemplazar al difunto. La crisis de la central obrera tuvo repercusión en todo el espectro político del país. Fue un momento de vehemente lucha de ideas y opiniones en la que participaron todas las corrientes del pensamiento existentes en el país. En torno de las diferentes agrupaciones y candidaturas surgió una gran efervescencia. Repentinamente surgió, con actitudes matonescas, un grupo denominado Acción Chilena Anticomunista que, para los más sensatos, correspondía al objetivo de agudizar la lucha entre trabajadores de las diversas tendencias e impedir su unidad. Estos hechos eran síntomas del clima de guerra fría que comenzaba a imponerse en las relaciones internacionales y en la política interna de los países después del término de la segunda guerra mundial.

Siento que se vive una situación delicada. Me identifico más con las posiciones del partido comunista, al que mi mujer estaba vinculada con anterioridad. Recuerdo que escribí en aquel entonces un artículo para el diario *El Siglo* con el siguiente título: «Por qué soy comunista». Me habría gustado encontrarlo entre tantos papeles, recortes, entrevistas, etc.

Luego me digo: ¿y para qué? Sigo siendo el mismo de antes.

Muchas veces me han preguntado cómo escribo, cuáles son mis costumbres de escritor. Al parecer muchos de mis colegas siguen determinados ritos ante la página en blanco, realizan conjuros o actos extraños, destinados a convocar a las musas o qué sé yo. Algunos fuman, otros toman café. O beben. Por circunstancias de la vida, como resultado de mis primeras experiencias literarias, me acostumbré a escribir en cama. Mis primeros cuentos los escribí durante los resfríos, por los cuales obtenía licencia médica para faltar al trabajo. Puedo decir: por cada resfrío un cuento. Creo que uno de los lugares más agradables para escribir es la cama. Así puede aprovechar uno hasta los sueños, que también contribuyen a la labor literaria. Y el trabajo que continúa realizando el cerebro mientras dormimos, de modo que al despertar y reiniciar la escritura surgen nuevas ocurrencias y algunos problemas parecen resolverse milagrosamente. Algunos grandes escritores buscaban provocarse sueños por medio del alcohol, como Poe, o de diversas drogas. No es el camino. Algún joven puede pensar que la borrachera o el estado de pasmo producido por la droga puede reemplazar un trabajo artístico sostenido. En definitiva, el escritor puede escribir en cualquier parte, si se lo propone. Hasta en un tranvía. Don Alonso de Ercilla y Zúñiga, padre de nuestra literatura, no disponía de papel cuando llegó a las tierras del sur de Chile con la hueste española. Escribió entonces sobre cueros, afirmado en algún árbol, o a caballo, la epopeya más grande de la conquista española y el más inspirado canto en honor de los aborígenes de Chile.

Me hice escritor por nostalgia, por la añoranza del mar y de mis islas y tierras australes. Me hice comunista por rebeldía contra la injusticia y el crimen, a raíz de la masacre de la plaza Bulnes.

Hasta aquel tiempo —años cuarenta— la verdad es que la política no me había inquietado mucho. Tenía conciencia de las injusticias, me identificaba con los trabajadores, incluso había ingresado en Magallanes en 1932 al Partido Socialista Marxista, pero nunca había tenido vida militante. En Santiago, la mayoría de mis amigos, en el periodismo y en las letras, eran de izquierda. Muchos de ellos, comunistas. Chile vivía un proceso de gran politización, iniciado a la caída del dictador Ibáñez en 1931, acentuado por el triunfo del Frente Popular en 1938 y luego por el desenlace de la guerra y por sucesos locales como la masacre de la plaza Bulnes. Yo no podía ser extraño a toda aquella agitación. Sin embargo, nunca fui lo que llaman un político profesional. Me gané la vida siempre con mis manos y mi cabeza en diferentes menesteres, sin mezclar jamás lo uno con lo otro. Me parece una traición al espíritu del hombre mezclar creencias políticas, religiosas o artísticas con sus intereses personales. Jamás he mezclado los asuntos políticos inmediatos o contingentes, como se dice ahora, con mi literatura. He tenido opiniones y una posición, qué duda cabe, pero cuando se me ha ocurrido opinar, lo he hecho siempre con mi firma.

En la campaña parlamentaria de 1945, el partido comunista alcanzó una gran votación. Entre sus senadores destacaban Pablo Neruda, reciente Premio Nacional de Literatura y el viejo líder obrero Elías Lafertte, uno de los fundadores del partido. Para la elección de presidente, que debía tener lugar a fines de 1946, se vislumbraban varios candidatos. Por el partido radical, que había sido la fuerza hegemónica del Frente Popular y que había tenido a los dos presidentes anteriores, Aguirre Cerda y Ríos, surgió el nombre de Gabriel González Videla, quien asumía posiciones muy izquierdistas y desplegaba una oratoria fogosa, que despertaba grandes emociones. En torno a un programa de transformaciones económicas y sociales avanzadas, que el candidato juró cumplir, recibió el apoyo de los comunistas, una parte del socialismo y otras fuerzas políticas.

El gran portavoz y jefe de propaganda del candidato fue Neruda, quien incorporó a la campaña a numerosos escritores y artistas, en Chile tradicionalmente identificados con la izquierda. Nuevo en estas lides, me tocó hablar en apoyo del candidato radical en un acto de proclamación realizado en el local sindical de los obreros ferroviarios de San Bernardo.

Es bueno recordar esos tiempos —como dicen los tangos— porque el partido comunista contó entre sus miembros con personajes inolvidables. Algunos por su solidez doctrinaria; otros, por su oratoria y algunos por su vehemente clarividencia. Pienso que estos dos términos juntos no son avenibles; sin embargo, los he colocado porque César Godoy Urrutia poseía ambas cualidades. De una ironía fina e incisiva, sus discursos en la cámara de diputados hacían época. Los parlamentarios de la derecha, a la que fustigaba día a día, lo bautizaron «Capitán Veneno».

En el mitin final de la campaña del candidato de la izquierda, se le había encomendado pronunciar el discurso de fondo, en nombre del partido. Ante millares de personas que aclamaban al futuro presidente, César subrayó el compromiso asumido por el candidato y las fuerzas que lo apoyaban para hacer realidad un programa de cambios sociales. Su voz se expandió como un eco avizor, advirtiendo: «¡Guay con la traición! ¡El pueblo estará siempre vigilante!». Por supuesto, aquellas palabras fueron muy mal recibidas por el candidato y los dirigentes de su partido, el Radical.

González Videla obtuvo la primera mayoría de los sufragios, seguido del socialcristiano Eduardo Cruz Coke, pero no alcanzó la mayoría absoluta. Por ello, de acuerdo con la Constitución, debió ser ratificado para el cargo de presidente de la República por el Congreso reunido en pleno. De su primer gabinete formaron parte, por primera vez en la historia de Chile, tres ministros comunistas: el abogado Carlos Contreras Labarca, que había sido secretario general del partido, el abogado Miguel Concha y el obrero nortino Víctor Contreras.

A fines de 1946 fui invitado por la Armada a participar en la primera expedición antártica. Para mí era como la realización de un sueño. Poco antes mi novela *Los conquistadores de la*

Antártida había sido premiada en un concurso juvenil. De regreso de aquel viaje, en los primeros meses de 1947, me encontré con una situación política notablemente deteriorada. La historia que sigue es conocida. El mandatario no supo responder a los compromisos con su pueblo y poco a poco se fue dejando minar y ganar por la presión interna de la vieja oligarquía y por la externa, encabezada por el imperio norteamericano. Al poco tiempo, el hombre reveló el verdadero contenido de su pensamiento, se convirtió en enemigo de aquellos que lo habían encumbrado, se desentendió de su programa y se fueron haciendo presentes todas las lacras de la sociedad, en medio de manifestaciones de repudio, huelgas, paros, protestas.

La ruptura con el partido comunista no se hizo esperar, aunque González Videla intentó convencer a sus dirigentes de que él no podía resistirse a la presión norteamericana y que, por lo tanto, era conveniente que los comunistas «submarinearan» por un tiempo, curiosa expresión que ha sido recordada en muchas ocasiones. Por cierto que esta maquiavélica proposición fue rechazada de plano.

Pablo Neruda, a la sazón senador, pronunció un gran discurso en el senado, criticando al gobierno, denunciando la intromisión norteamericana en la política interna y exponiendo los sucesos que envenenaban al país. El diario *El Nacional*, de Caracas, publicó su «Carta íntima para ser leída por millones», en la que denunciaba los sucesos políticos de Chile ante la opinión pública internacional. El gobierno lo acusó entonces de «traición a la patria» y, de acuerdo con las normas vigentes, pidió su desafuero para someterlo a proceso por su actitud.

La crisis política alcanzó los más tristes y altos niveles. Muchos políticos dejaron caer sus máscaras de hombres progresistas y más de alguno de los nuestros quedó como traidor.

La búsqueda de Neruda, que se ocultaba para evadir a la policía, se transformó en una verdadera cacería, por lo demás infructuosa. Se allanaban domicilios, se detenía a personas por presunciones, se mantenía estrecha vigilancia en las fronteras para que «el hombre más peligroso de Chile» no pudiera salir del país. El «caso Neruda» despertó la conciencia nacional y se convirtió en un caso célebre, que motivó una intensa solidaridad internacional, mayor a medida que se conocían informaciones sobre la represión desatada por el gobierno de González Videla, que había instalado un campo de concentración en Pisagua, colmado de dirigentes obreros, maestros y líderes políticos.

A Gabriel González Videla le debo el único corto exilio (voluntario) que he tenido en mis largos años. Fue un hecho curioso. Varios periodistas y algunos escritores nos habíamos reunido en un local de la calle Merced, famoso por sus platos de «guatitas» y sus «causeos» de patitas de cerdo con cebollas, para conversar sobre lo que estaba sucediendo, al calor de unas copas de vino. Don Silvio, propietario del negocio, nos recibía siempre con gran amabilidad. Por supuesto, agentes policiales frecuentaban precisamente esos lugares de encuentro de presuntos opositores para conocer sus conversaciones.

De improviso irrumpe un grupo de «tiras», como se llamaba a los funcionarios de la policía civil, dando gritos provocadores de «¡Viva el presidente González Videla!». Uno de nuestro grupo, un periodista de apellido Faúndez, que trabajaba en el diario de gobierno *La Nación* salta sobre una de las mesas y con voz tonante replica: «¡Viva Pablo Neruda! ¡Abajo el traidor González Videla!». De inmediato, los policías intentan llevarlo detenido pero los demás nos levantamos para defenderlo y en medio de la confusión el hombre logró escabullirse.

El más visible era yo, por mi estatura. Tal vez los policías conocían mi admiración por Neruda. Lo cierto es que fui detenido y llevado a la primera comisaría de carabineros, en el centro de Santiago, muy cerca de la casa donde vivo actualmente. El joven teniente de guardia me saludó con cordialidad, me comunicó que había leído *El último grumete de la*

«*Baquedano*» y de inmediato dio aviso de mi detención a mi mujer para que ella me enviara una manta de Castilla y cigarrillos. A las ocho de la mañana del día siguiente fui llevado, junto con otros detenidos, a la cárcel pública, donde estuve varios días. Se me acusaba de injurias al presidente de la República. El fiscal pidió para mí tres años de confinamiento en una región apartada, pero la corte de apelaciones finalmente me absolvió por un voto. Estaba en la cárcel cuando oigo una voz que me pregunta: «¿No es Coloane usted?». Y veo a un señor bien vestido que se abre paso entre los carceleros y los detenidos y me saluda. Era el abogado Alejandro Serani, quien se hizo cargo de mi defensa, llamó a testigos que dieran fe de mi «irreprochable conducta anterior» y finalmente obtuvo la sentencia que me favorecía. Entre esos testigos recuerdo a mi amigo el poeta Tomás Lago, en aquel tiempo director del museo de arte popular, quien por cierto corría un riesgo al participar en la defensa de un comunista teniendo un cargo oficial. Son gestos que no se olvidan.

Salí, pues, en libertad, pero el gobierno me exoneró del cargo que ocupaba en la Superintendencia de Seguridad Social.

A propósito de mi «autoexilio», a fines del gobierno de Gabriel González Videla (1952) que dirigió el país con su «ley de defensa de la democracia», llamada por el pueblo la «ley maldita», empezó a tomar cuerpo un movimiento para obtener su derogación, recuperar ciertas libertades, terminando con los campos de concentración y otras represalias.

En el intertanto se luchaba por el regreso de Pablo Neruda, despojado de su fuero de senador y que llevaba varios años de exilio. Un comité de Partidarios de la Paz, entre ellos Radomiro Tomic, Claudio Arrau y Gabriela Mistral, destacadas figuras del arte y la política, hacen un llamado a las autoridades para que Pablo Neruda regrese a su país. Es 1958. En el Salón de Honor de la Universidad de Chile me correspondió hablar sobre el poeta, unos días antes de su llegada, el 16 de agosto del mismo año. Otros harían el homenaje a Gabriela Mistral y Claudio Arrau.

Llamé a mi charla o conferencia: «Neruda, voz del cosmos». Intercalo sólo algunos extractos que reflejan mi admiración por el hombre-poeta.

Viajaba en cierta ocasión en un barco carbonero desde Magallanes hasta Coronel, y leía un libro de Roger Martin du Gard: *El verano de 1914*. Al final del texto se insertaba un poema de Neruda. El libro quedó abierto en esa página sobre la mesa de la cámara de ingenieros. Después de la cena quedamos en ella un cuarto ingeniero y yo.

—¿Usted entiende algo de eso?… —me dijo con curiosidad.

—¡Sí… más o menos! —le respondí dubitativamente.

—Mire aquello —me dijo indicándome una línea del poema, y agregó—: ¿Podría usted decirme lo que significa?

Lo leí: «Llamaría como un tubo lleno de viento o de llanto…». En esos mismos instantes ululaba el viento entre las jarcias. No supe qué responder. «Lo entiendo», le expresé, pero… con un gesto desesperado tomé una botella vacía que había a nuestro frente y soplando en ella, como hacen los niños en cualquier tubo de vidrio, arranqué ese tembloroso llanto de sirena que todos ustedes, más de una vez, habrán escuchado en sus juegos infantiles.

—¡Eso es —le dije—, un tubo lleno de viento o de llanto!

Me miró como si mi cara se hubiera transformado de repente en la faz de un caballo, o algo así, y se fue sin decirme una sola palabra.

Nunca pensé que podía llegar a repetir algún día este sucedido en un recinto de gran cultura como es el Salón de Honor de la Universidad de Chile, y ahora lo hago en estas páginas, contándolo, porque a Dios gracias no estoy en el cubichete de un barco carbonero, no tengo frente a mí tubo alguno al cual arrancarle su gemido, ni cuarto ingeniero que interrogue mi sabiduría como aquella noche en el paraninfo desolado de la universidad del mar.

Años más tarde adquirí el libro *Poesía y estilo de Pablo Neruda*, de Amado Alonso, gran poeta a su vez, y prosista español. Es un bello libro dedicado a la filosofía y a la ciencia poética nerudiana. Muchas páginas de sabiduría peninsular para responder a lo que yo contesté con un soplo en una botella en un instante de cuasi naufragio literario en medio del mar.

Días después, mi amigo Tomás Lago tenía en su poder la última obra de Neruda: su extraordinario *Canto general* editado en México. Me invitó a conocerlo, tocarlo. Sí, palparlo a dos manos porque se trataba de la maravillosa edición, una obra de arte tipográfica y de encuadernación. Al levantar la tapa se descubre un cuadro en colores del gran pintor mexicano Diego Rivera con una interpretación pictórica de las imágenes de ese *Canto general*. Al final del libro, en el interior de la contratapa, hay otra obra de pintura que es del gran mexicano Alfaro Siqueiros. Su pintura, para mí, más grandiosa por su simpleza.

Mi ejemplar de esta obra es una edición corriente; sin embargo, también está en ella la voz cósmica de nuestro gran poeta.

No hay duda de que mi encuentro más doloroso con Pablo Neruda fue el 23 de septiembre de 1973 en la clínica Santa María, donde ya fallecido le abroché su botón de la camisa para cubrirle su pecho. Después el traslado a su casa para acomodar su velatorio. Una casa violentada por la policía y robada y destruida por manos ensangrentadas. Allí estuvimos unos cuantos amigos; muchos ya estaban detenidos, otros expulsados y tantos desaparecidos. El rector de la Universidad de Chile, Juan Gómez Millas, algunos senadores y varios escritores acondicionábamos el lugar con las indicaciones de Matilde, que se mantenía con una serenidad y firmeza de mujer de gran temple. Los carros policiales rondaban alrededor de la casa.

Temprano en la mañana, comenzaron a acercarse más y más compañeros y admiradores de Pablo. Desafiaban el riesgo y el temor ante ese increíble despliegue de las fuerzas armadas, vestidas con trajes de guerra y metralletas.

Un hecho grotesco que es bueno para fin de un drama fue el decreto de la Junta en que declaraba duelo por la muerte del poeta. No obstante ello, el numeroso cortejo con que acompañamos a pie los restos del poeta, los camiones militares y el despliegue de soldados que nos vigilaban no lograron atemorizarnos.

Dije algunas palabras en el Cementerio General que no

recuerdo, aludí a sus «Patagonias», increpándolo por su partida ya que no podríamos gozar de esos parajes donde «las focas están pariendo en la profundidad de las zonas heladas, en las crepusculares grutas que forman los últimos hocicos del océano, las vacas de la Patagonia se destacan del día como un tumulto, como un vapor pesado que levanta en el frío su caliente columna hacia las soledades».

Pocos meses permaneció tranquilo en esta tumba que le había sido facilitada «en consignación» por una amiga. Problemas al margen de ella hicieron necesario su traslado. Matilde nos llamó por teléfono para que la acompañáramos en esta triste e incomprensible situación. Dicho segundo funeral fue muy privado. Matilde había adquirido un nicho para Pablo y otro lo había reservado para ella en el pabellón México, donde había ya algunas víctimas de 1973.

Conservo dos fotografías de este acto al que le dimos una solemnidad con nuestro mutismo. Teruca Hamel, Ester Matte Alessandri, Manuel Solimano y yo rodeamos a Matilde mientras el sepulturero sacaba la urna que conservaba las banderas chilena y sueca. Caminamos después hacia el pabellón México con algunos claveles recogidos al paso de otras tumbas… Pienso que estas fotografías las tendrá también Teruca Hamel y la viuda de Manuel Solimano, que fue quien las tomó.

Sin embargo, estos recuerdos los termino con una fiesta en casa de Pablo en isla Negra, donde se celebraba uno de sus cumpleaños. Siempre inventaba algún motivo o pretexto que nos sorprendía por sus genialidades novedosas, por su capacidad de inventar algo en el minuto preciso.

Ese día 12 de julio, no recuerdo el año, inauguraba el mascarón de proa con la efigie del pirata Henry Morgan. Pablo, gran maestro de ceremonias, nos llamó a Manuel y a mí «en secreto» para que nos preparáramos para la escena. Manuel se tapó el ojo izquierdo y yo tenía el breve discurso en mis manos. En la hora precisa llamó a todos los comensales para la fiesta. Mientras Pablo descubría el pirata, Solimano y yo nos quedamos a ambos lados de la imagen muy circunspectos. Mis palabras fueron de recuerdos del bucanero del siglo XVII que asoló el Caribe y Cuba, saqueando Panamá, para que luego se convirtiera en miembro honorable de la corte de Inglaterra y gobernador de Jamaica. Todos pasamos buenos momentos con este pirata de Pablo.

Para la célula en la que yo militaba, la represión fue dura y aleccionadora. De doce que éramos, quedamos reducidos a menos de la mitad. El activista que nos ligaba con la dirección comunal se hizo radical. Otros defeccionaron por temor o qué sé yo. Al mismo tiempo, comprobamos el temple de los que se quedaron, profesores y obreros de la construcción, quienes, por su calidad y firmeza, mantuvieron la organización. Nos tocó vivir una anécdota digna de un cuento. Un compañero obrero desapareció durante dos meses. Un buen día regresó trayéndonos varios kilos de cera virgen de abeja. Había estado en el campo recolectando miel silvestre y nos traía la cera para hacer con ella y con los colorantes adecuados lápices de trazo grueso para escribir nuestras consignas en las murallas, lo que llamábamos el rayado mural. De esta manera, las abejas nos ayudaron a escribir la palabra «traidor».

Pero el clima se hacía irrespirable en medio de una campaña anticomunista delirante y de la vigilancia policial ubicua y permanente. En esas circunstancias, y aconsejado por mis camaradas, me vi obligado a salir del país.

A comienzos de agosto de 1948 llegué a Buenos Aires y me hospedé en un modesto hotel que me había recomendado el escritor argentino Faustino Jorge, «Tino», en aquel tiempo residente en Chile. Del hotel fue a sacarme el periodista José Bosch, viejo amigo, quien me ofreció «asilo» en su casa. Me resistí a aceptar su ofrecimiento. Buenos Aires afrontaba en ese entonces un agudo problema de escasez de viviendas, debido al acrecentamiento de la inmigración provinciana, fenómeno vinculado a los múltiples cambios económicos y sociales que vivía Argentina, bajo el régimen populista de Perón. Le dije a mi amigo que la convivencia es difícil para mí, es como romper la intimidad precisamente de la gente que uno más quiere. No quiso escucharme. No escuchó ninguna objeción y fue a arrancarme del hotel con mis pertenencias.

Me habilitó una cama en el living del pequeño departamento donde vivía con su esposa. Me hizo una advertencia respecto a los mayores gastos, pero no quería aceptar ningún aporte mío. Estuvimos a punto de deshacer el compromiso, pero al final hicimos un pacto de caballeros, en el sentido de que yo entregaría una contribución mensual en dinero. «Fija tú la suma», me dijo. Con cierta brusca delicadeza le dije: «Ciento cincuenta pesos». Dijo que era demasiado y que no podía aceptar. Argumentó que pagaba un arriendo mínimo y que en tres años no le habían subido ni un peso. Al final acordamos que yo le pagaría la mitad de la suma propuesta. Nos dimos un fraterno apretón de manos y allí permanecí durante mi autoexilio.

En los primeros días y semanas, la lejanía de mi familia se me hizo angustiosa, lo que me impedía concentrarme en el trabajo que había planeado con Bosch y del que dependía mi subsistencia. Nunca fui un puritano. Sentí muchas veces el acicate del sexo, atravesado con los sentimientos de lealtad y la hipocresía. El único camino que tenía era escribir y llevar una vida sobria y ascética, hasta donde fuera posible. Siempre me había dicho que hay que superar a la bestia y pensé entonces que el trabajo literario podía ser la única respuesta al desafío que enfrentaba.

Tiempo hace que llevo a cuestas a mi Olkta, pero la dejo abandonada. Me duele porque ella no es la maldita, sino yo, que ando como gitano errante, sin encontrar el lugar donde pueda realizar mi sueño. El mal no está en los lugares ni en los seres, sino dentro de mí. Empero, surgen cosas en mi camino que me empujan a dejarla por «basuras», como en este caso. Lloro por ella. Es una de las cosas que más amo y que destruyo constantemente. Mis sentimientos se me atraviesan una y otra vez.

Me embarqué una tarde en la escritura de un «dramón» para el cine, en medio de una tormenta de truenos y relámpagos, que parecía crear el clima adecuado para el guión que trato de crear, con el entusiasta apoyo de Pepe Bosch. Yo contaba con sus contactos en los medios de prensa, radio y cine. Era como un bastón del que carecía. Mi dramón trataba de una ciudad desaparecida del norte argentino, llamada Esteco, situada en la misma región donde se encuentran Salta y Tucumán. El santo popular Francisco Solano, que cantaba acompañándose de un violín, profetizó: «Salta saltará, Esteco morirá y Tucumán florecerá». La profecía pareció cumplirse. Salta saltó y se sobresaltó con un violento terremoto; Esteco dejó de existir y Tucumán floreció como una ciudad próspera y bella. El argumento de mi guión mezclaba la realidad histórica con las costumbres de estos pueblos que poseen un rico folclor, y se entretejía con la leyenda de Francisco Solano, fraile cordobés de la orden de los franciscanos, quien nació alrededor de 1550 y murió en Lima en 1610. Por su labor en favor de los aborígenes guaraníes y querandíes se le reverencia como el apóstol de estos pueblos, que lo recuerdan cada 14 de julio con una fiesta religiosa en su honor. Trataba de avanzar en el guión con la ayuda de Pepe, pero de repente el trabajo debía interrumpirse, porque nos salían pequeños trabajos en radio, a los que debíamos darles prioridad porque significaban el pan de cada día.

La ciudad estaba convulsionada, además de por tiempo tormentoso, por la denuncia de un complot en contra de Perón. Envié a Santiago un ejemplar del diario peronista *Democracia*, donde subrayé las notas que daban una impresión cabal de la situación. Perón declaró feriado el 25 de septiembre de 1948, según mis apuntes. Era un complot muy curioso porque, según la versión oficial, habría tres frailes y capellanes de la Armada involucrados. Amigos argentinos afirmaban que no podía ser una conspiración inventada porque Perón era muy católico. Eso era, por lo menos, lo que se decía. Concurrí a una gran manifestación de apoyo al líder, en medio de una paralización total de actividades acordada por la central sindical. Era un ídolo popular. Me sobrecogió aquella multitud ensimismada en adoración frente a un hombre.

En medio de todo, sentí que no podía continuar en esa ambivalencia. Me hacían falta mis cosas, mi familia, mis libros. A ratos veía fantasmas a mi alrededor. Sentía que me perturbaba o que me perturbaban. La inmensa ciudad se me hacía extraña. Pongo en duda que la soledad sea fecunda para el trabajo literario. Para arraigarme en Buenos Aires habría tenido que traer desde Chile lo que me hacía falta. Es decir, todo. Ganarme la vida no me resultaba tan difícil, aunque otros chilenos a quienes encontré en Buenos Aires, como los periodistas René Olivares y Tito Mundt, se quejaban amargamente. Pero yo no podía soportar el desarraigo.

Vivía esperando noticias desde el otro lado de la cordillera. Le escribía a mi mujer hasta tres cartas diarias. Mi pregunta más insistente era si había algún mensaje de Pimentel. Éste era el nombre del secretario de nuestra célula. Él debía indicar si yo podía o no regresar sin riesgos. Era lo que deseaba por sobre todas las cosas. La respuesta no llegaba, y al final Pimentel llegó a convertirse en un símbolo. Un recuerdo que más tarde nos haría sonreír.

Pese a todo, seguía con cierto entusiasmo el trabajo. Pepe Bosch era una bella persona y sabía pasar por alto mis majaderías e inquietudes. Me reanimó encontrarme con algunos chilenos. Estuve con el actor Rafael Frontaura, siempre atildado y correctísimo, igual en la vida real que en los papeles de «caballero» que hacía en el cine y en la escena. Me invitó a una obra del célebre Sixto Pondal Ríos, que llevaba más de doscientas representaciones. Frontaura era uno de los personajes principales. La obra me pareció de una mediocridad penosa. En ella se había saqueado desde *El jugador* de Dostoievski, hasta *El retrato de Dorian Gray*, de Wilde. Frescura inconcebible de algunos que se hacen famosos por los éxitos de taquilla. Frontaura me llevó a su camarín y sobre un espejo estaba una efigie impresa de Pablo Neruda con un título: «La patria prisionera». Me emocioné bastante. Después de la función, nos fuimos a un café de cómicos y conversamos hasta bien avanzada la noche. El actor sabía que la obra era mediocre, pero al público le gustaba. No se sentía responsable en absoluto del libreto. Hacía su papel a conciencia, profesionalmente.

Unos días después fui a un circo, instalado muy cerca de donde vivía. Allí encontré el arte que no vi en el teatro. Desde el domador de leones, hasta los trapecistas y los «tonis», era un gran espectáculo, extraordinario, fino, emocionante. Un circo renovado. Los números de la primera parte eran los tradicionales números «serios»: equilibristas, malabaristas, trapecistas. Después, payasos y animales realizaban las mismas pruebas. Monos trapecistas, perros malabaristas, leones acróbatas y seres humanos «payaseaban». Todo resultaba muy cómico. Para mí una demostración darwiniana. No sabía si aplaudir al hombre o al animal.

Me gustaba visitar las dársenas del puerto de Buenos Aires que cubren kilómetros y kilómetros. Me deslumbraba ese horizonte de grúas, chimeneas y estructuras náuticas, el olor a brea y aceites pesados, aquel estruendo de motores y grandes pesos que caen en las bodegas o en los muelles, chirridos y graznidos de las grúas o de alguna gaviota extraviada. Me atraía la actividad incesante, en apariencia caótica, de la carga y descarga de cientos de barcos grandes, medianos y pequeños que entraban o salían del puerto infinito haciendo sonar sus sirenas de variados timbres, desde las de tono agudo de los remolcadores hasta las más profundas de los transatlánticos, que parecían brotar de debajo de los pies y hacían vibrar el suelo. A veces sentía el deseo de embarcarme, como aquel último grumete que fui, retrocediendo algunos años, para salir otra vez al viento salobre y yodado de los mares abiertos.

Los días y las semanas corrían rápidamente, en medio del trabajo que nos imponíamos. Terminamos la historia del padre Solano y nos embarcamos enseguida en otro proyecto de guión para el cine. Me gustó el argumento que elaboramos entre ambos. La llamamos *Trébol de piedra*. Sentía aquel período como un verdadero entrenamiento para enfrentar el futuro, que no veía nada claro, pero a ratos una ventisca me revolvía entero por dentro. Me roía la inquietud por regresar. No podía olvidar a mi mujer, a mis hijos. Pero las cartas de Eliana no traían la noticia que esperaba. Pimentel guardaba silencio. Me sentía débil a ratos, un luchador timorato, pero no quería caer derrotado. Debía contribuir a las tareas que me aguardaban.

Hasta que no aguanté más y regresé a Santiago, a mi casa, que era en realidad la casa de mi suegra. Encontré algunas novedades. Mi hijo pequeño estaba en «colocación familiar», en casa de una tía, la hermana mayor de mi mujer. Mi primer hijo, Alejandro, decidió entrar a la escuela naval y, después de los exámenes de rigor, cumplió su deseo.

En la casa estaba mi mujer acompañada de tres hombres. Yo fui el cuarto. Le ayudaba en las tareas de la casa una ayudanta «entre días» porque no estaban las finanzas para pagar una empleada el mes corrido. Y además, decía Eliana, con tantos varones...

Dos de estos hombres eran los hermanos de Eliana, uno periodista del diario *El Sur*, solterón, y el otro, bastante mayor, divorciado y además en quiebra por malos negocios. El tercero era Rubén Azócar, víctima también de un naufragio sentimental, a quien acogimos con mucho afecto. El cuarto era yo mismo.

De inmediato me puse a la tarea de conseguir un trabajo que nos permitiera afrontar nuestras necesidades diarias. Lo conseguí en Valparaíso, lo que me obligó a hacer una vida complicada e ingrata, con continuos y cansadores desplazamientos de la capital al puerto y viceversa.

En esos meses de extraña convivencia aprendimos a apreciar y a querer aún más a Rubén. Un tipo excepcional y un compañero ideal para una excursión, para un naufragio o para compartir la vida doméstica. Nunca una carga. Salía de la casa temprano para hacer las compras y traía los «abastos», como decía. Estaba siempre preocupado de conseguir mariscos, de su comida sureña y del buen vino, todo a los precios más bajos. Muy hacendoso, disponía las comidas como un auténtico dueño de casa, sin olvidar en ningún momento su calidad de profesor. Alguna vez criticó a Eliana porque no sabía preparar un buen almuerzo, especialmente los domingos cuando nos reuníamos todos alrededor de una gran mesa.

A veces, Rubén se sentía muy solo porque en el día, según sus palabras, «en esta casa penan las ánimas». En ese tiempo difícil, de represión y actividades sigilosas, con malas noticias frecuentes de compañeros detenidos y golpeados, nos sentíamos ligados fraternalmente. Todos fumábamos, ¡y de qué manera! Cuando el ambiente se cargaba de humo, Rubén se levantaba presto a abrir puertas y ventanas, mientras Gustavo, mi cuñado periodista, describía su oficina en el diario, donde sentía las carreras de las ratas por el entretecho. Rubén nos deleitaba con los personajes de su gran novela de Chiloé, *Gente en la isla*, aunque sus coterráneos chilotes no supieron apreciarla cuando apareció. Era un gran lector. Sabía crear un clima dramático, sin exagerar. Era un placer escuchar su correcto y sabroso castellano. Tiempo después rehízo su vida. Se casó con una joven y delicada poetisa y con ella tuvo un hijo. Regresó entonces a sus lares del barrio de Ñuñoa, lleno de jardines, de flores y árboles frutales. Desde fines de los años cincuenta y comienzos de los sesenta fue presidente de la Sociedad de Escritores.

En 1951 me incorporé a la Jefatura Provincial de Sanidad, en calidad de funcionario periodista. Mi tarea era informar sobre las labores que se realizaban en este organismo, dependiente de lo que se llamaba entonces Dirección General de Sanidad.

En este servicio se conocían por décadas los problemas que se vivían en una famosa casa de dos pisos, que ocupaba toda una manzana, en el sector de las calles Andes y Martínez de Rozas. Era conocida como la Manzana del Diablo.

Había sido construida en 1900 o poco antes y se componía de una prodigiosa cantidad de habitaciones que se arrendaban a personas de escasos recursos.

El barrio era bravo, es decir, peligroso. En él se concentraban indigentes, familias desplazadas de otros sectores por su incapacidad para pagar arriendos, y también gente de mal vivir, delincuentes, prostitutas, mendigos y otros seres degradados por la miseria. La Manzana del Diablo era la caleta donde se refugiaban aquellos náufragos de la sociedad. Según el catastro que conocimos como funcionarios, vivían en esta casona, en condiciones inenarrables, más de mil personas, o ciento sesenta y cinco familias. No puedo olvidar a una abuela, Juana, de setenta años, a su hija Carmen, de cuarenta y a su nieta de catorce. Tres generaciones habitando en esa pesadilla de abismos abiertos, techos que se derrumbaban y un terror permanente ante las tropelías de sus vecinos.

Declarada «manzana insalubre» desde que el terremoto de 1939 la dejara con las vigas al descubierto y los muros apuntalados solamente por los maderos que sus habitantes arrancaban de las ventanas y las puertas, se convirtió desde los años cuarenta en un foco del hampa santiaguina. Era un recinto sin puertas ni cerrojos, al que entraba y salía el que quisiera, excepto la policía. Tragedias muchas cada día; foco de infección; muertes de niños que caían desde el segundo piso; ataques de matones provistos de grandes cuchillos o duelos a muerte entre ellos.

Cuando llegué a conocer este antro de la miseria, la crueldad y la sordidez, me sentí profundamente golpeado. Pensé escribir sobre él, alguna vez, pero nunca lo hice. Como dije antes, Santiago, con sus múltiples mundos contradictorios, sus abismos de pobreza y sus cumbres de opulencia desenfrenada, necesita un Balzac.

Un día llegó a la Manzana del Diablo el servicio sanitario, con camiones y abundante personal especializado. Los mil y tantos habitantes del ruinoso caserón fueron trasladados a una población de ciento treinta y cinco casas nuevas, construidas por la Caja de la Habitación Popular en la llamada Nueva la Legua, al sur de la capital.

Me dicen que hoy existe allí una especie de centro nervioso del tráfico de drogas, actividad de la que viven cientos de personas, hombres, mujeres y familias completas, a los que la miseria empuja al delito. ¿Será una historia de nunca acabar?

Nada es eterno. No lo fue tampoco la dictadura legal de González Videla, cuyas brutalidades palidecen cuando se las compara con las que vivimos a partir del golpe militar de 1973. Paso a paso, con luchas y esfuerzos incesantes, fue cambiando la correlación de las fuerzas políticas. Se hizo sentir el sentimiento democrático profundo de nuestra gente. El partido comunista ilegal supo mantener sus vínculos con los trabajadores y reaparecer con nuevos bríos y con mayor prestigio que nunca en los medios intelectuales. En ello le correspondió un papel considerable a Neruda, quien, desde su exilio en Europa y en México, bombardeaba al presidente traidor con poemas punitivos y escribía emocionantes cantos a la historia americana y chilena, a las bellezas y los valores de la patria. Su *Canto general*, editado en Chile clandestinamente en 1950, circuló en miles de ejemplares y fue motivo de inspiración para muchos compatriotas. El período presidencial de González Videla expiraba en 1952. Antes de su término, el filo de la represión estaba de tal manera mellado que pudo reaparecer el diario del partido comunista, *El Siglo*, y Pablo Neruda regresó al país. Lo recibió una concentración multitudinaria frente al palacio de gobierno, en aquella misma plaza Bulnes de la masacre, donde corriera ocho años antes la sangre de Ramona Parra.

A la izquierda, Humiliana Cárdenas, madre del autor. *A la derecha*, Francisco Coloane, en una fotografía publicada en la revista *Austral* cuando obtuvo el primer lugar en el concurso literario escolar. Punta Arenas, 1.º de enero de 1927.

Francisco Coloane con su primera esposa y su hijo Alejandro, en Punta Arenas, 1937.

Viaje a Magallanes con el presidente Juan Antonio Ríos en el buque insignia de la escuadra Armada de Chile, en 1944.

Francisco Coloane a la edad de cincuenta y cuatro años.

El autor acompañado de un grupo de ovejeros mongoles. Mongolia, octubre de 1963.

Con el poeta ruso Eugenio Evtushenko y el escritor Marino Muñoz Lagos, en Torres del Paine, 1969.

Francisco Coloane con el premio Nobel Pablo Neruda para la presentación de su candidatura a presidente de la República.

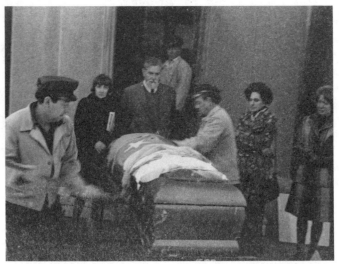

El autor acompaña a Matilde Urrutia, mujer de Pablo Neruda, en el traslado de los restos del poeta al nicho del Cementerio General. Junto a ellos, Ester Matte y Teruca Hamel. Santiago, 1974.

En Delhi, 1979.   En París, octubre de 1994.

En Chiloé, 1994.

Acompañado del políti-
co y escritor chileno Vo-
lodia Teitelboim.

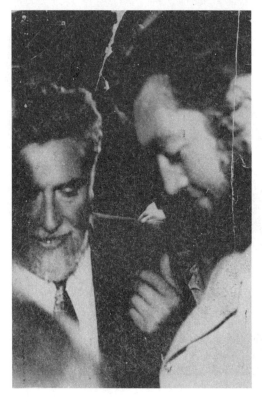

Encuentro en París con
Julio Cortázar.

El autor recibe el título doctor *honoris causa* de la Universidad de Magallanes, de manos del rector Víctor Fajardo Morales, en 1996.

Gerard Cross, embajador de Francia en Chile, nombra a Francisco Coloane Caballero de la Orden de las Artes y las Letras de Francia, en 1996.

En 1996, en Punta Arenas, Francisco Coloane recibe una medalla en reconocimiento a su obra literaria.

El autor en el parque frente a su casa en Santiago, en enero de 2000. Foto tomada por Héctor Ríos.

IV. VIAJES

En mi vida han sido frecuentes los viajes. Mucho más de lo que nunca pude imaginar en mis años de infancia y adolescencia. Las formas superiores de viajar son a caballo o en barco, en cualquier barco, bote, chalana, velero, remolcador, transatlántico... Son las que prefiero. Con los años me ha tocado viajar en tren, en automóvil y, cada vez más, en avión. Pero nada supera la sensación de ir avanzando hacia un horizonte en perpetuo retroceso por el centro mismo del círculo de la tierra o del mar.

Cuando dejé Chiloé y más tarde Magallanes nunca tuve la seguridad de que regresaría. La vida se encargó de que volviera muchas veces a aquellos territorios de seiscientos mil metros cuadrados que he llegado a conocer muy parcialmente. En cambio, por cosas del destino, nunca conocí bien las áridas y desérticas regiones del norte, donde se escribieran tantas páginas de tragedia.

En diciembre de 1946, siendo funcionario de un servicio público, conocí incidentalmente al vicealmirante Immanuel Holger, cuando se preparaba la primera expedición científico-militar chilena a la Antártica. Era mi deseo íntimo conocer esa región después de haber sorteado varias veces los parajes alrededor del cabo de Hornos, y haber escrito, en 1945, una novela juvenil que llamé con cierta pretensión *Los conquistadores de la Antártida*, y que obtuvo un primer premio en un certamen literario. Parece que el almirante percibió mi intención, y a los pocos días recibí una amable nota en que se me integraba a la expedición que se iniciaría el 28 de enero de 1947, «a título personal», lo que me liberaba de entregar informaciones a diarios o revistas. Al presentarme a agradecer su invitación e inquirir los detalles para el viaje me dijo sonriente: «Ojalá le sirva para escribir un cuento».

La expedición tuvo, entre otras misiones, la de inaugurar oficialmente la estación meteorológica y radiotelegráfica Soberanía, en el Territorio Antártico Chileno. Este acto se realizó el día 6 de febrero de 1947, con la participación de todos los invitados: entonamos el himno patrio, se izó el pabellón nacional, y al grito de «Viva Chile», el comandante, capitán de navío Federico Guesalaga Toro, junto con otros miembros de la Marina, firmaron el acta de constitución de la estación.

El 28 de enero de 1947, el transporte *Angamos*, buque de tres mil seiscientas toneladas comandado por el capitán de fragata Gabriel Rojas Parker, zarpó desde Valparaíso hacia Bahía Margarita, distante siete mil millas según la estima del oficial de navegación. En ese barco me correspondió viajar. Allí navegaban, entre otros, Óscar Pinochet de la Barra, director del Instituto Antártico, periodistas, escritores, un biólogo, un médico, un antropólogo, dos camarógrafos y tres oficiales de la Fuerza Aérea: Enrique Byers, Humberto Tenorio y Arturo Parodi, «el Tordo».

Durante la travesía recordaba constantemente a mi hijo recién nacido y enviaba frecuentes despachos noticiosos mentales a mi mujer, probablemente la única persona que contaba con un corresponsal en viaje a bordo.

Hay un mar más desolado que los otros de la Antártica. Más desolado y tempestuoso que el mar de Drake, que el mismo Pacífico austral. Es el de Bellingshausen, que bordea el Polo Sur por el oeste. Lleva el nombre de un navegante ruso, el primero que recorrió el gran continente congelado. Su nombre era Fabián Bellingshausen, pero los mares tienen solamente apellidos. La noche que entramos en él, una ola desconocida empezó a zarandear el *Angamos*. Las olas son diferentes en los distintos mares. Conocíamos la larga y extendida del océano Pacífico, la más corta y saltona del Atlántico, tal vez por su lecho plano. Ésta era montañosa. El barco tuvo que desarrollar toda su velocidad, cerrar compuertas y aferrar hasta el último cabo suelto como un combatiente preparado para una larga lucha. El transporte de construcción sueca, de hermosa línea y alta proa, estaba hecho para navegar en mares borrascosos. Su obra viva dominaba magníficamente las tres grandes olas que siempre acompañan a otras tres más pequeñas en el ritmo del temporal.

Salimos a cubierta a contemplar la tempestuosa noche antártica. Las luces del barco, sólo las de reglamento, producían una vaga penumbra a través de la cual era posible entrever el lomo oscuro e hinchado de las olas que la proa del navío roturaba entre rosales de espuma. Pero ¿para qué luces de reglamento en semejantes soledades?

> *Si el verde da con el verde*
> *y el rojo da con su igual*
> *entonces nada se pierde*
> *siga el rumbo cada cual.*

Es el estribillo que se saben de memoria todos los pilotos del mundo, para no equivocar el rumbo cuando se encuentran con otro barco en la ruta. En aquel mar desolado el estribillo de los faroles tal vez no venía al cuento. ¿Qué otro errabundo de los mares podía andar en esas lejanas latitudes?

Nuestro barco nos parecía apenas una brizna de paja flotando desvalida entre las montañas de agua del mar de Bellingshausen. En plena mar, cerca de la medianoche, la imaginación volaba y se lanzaba a recorrer otras latitudes, donde estaban el calor de la tierra, el abrigo de la humanidad, el grito destemplado de las bocinas, el bullicio de los buses y el vocinglerío de la ciudad como una nostálgica música lejana. Sentíamos más profundamente eso que se podría llamar el dolor de la distancia, la melancolía del aislamiento. El mar, la noche, la soledad estaban allí con infinitas sombras sumergidas. El barco jadeaba entre ola y ola y el ritmo del pataleo de sus máquinas, el ruido acompasado de algún gozne, era la única voz, la única «ánima» en medio de esa inmensidad salvaje, caótica.

Nos recogimos al interior del barco que nos llevaba como lleva la sangre el corazón y nos arrimamos a la charla de un compañero de viaje que nos hablaba de otros mares. Era el doctor Juan Lengerich. Esa noche nos habló del Báltico, nunca de su ciudad o aldea de donde procedía. Tampoco se lo preguntamos. Recordaba otra noche como ésa, o peor que ésa. «Yo y el maquinista —decía— éramos los únicos hombres despiertos a bordo del pequeño barco pesquero que surcaba esas aguas. Los demás dormían rendidos por las faenas de pesca de fatigosas horas. Por momentos la nave parecía estar a punto de darse vuelta. Más de una vez sentimos el peligro pero no quise despertarlos, porque para mis adentros sentía el juramento en labios del marinero. La impotencia del hombre ante las fuerzas ciegas de la naturaleza. Si es verdad que Dios existe, esa noche estaba sordo también, porque no oía ni veía que seis de sus hijos estaban al borde de la muerte entre las olas. Algo pasa en el hombre cuando le cae alguna responsabilidad. Si Dios estaba ciego, esa noche yo ocupé su lugar y traté de reemplazarlo. Bueno... no quedaba otra posibilidad. Salvé a mis compañeros y, por supuesto, me salvé a mí mismo emproando a la tempestad desde el timón».

Reía el doctor Lengerich, con su rostro filudo y sus ojos saltones: «Hay veces que el hombre se comporta como un Dios, ¡y a veces no es más que una pulga!».

En ese instante pensamos que arriba, en el puente de mando, iban un oficial de guardia y un timonel emproando al *Angamos* contra la noche antártica. Una copa de pisco nos templó un poco el estómago para enfrentar los barquinazos del mar de Bellingshausen. El licor despertó en Lengerich reminiscencias poéticas, las que nos envolvieron también a nosotros en las propias. No era la primera vez que me encontraba con el arte en plena mar, que da paz y vida, agitación y muerte. Una vez, en Puerto Refugio, al lado norte del golfo de Penas, nos topamos con un ballenero cuyo capitán llevaba a bordo un piano. Con sus gruesos dedos de arponero, capaces de matar una ballena, arrancaba del teclado una música cristalina en medio del viento huracanado y las aguas agitadas.

Después de otro trago, nuestro báltico compañero nos dio a conocer a un poeta finés, Joachim Bingelnatz, y nos recitó un poema en su idioma. Le pedí que me lo tradujera para recordarlo en algún escrito futuro. Más bien me lo deletreaba. Recogí entre sacudones de babor a estribor aquellos versos marineros con olor a ron y piratería:

> *Alrededor de una mesa*
> *los amigos beben su vino*
> *con ritualidad profana*
> *a sus mentes afloran*
> *profundas materias*
> *confrontan opiniones*
> *se proponen tareas*
> *sus almas cual cristales*
> *translucen temores*
> *toman un arma*
> *disparan pero no se hieren*

Nuestra navegación de cerca de tres meses fue en su mayor parte entre hielo, mar y cielo. El ánimo de los navegantes era mucho más impredecible que los famosos cambios caprichosos «de la región antártica famosa». Todos sabíamos por lecturas de los más diversos exploradores (algunos por experiencia propia), de las irritaciones, neurastenias o psicosis «árticas o antárticas» que sufren quienes se aventuran por esas regiones largas temporadas.

Juan Bautista Charcot, explorador francés que descubrió, entre otras tierras de la zona glacial sur, una isla a la que llamó Tierra de Charcot en homenaje a su padre, destacado patólogo parisino, en la bitácora del barco en que viajaba, el *Pourquoi pas?*, consignó algunas medidas de prevención para estas situaciones de aislamiento y desesperanza que se producen entre expedicionarios. Era conveniente, por ejemplo, reglamentar las horas de libre discusión. El barco es una estrecha sociedad de individuos con caracteres contradictorios en períodos de prolongada y obligada convivencia. De allí, decía Charcot, que fuera conveniente limitar ciertos temas, como la política y la religión, sólo a unas cuantas horas del día, ya que de por sí producen enconadas polémicas que pueden llevar a veces al desenfreno.

Allí se nos reveló el temple del doctor Louis Robin, médico y antropólogo, quien luchó en la Resistencia contra las tropas alemanas que ocupaban su país. Hombre más bien bajo, musculoso y ágil, se movía como un verdadero gamo por cualquier terreno. Nuestro barco lo recogió en Puerto Edén. Vestía un capote caqui, de espeso fieltro, recuerdo de la guerra, que le venía a las mil maravillas para soportar los crudos inviernos del extremo sur de Chile. Llevaba dos años viviendo con los alacalufes, junto a otro compañero suyo, Joseph Emperaire, cuya obra sobre los antiguos «nómades del mar» enriqueció nuestros conocimientos sobre estas etnias, ignoradas para la mayoría de nosotros. Robin, con quien yo compartía la cabina, discurrió el mejor reglamento para evitar esas tensiones que se producen entre los hombres sometidos a una especie de confinamiento o extrañamiento por decisión personal. Tal vez lo aprendió durante los años de la guerra, o de los pueblos cuya vida había compartido entre los canales. Como éramos seis en la cabina y la semana tiene siete días, propuso que cada cual tuviera derecho durante veinticuatro horas, según riguroso turno, a desahogarse de sus rachas de mal humor, melancolía o inestabilidad emocional. Ese día le estaba permitido enojarse, insultar, enmudecer, etcétera, sin sufrir contrariedades o réplicas de ninguno de los otros. El séptimo día tenía que reinar la cordialidad y todo debía olvidarse por el «bien común». Óscar Pinochet de la Barra, viajero de siempre por esos mares fríos, buen amigo y mejor compañero, también nos dio consejos valiosos.

Los civiles a bordo no podíamos escapar a la extraña irritación polar, pero hasta entonces no teníamos reglamentos porque el comodoro de la expedición, Francisco Guesalaga, con respetuosa caballerosidad, creyó innecesario imponer determinadas normas. El marino aplaudió nuestro sistema. Nuestros primitivos yámanas, del sur del canal de Beagle, eran mucho más inteligentes: se pintaban sus rostros de negro, blanco o rojo según el estado de ánimo que quisieran manifestar. A veces las pinturas respondían a algún ceremonial.

En un comienzo, aquel procedimiento de convivencia social dio resultado. Sin embargo, hubo ocasiones en que la irritabilidad de algún compañero duraba más de lo esperado. Afortunadamente, la morriña o el *cafard* producidos por el aislamiento de la civilización, la lejanía de la tierra y de la familia, se disolvía finalmente en el trabajo rudo que cada cual debía realizar. Había conocido algo de eso en la pampa fueguina y patagónica donde el aislamiento y la soledad acorralan al hombre que se encierra en un pozo oscuro, como en las largas singladuras por los mares apartados. El hombre se evade por dentro, viaja por sus venas, se empina sobre el andamio de sus huesos, bebe en su corazón, y llega hasta un maravilloso reflector que está arriba, en su mente, y que sólo pueden atisbar sus ojos cerrados durante horas y horas. Así se mira hacia dentro y puede ver lo bello y doloroso creado por esta sutil costra terráquea, tal como el árbol que ignora que de raíz a copa nacen sus hojas para vivir con la luz del sol resplandecientes. Otras veces se ciega, la sangre empaña su mirada de rojo y no ceja hasta matar o darse muerte.

A medida que el *Angamos* se internaba en las regiones polares, la presencia de los hielos se iba haciendo sobrecogedora. En algunas partes el mar había desnudado hasta el nivel de la alta marea la roca viva. En otras, en las cumbres, los fuertes huracanes habían dejado algún risco al descubierto.

Lo demás era nieve, hielo, con una blancura que llega a la monotonía. Tiempo variable, borrascoso casi siempre. El sol aparecía sólo algunas horas cada día, minutos a veces. Sin embargo, había una extraña claridad por todas partes y el mar era tan transparente que se podía ver hasta una gran profundidad. Su vasta riqueza aún desconocida y no penetrada seguirá todavía oculta largo tiempo. Para llegar al corazón de la tierra de Graham, sería necesario atravesar una costra de hielo de más de quinientos metros de espesor, según se calcula.

Surcamos las aguas del canal Gerlache, luego el Neumayer que precisamente bordea las costas de Graham. Las aguas del canal estaban tan tersas que la proa del *Angamos* las desgarraba casi en silencio, apenas con el rumor de una tela de seda al ser rasgada. Cerca de la medianoche salí a cubierta y contemplé largamente las Siete Cabritas y las Tres Marías. La estrecha franja de agua verde gris del canal se enmarcaba en estribaciones montañosas de hielo que bajaban al mar en curiosas perspectivas. Allí estaban los témpanos más bellos y delicados, tan vivos en este paisaje donde la foca Weddell, el elefante marino y hasta el leopardo eran sólo pesadas sombras estáticas recostadas en sus bordes. Luego vimos albos cisnes de alto cuello, catedrales de torres ojivales, esquifes, veleros con sus solidificadas velas de cuchillo agarrando viento en una lenta navegación. Los fotógrafos con sus cámaras y los que saben tomar los pinceles intentaban capturar la grandiosidad del paisaje.

Avanzando, dimos con un puerto tranquilo de la región: Puerto Lockroy. Allí el navegante encuentra un refugio seguro en su deambular azaroso. Todo lo demás es abrupto, herido por la salvaje intemperie. En Lockroy, la naturaleza ha excavado fondeaderos apacibles, bahías y ensenadas resguardadas por molos y malecones naturales formados por bajos islotes diseminados como por un designio racional. Rincón preferido de las focas y los pingüinos papúa y adelíes que nos recibían con curiosidad inocente y melancólico croar.

En uno de estos islotes de no más de dos hectáreas de superficie, se asentaba un rancho de zinc bajo, oxidado por el tiempo y las tempestades. Nuestra sorpresa nos llevó a descender en la rocosa isleta, y allí encontramos a un hombre joven, de unos veintitantos años, alto, delgado, vestido con ropas gruesas y cubierto su rostro por una gruesa barba rubia, que hacía recordar al solitario Robinson Crusoe. Oficial de la marina inglesa, vivía allí, adherido a su peñón. En el rocoso acantilado se distinguía claramente un letrero en caracteres pintados de blanco que decía: «British crown land». Después de desembarcar, un oficial chileno, Jorge González, escaló la montaña más alta de Lockroy y en su cumbre instaló el emblema tricolor pintado en una plancha de hierro. Por todo comentario nuestro inglés dijo: «A mí me mandaron a escribir esas letras que dicen "Tierra de la Corona británica", vienen ustedes y ponen una bandera chilena; luego llegarán argentinos y harán lo propio. Parece que todo el mundo está loco». El poeta Jean Cocteau dijo de Inglaterra que era «un pontón tiznado, fondeado entre las brumas del canal de la Mancha, al parecer inmóvil, pero que aprovechando su mimetismo con la bruma se mueve por todas partes del mundo». Allí estaba ese marino inglés, entre las brumas antárticas, tiznando los acantilados con el rótulo de la «British crown», que nos recibió con su típico humor pero con sus plantas bien firmes sobre el mísero islote. Al caer la tarde, el comodoro Guesalaga lo invitó a su mesa a bordo del *Angamos*. Había cambiado su indumentaria de cazador de focas por un brillante uniforme de teniente de la marina británica, con entorchados y varias cruces en el pecho. Era un joven héroe sobreviviente de la guerra. Recordó algunos bombardeos de su patria, sin alardear de su accionar en la refriega, pero sí preocupado por las dificultades que vivían los ingleses. Afirmó que en su país las penurias y escaseces las compartían todos, de la reina hacia abajo, lo que le permitía decir: «En este modesto rancho estoy mejor que en mi patria». Su novia lo esperaba en Londres. En aquel islote acumulaba su salario triplicado por concepto de «aislamiento antártico». Tenía que seguir algunos meses más entre esos hielos. Con estricta cordialidad chilena, le dimos un franco calor humano, al margen de cualquier nacionalismo, mandato de gobiernos o polémicas de cancillerías. Todo eso a veces no tiene más eco que el nocturno croar de los pingüinos, de presencia ceremoniosa.

El *Angamos* fondeó en la bahía Soberanía de la isla Greenwich, nombre con que había bautizado recientemente el comodoro Guesalaga a la antigua bahía Discovery. Desembarcamos en un rústico muelle construido con postes de ferrocarril traídos desde Talcahuano. Sobre los tijerales de la primera base en construcción, ondeaba nuestra bandera chilena identificado su blanco andino con estrella polar, y el rojo de los copihues chilotes llevados por la goleta *Ancud* cuando tomó posesión del estrecho de Magallanes.

Aquí cada cual se apegó al trabajo que más le interesara. Como maestro chasquilla que soy me incorporé a llevar anotaciones en un cuaderno especial de los sondajes que por primera vez se hacían en esos fondos marinos. En un bote apropiado íbamos el oficial de navegación, dos o tres marineros para el escandallo y los remos y yo mismo. A veces solía escandallar yo, curioso por conocer lo que se adhiere a la parte de la sonda que en su base tiene un hueco con grasa para reconocer la clase de arena, roquerío, limo o fango donde se han depositado las partículas muertas de la vida en la superficie. Puedo decir que mis manos anotaron todos los metros que marcan los nudos de la soga o lienza en los veriles y redosos de la bahía Soberanía.

En un descanso, di una vuelta, solitario, por la escollera que avanzaba al oeste de Soberanía, y me encontré con el esqueleto entero de una ballena de barba que decoraba la puntilla. Pensé en los primeros pasos del hombre por la Antártica, pero eché el pensamiento atrás y, dado que la osamenta estaba completa, supuse que era una ballena anciana, de un siglo o más, que había ido a reposar su muerte natural sobre la puntilla de grava. Las grandes gaviotas salteadoras, de plumaje pardo, el petrel de las nieves, blanco y tan grande como un ganso, que escupe cual guanaco, y otras aves voraces habían participado sin duda del enorme banquete destrozando y limpiando de carne al cetáceo mejor que un ballenero o explorador de los que rondan esos lugares.

Después, lo digo con cierta vanidad, colaboré en la construcción del primer faro antártico. Recuerdo el momento en que una montaña de hielo empezó a entrar por el canal Inglés, entre la isla del faro y la de Greenwich. Venía de este a oeste desde el estrecho de Bransfield. Era un día de sol. Sus oquedades y volúmenes se iluminaban desde la cumbre hasta sus bases semisumergidas. El espectro solar aumentaba su visibilidad en la nitidez de las límpidas aguas antárticas. Veía navegar una sinfonía de colores y de música. A intervalos, las corrientes de marea lo paraban de frente y aun lo hacían retroceder. Allí llegaban las focas Weddell deleitándose, me pareció así, con este maravilloso fenómeno en que el hielo flotante adquiría colores grises, azules, pardos y atigrados, con lampos de arcoiris cuando volvía a salir el sol en el largo día del paralelo 62° 30' sur y 59° 40' oeste, Greenwich, curiosamente en la isla de su mismo nombre.

Para nosotros, aves de paso en este territorio, la construcción del faro constituía una odisea. En el mogote rocoso tuvimos que desalojar numerosos nidos de grandes petreles de las nieves que estaban empollando. Por eso nos agarraron a escupitazos tan hediondos que son su defensa para cualquier enemigo volátil, incluyendo las *skúas* que tenían sus lechos en una plataforma costera y a las que conocería luego en una experiencia dolorosa. Con líquenes y algas secas que los petreles tenían en sus nidos hicimos una fogata para licuar trozos de hielo y tener agua para la mezcla destinada a formar la base de los pilares de la torrecilla del faro.

Me di un día de descanso personal y descendí del mogote hacia el norte de la isla Robert. Hacía buen tiempo. Una gran colonia de skúas empollaban entre las piedras y bolones de la plataforma de espaldas al faro. Repentinamente, estos pájaros empezaron a lanzarse en picada contra mis ojos. ¡Sí, contra mis ojos! Vi el resplandor de sus curvos picos marfileños, y sus ojos penetrantes, hechos uno en la base del pico. Saqué el cinturón de mi parka y comencé a bornearlo alrededor de mi cabeza, como las boleadoras con que se caza el ñandú o avestruz patagónica, para apartar a las aves agresivas. Empero, más y más combatientes se fueron sumando al combate aéreo y pronto tenía un verdadero techo de alas pardas sobre mi solitaria humanidad. Por primera vez sentí allí un extraño desamparo en medio de la soledad polar. Perseguido por una nube de furiosos padres y madres, me tendí de bruces entre las piedras costeras. La suerte me trajo un remo, arrojado por algún oleaje. Lo agarré y a palazos me abrí camino entre la escuadrilla atacante y regresé al faro en construcción. Después del susto, examiné el remo. Era de pino oregón. Por las estrías y el tamaño de la pala, supe que correspondía a una chalupa ballenera. Lo sostuve en mis manos con respeto. Mi padre fue cazador de ballenas y me sobrevino una duda: si primero está el hombre y después las aves más fieras o las focas más nobles de esa isla antártica detrás del canal Inglés.

Finalizamos la construcción del faro, ya nombrado Prat, y estuvimos a punto de una desgracia. Fue un absurdo. La caída de un tripulante del *Angamos* del tablón que usábamos para embarcar y desembarcar de regreso de nuestras faenas en la playa noroeste del faro Prat. Uno de la mano del otro, hacíamos una cadena para no caernos con los vaivenes de la panga. Pero el oleaje contra el pequeño cantil hizo que el marinero resbalara del tablón mojado para «tomar agua parado», según el chiste cruel de los balleneros. Dio fondo en cinco metros y apareció por los pies, como si el mar lo hubiera parido. Lo agarramos de las canillas y lo pusimos en el fondo de la panga. El hombre se puso de pie, pero se le obligó a sentarse a popa y zarpamos. Le castañeteaban los dientes. No podía hablar después de la inmersión en el agua salada a varios grados bajo cero. Una ventisca agravaba la situación. Todos, entonces, nos inclinamos, poniendo nuestras parkas como alas de cormoranes para ampararlo del viento y la nevada. Al atracar la panga al barco allí estaban los médicos y enfermeros con camillas para su recuperación. Este hombre resucitó de entre los hielos.

El *Angamos* entró con todas las precauciones a pasar una noche tranquila después de navegar tantos miles de millas de ida y regreso a la Antártica, sin cartas marinas ni derroteros detallados, confiado en su ecosonda y sus radares. Fondeamos al atardecer con dos anclas que puso la proa al canal que pasaba con una marejadilla labrada por la corriente y un vientecillo encajonado del oeste. El lugar hacía honor a su nombre, Puerto Bueno.

Desperté como a las cinco de la mañana, y vestido con parka, ropa gruesa y zapatones de suela de goma, dejé la cabina, notando eso sí que todos dormían escorados a babor. El buque había asentado sus tres mil quinientas toneladas sobre una roca plana, lo que era un verdadero sarcasmo luego de nuestro victorioso viaje a la Antártica. Se trataba de un hecho de «fuerza mayor», lo que ocurre cuando los elementos de la naturaleza se imponen. Levantada toda la gente, la marea permitió las diestras maniobras del capitán de la nave. La maniobra es inolvidable. El gran coigüe o roble antártico que había en un lomaje a babor sirvió de base para un cable de acero que se amarró a su fuerte tronco. Se esperó la pleamar, y durante los veinte o más minutos de estoa de la marea, dos poderosas lanchas a motor y el winche dieron toda su fuerza a toda máquina junto con las hélices del barco. El *Angamos* zafó y se desprendió de la roca en el mismo instante en que el roble era desarraigado por el tirón del cable. Una vez más el hombre y el árbol simbolizaban algo superior a la «fuerza mayor» de ambos. Guardamos silencio. En esos momentos uno se da cuenta de que no es más que una partícula de esa fuerza. Así el barco con su tripulación siguió tranquilo rumbo al norte.

Pero volvamos a mi compañero de cabina, Louis Robin. A poco de embarcarse colocó en la pared junto a su litera una oleografía en colores que representaba a una mujer desnuda sobre el lecho con un trapo entre las piernas. Era simplemente un trapo, no una entrepiernas como los «bikinis modernos». Un compañero, cuyo nombre me reservo, que dormía en la litera alta, le preguntó malhumorado, olvidando las normas de convivencia acordadas: «¿Qué es eso?». Robin le respondió: «¡Mi madre cuando era puta!». Todos reímos por esa contestación tan «francesa», pues no cabía duda que se trataba de alguna famosa pintura ignorada por nosotros. Este hombre solía darnos lecciones sin pretender ser un maestro. A veces también tenía su genio. Si alguien le hacía notar la sorprendente belleza de un paisaje, por ejemplo un témpano a la puesta de sol, contestaba secamente: «Yo también lo veo».

En los Fuelles de Neptuno, a la entrada de la isla Decepción, lo vi escalar un cerro cortado a pique sobre el mar y llegar casi a la cumbre para coger de su nido un pájaro «tablero» que crió a bordo en una jaula improvisada. Este pájaro imita por su color blanco y negro sobre un ocre oscuro, un tablero de ajedrez. Después trajo un pingüino congestionando su estrecho hábitat con estos compañeros. Mas nadie le contravino este desahogo, natural en su carácter de científico.

Nos acostumbramos a caminar solos, con pocas palabras, Robin y yo en nuestras exploraciones o vagabundeos. Una tarde mientras fumaba mi pipa, desapareció de mi lado. Luego me percaté de que avanzaba de piedra en piedra a lo largo de una angosta punta que entraba en el mar. En algunos momentos volvía a desaparecer, luego aparecía de nuevo. Era difícil distinguirlo, se confundía con el terreno. Avanzaba con lentitud casi imperceptible a ras del suelo acercándose a un cormorán que se encontraba allí. El pájaro intuyó algo, al parecer, porque empezó a estirar el cuello y a girar su pico espatulado en varias direcciones, como si fuera un catalejo.

En la Antártica estas aves no conocían al hombre; sólo a la skúa y otros enemigos naturales. Podían confundir al hombre que reptaba con una foca. Robin gateaba en los trechos descubiertos, cual soldado en guerra que sabe aprovechar el terreno. Me divertía observando su avance. Lo imaginé del maquis bajando con mil precauciones de las serranías hasta la casa de algún campesino en busca de un huevo, en la campiña francesa ocupada por los alemanes. Me saltaba el corazón como si yo fuera otro cormorán porque fue más que una hazaña: al llegar al pie de la roca estiró el brazo como un rayo y cogió al pájaro por el cuello, que aleteó sin esperanza. Fue un pasajero más en su jaula de a bordo.

Al emprender el regreso a la caída de la tarde no divisamos la barca, de la cual nos habíamos alejado en nuestra peregrinación. Más listo que yo, Robin la avistó enseguida. Sin decirme una palabra se desnudó detrás de una piedra, se echó al agua y nadó hasta agarrar la embarcación. Levantó el anclote y singando con un remo a popa la trajo hasta donde yo estaba. Así pudimos regresar sin contratiempos.

Después me encontré con él y con Joseph Emperaire en la casa de un amigo mío de Punta Arenas, John Fell. Esta vez en su estancia donde justamente se encuentra la cueva Fell en la que ambos científicos trabajaban en sus investigaciones.

De regreso en Santiago, llegaba de improviso a almorzar, siempre vestido en forma deportiva, con sus zapatillas que habían sido blancas y su chaqueta de corte marinero. No había problemas con él para su almuerzo. Disfrutaba de la comida casera. Una cazuela o un guiso de charquicán y una taza de café o té le bastaban. Ameno para conversar, nos contaba de la guerra, su participación en la lucha contra los nazis. Siempre evitaba el relato de horrores y sacrificios. Sobre todo nos encantaba con sus trabajos de ornitología y su vida con los alacalufes. Robin murió en Australia. Supongo que algún canguro lo habrá puesto en su bolsa marsupial para llevarlo a las praderas de la caza eterna.

En vísperas de la Navidad de 1967 el rector de la Universidad de Chile, Juan Gómez Millas, me pidió que acompañara al poeta ruso Eugenio Evtushenko, entonces de visita en nuestro país, en un viaje a la región austral de Chile. Yo conocía al personaje por referencias. Me había impresionado especialmente su poema «Babi Yar», anatema poético del antisemitismo. Al conocerlo, se estableció de inmediato esa misteriosa corriente de simpatía recíproca que surge a veces entre los seres humanos. Era como si hubiésemos sido hermanos en alguna existencia anterior. Posesionado de la importancia de la misión que se me encomendaba, motivado por la amistad y, por qué negarlo, por la nostalgia de una tierra siempre amada, dejé las fiestas familiares y me embarqué en la aventura sin pensarlo dos veces.

Despegamos en la mañana del 23 de diciembre en un avión DC6 de la compañía LAN (Línea Aérea Nacional), comandado por Sergio Dekanel Chirkoff, joven aviador de origen ruso, quien desde su cabina de mando saludó al poeta en su propio idioma. Esta fue nuestra primera sorpresa, y el poeta, abriendo mucho sus ojos azules, dijo con humor: «Es un espía ruso y el avión va a girar luego hacia la Unión Soviética».

Dekanel vino luego a conversar con Eugenio ya que se habían conocido con anterioridad en un vuelo a Antofagasta. Al ver que yo sacaba mi infaltable libretita y tomaba algunas notas, el poeta exclamó: «Yo creía que venía con un amigo y ahora veo a un periodista». Luego volvió la vista hacia la ventanilla para contemplar la vastedad del espacio. Abajo estaba nublado, no se veía la tierra. Arriba el sol rutilaba sobre los dos motores cual dos pequeños aviones que nos acompañaran.

Más tarde se durmió y despertó cuando atravesábamos el lago José Miguel Carrera, que en su parte argentina se llama Buenos Aires. Le mostré cuán frágil es el paso de nuestra frontera que camina como Jesús sobre las aguas.

La Patagonia estaba despejada y su pampa gris ocre se perdía por el horizonte del este en una bruma azulenca. De cuando en cuando, una laguna o un ojo de agua verdoso o amarillo, semejante a grandes ágatas, se diseminaban entre los turbales. Después la recta infinita de un camino, y más allá un cruce que me recuerda un lugar de triste nombre: Lorenzo Desgracia. En ese lugar de la Patagonia argentina, en la estancia Santa Cruz, tuvieron lugar las matanzas de miles de trabajadores ganaderos entre los años 1920 y 1922; uno de sus dirigentes sindicales fue Lorenzo Cárdenas, caído en ese lugar. Esos sucesos dieron como fruto el famoso libro *La Patagonia trágica* del español José María Borrero, abogado y profesor de latín y filosofía. De España llegó a Lima para hacer clases en la Universidad de San Marcos. Al poco tiempo se vio involucrado en lo que la prensa llamó «un conato revolucionario». Fue expulsado de la ciudad y del país. Hizo una corta escala en Chile y tuvo que partir de nuevo, ahora con rumbo a Argentina. En 1919 viajó a la localidad austral de Río Gallegos, en la Patagonia, para atender asuntos de la colectividad española. Durante varios años trabajó como tenedor de libros en estancias ganaderas. Más tarde se estableció en Buenos Aires, llegó a ser elegido diputado y escribió su libro *La Patagonia trágica*, que tuvo gran repercusión. Los poderosos estancieros de la región, cuyas posesiones se extendían a ambos lados de la frontera entre Chile y Argentina, compraron y quemaron las dos primeras ediciones, íntegras. Al mismo tiempo entablaron querellas y lograron que algún juez ordenara que las existencias del libro en librerías y bodegas fueran requisadas. Muchos ejemplares del libro fueron destruidos y ya no hubo editores interesados en reimprimirlo. Sólo décadas después de su muerte volvió a circular esta gran obra histórica y documental.

Quise contarle algo de esto al poeta, pero noté que no me escuchaba. Comprendí que prefería el lenguaje silencioso de este fin del mundo. La señora del asiento contiguo le preguntó por la pulsera que llevaba en la muñeca izquierda. Evtushenko le dijo que se la había obsequiado un jefe esquimal y se la pasó para que la observara. Yo también la miré atentamente. La pulsera estaba hecha de marfil de dientes de morsa. Tallados finísimos mostraban osos blancos descansando sobre témpanos cuadrados. Se podían apreciar las garras negras de los osos sobre la blancura del marfil.

Avistamos el estrecho de Magallanes y escuché que el poeta murmuraba entre dientes: «Estamos a treinta mil kilómetros del lago Baikal». Sentí algo como un pinchazo en una costilla al recordar mi caída sobre la costra de hielo que lo cubría, en mi primera visita a Rusia. Es la memoria del cuerpo, a veces más viva que la de la mente. Sobrevolamos Cabeza del Mar y vimos desde lo alto, con la precisión de un atlas, una de las angosturas del estrecho. Divisamos la isla Magdalena con su faro, cuyas luces permiten una mejor navegación en esas regiones fracturadas y de mares impredecibles. La construcción de aquel primer faro, en los confines del mundo, requería no sólo capacidad técnica sino también osadía. El hombre que reunía tales cualidades fue el escocés George Slight, probado ingeniero que con otros de su misma calidad, el austríaco Luis Ragossa y el topógrafo chileno Baldomero Pacheco, levantaron en uno de los islotes Evangelistas el primer faro, situado en la entrada occidental del estrecho.

Después de cinco horas de vuelo, desembarcamos en el aeródromo de Chabunco. El viento que soplaba a más de ochenta y cinco kilómetros por hora nos obligó a agarrarnos con firmeza de la barandilla de la escala del avión. «Ésta es la bienvenida de la Patagonia», le dije a mi amigo.

Punta Arenas lucía sonrosada y sonriente, como siempre en verano. Milagro de la civilización y de la vida: la ciudad más austral del planeta Tierra, con sesenta y cinco mil habitantes (1967) cerca del lugar donde en el siglo XVI murieron de hambre cuatrocientos españoles en el primer intento de la colonización del estrecho por Pedro Sarmiento de Gamboa. Después se le conocería como Puerto del Hambre.

Nos esperaban amigos magallánicos que comenzaron a festejarnos desde temprano con centollas (*spider crab*), el espléndido y enorme cangrejo de los mares australes, robalos y cholgas. Al comenzar la noche repechamos la calle Errázuriz, en el faldeo del cerro de La Cruz, hacia el tradicional barrio de vida nocturna. Al alba, que en las noches blancas de diciembre ocurre muy poco después de medianoche, fuimos hasta la margen del estrecho donde Eugenio, en un acto testimonial, mojó sus manos en el mar y se las llevó a sus labios. «Diez grados. Vámonos, tengo frío.» Un resplandor violáceo se hizo patente sobre las aguas, y allá, detrás del lomo de la Tierra del Fuego, que se perdía enroscándose como el de una serpiente hacia el Atlántico, apareció un montón de chispas de oro. Una gaviota solitaria pasó volando pausadamente hacia la aurora.

En el museo regional de los Salesianos entablamos conocimiento con los antiguos aborígenes de la Patagonia. Es una recreación fidedigna de sus hábitos, herramientas y condiciones de vida, basada en los trabajos de los franceses Joseph Emperaire y Louis Robin, del sacerdote alemán Martin Gusinde y otros investigadores. Vimos sus vestimentas hechas de pieles de foca en el caso de los alacalufes, las canoas en que vivían gran parte del tiempo las familias yámanas, los indígenas habitantes del sur del Beagle, en el archipiélago del cabo de Hornos. Admiramos la reconstitución de los toldos de los indios patagónicos o fueguinos. Sus arcos, flechas, trampas de caza y utensilios domésticos nos hablaban de una existencia primitiva basada en un animal, el guanaco, y una gramínea, el coirón, que hoy alimenta al «guanaco blanco». Este nombre se lo dio el aborigen a la oveja que fue traída a estas tierras por los colonos extranjeros, principales causantes del exterminio del indio y su civilización, por medio de su Winchester y de la estricnina con que envenenaban su alimentación y lo mataban. Antiguos navegantes, viajeros y sabios como los mencionados describen a los *selk'nam*, que los colonos llamaron onas, como seres de gran estatura, fornidos y de gran resistencia a los hielos, tormentas y enfermedades. Sólo así se explica su sobrevivencia por largos siglos en esas soledades. Nos cuentan que algunos medían hasta dos metros de altura, en el caso de los patagones.

«¿Sabes por qué mataron a estos indios?», me preguntó Evtushenko, y se respondió a sí mismo: «¡Porque eran demasiado altos!». Lo miré. El poeta siberiano, de rostro huesudo y ojos azules de expresión a menudo sufriente, mide un metro noventa y dos, me sobrepasa casi por una cabeza.

Lo que nos enmudece es el trozo de piel de milodón, cuyas cerdas rojizas aún se conservan enhiestas y vivas entre los gránulos amarillos del fósil que vivió en la Patagonia hace diez mil años. Hay también un resto de su lengua petrificada intensamente oscura.

Después del 24 de diciembre dejamos la ciudad acompañados por Jorge Babarovic, funcionario de la sociedad ganadera, del poeta Marino Muñoz Lagos y del chófer Celedonio Mayorga. Por unos momentos nos detuvimos en el hotel Cabeza del Mar, camino ya hacia Puerto Natales, doscientos cincuenta y cuatro kilómetros desde Punta Arenas. Su naturaleza esteparia cambia a la altura del Morro Chico, desde donde empiezan a surgir las puntas de monte que se hacen bosque alto al llegar al río Rubens. En el portezuelo del cordón Arauco nos detenemos para estirar las piernas. El poeta abrió los ojos y los paseó como el fanal de un faro sobre la grandeza de un paisaje que para mí lo siento como uno de los más extraordinarios del mundo. Desde ese umbral se columbra toda la inmensidad geográfica del Seno de Última Esperanza, una especie de estrecho de Magallanes frustrado que no alcanzó a salir del Atlántico detenido por el monte Balmaceda. Sus laderas están acuchilladas por dos grandes glaciares milenarios.

A veintinueve kilómetros al noreste de Puerto Natales nos empinamos a la Silla del Diablo, unas rocas de extraña arquitectura. Verdaderos bloques cuadrados, superpuestos, en un claro de pampa boscosa, donde los robles retorcidos por el viento dan una misteriosa sugestión al paisaje. Trepamos a la cumbre plana de la roca mayor, una mesa. Pero no pudimos mantenernos en pie en ella: el viento era tan fuerte que podía voltearte. Tuvimos, pues, que andar a gatas en busca de un refugio. En toda esta zona la selva primigenia ha sido quemada y talada con una inconciencia inconcebible. Afortunadamente los robles magallánicos, árboles nobles hechos al rigor del clima, desgreñados por efecto de los vientos huracanados, vuelven a retoñar, imponiendo su voluntad de la vida sobre la acción vandálica del hombre.

Al pie del cerro Benítez, quinientos cincuenta metros sobre el nivel del mar, se abre la bocaza de la famosa Cueva del Milodón, excavada en su interior a ciento cincuenta y cinco metros sobre el nivel marino. Me gusta dar los detalles porque alguien dijo: «En los detalles están los grandes hechos». Sus descubridores fueron Herr von Heinz y un ex capitán de la marina mercante alemana, Hermann Eberhard, a quien el gobierno chileno había autorizado en 1893 para que se instalara como colono en un campo adecuado para la crianza de ovejas. Mientras buscaba nuevos pastos y exploraba los contornos de su predio con tres acompañantes –su cuñado Von Heinz, un sueco y un perro– dio con la cueva, poco visible entonces en medio de la vegetación. Era el año 1895.

Penetramos en la caverna umbría de cuyo techo penden estalactitas. «Esto es una fábula. No puedo creer lo que estoy viendo», murmuró Evtushenko. En efecto, es un ámbito lleno de misterio, de una impresionante sugestión. Las paredes y el cielo combados semejan un gran hangar bajo tierra, una extraña catedral o un refugio antiaéreo, que alcanza cuarenta metros de altura en su parte central. Traspasada la ancha boca de la cueva, miramos el muro de roca que, según la teoría de Hauthal, primer paleontólogo que hizo excavaciones a fines del siglo XIX, servía de corral para encerrar al *Griphoterium domesticum* o neomilodón, un megaterio gigantesco del cual se habría alimentado el hombre de la Patagonia en el intervalo entre dos períodos glaciales. En sus excrementos fósiles, hallados a dos metros de profundidad, el carbono 14 ha determinado diez mil años de antigüedad. Junto a los restos del milodón se hallaron huesos de un gran tigre de dientes de sable, de un cánido, de un camélido, de un oso y de un pequeño caballo alazán.

El muro divide en dos cuerpos la caverna, de ciento setenta metros de ancho y doscientos setenta de profundidad. El del interior tiene una notable armonía arquitectónica, se diría una especie de medio punto romano que desciende con solemnidad y amplitud. El viento sopla con intensidad a la entrada, sin traspasar el muro y se revuelve retorciendo los ramajes de los robles y haciendo crujir sus troncos. «Patagoniense» debería llamarse este viento. Según Eugenio, el viento es el personaje principal en estas tierras. Corre hasta a ochenta kilómetros por hora, con rachas de mayor o menor intensidad, arrancando de las cascadas cortinas de agua que se esparcen al aire con tornasolada belleza y levantando en los lagos verdaderas trombas de agua que rugen como el *Iemisch*, el legendario tigre acuático que tanto temían los indios tehuelches. A semejanza del abominable «hombre de las nieves», más de un científico creyó encontrar una base de realidad en esta leyenda patagónica.

Los geólogos que han estudiado la zona de la Cueva del Milodón hablan de un «piso» de cien a trescientos metros de espesor, establecido entre el eoceno inferior y el oligoceno de la Patagonia. En este terreno se encuentran muchos otros restos fósiles de vertebrados y moluscos. En la semipenumbra del fondo había tranquilidad y silencio. Nos sentíamos al abrigo del viento gélido. «Pancho, ¿no tienes miedo de algo?», me dijo de pronto Eugenio. Le respondí que no. «Yo sí», me replicó. Lo dejé solo por unos instantes. Eran alrededor de las veinte horas y afuera el día se mantenía sorprendentemente claro. Nuestros acompañantes se habían desparramado por otros lugares de la caverna.

Salí al umbral de la cueva, que semeja una gran boca abierta, y vi un cielo dramático. Grandes nubes negras pasaban desgarrándose en el viento contra un fondo de un azul clarísimo. En la pared de la derecha observé una estatuilla de la Virgen

María empotrada en una pequeña gruta guarnecida por una rejilla de fierro, tal vez para que no se la llevara el viento.

A cinco kilómetros de la cueva, está el espejeante lago Sofía, y a quince está la hostería de la sociedad ganadera donde nos hospedamos esa noche. Casas confortables rodeadas de robledales salvajes. En el interior la hostería nos recibió con un roble tronchado que imitaba un pino navideño europeo, adornado con copos de algodón para imitar la nieve, que abunda aquí hasta el exceso en el invierno, estrellitas de metal y luces de colores que nos saludaron parpadeando. Salimos. En la alta noche le señalé al poeta la Cruz del Sur y la nebulosa de Magallanes. Él me habló de las estrellas rusas y de los ojos de su «Gala». Lo comprendí. Estábamos en Navidad. En la escala de gruesos troncos de roble nos deseamos todos «felices Pascuas».

Atravesamos las praderas de la estancia Cerro Castillo, donde se aprecia el contraste entre la abrupta naturaleza de la Patagonia occidental y la más sonriente de la pampeana oriental, favorecida por sus condiciones climáticas. Los coironales sacudidos por el viento semejaban el oleaje de un mar de acero verde. En plena pampa, el poeta quiso sentir la música del viento, levantó los brazos con alegría y comenzó a moverlos como si galopara en un caballo invisible.

Dejamos la cordillera Baguales a la derecha y penetramos en las escarpadas ondulaciones precordilleranas que llevan al macizo del Paine. Sus tres destacadas torres dominan los contornos. Surgen preguntas: ¿Qué significa Paine? ¿Es un nombre o una traducción de algo? Son muchas las versiones. Puede ser una palabra derivada de la voz huilliche *painemo*, que quiere decir «de color azul». Sin embargo, allí no hubo huilliches. Para otros, podría derivar de peineta... Son preocupaciones o divagaciones para expertos. Yo prefiero decir sencillamente Paine y mirar las rocas del camino que hablan con elocuencia de los cataclismos volcánicos que los originaron. En el puente colgante sobre la catarata por la que desemboca el lago Nordenskjold al Pehoe tuve una sorpresa que me tocó muy íntimamente: vi una placa de bronce que recuerda a Werner Gromsch, en homenaje a sus exploraciones. No puedo olvidar sus clases de inglés en las que a veces se apartaba de la materia para contarnos episodios de su existencia vagabunda. Siendo alemán, había aprendido inglés en China y, quién sabe por qué caprichos del destino, vino a enseñar este idioma en el más lejano rincón de Chile. Don Werner nos llevaba en excursiones por los campos. No aprendí con él mucho inglés, pero sí bastante de la vida.

Las Torres del Paine, un poema que la naturaleza empezó a escribir en granito hace doce millones de años, están situadas dentro de lo que hoy es un parque en el corazón de la Patagonia chilena. Sus cimientos rocosos, con micasquistos espejeantes, lengüetean ese pasado remoto. Sobre ellos se levantan sus tres agujas (dientes de peineta) conquistadas por el hombre.

Al pie del macizo destacan por su rara belleza los lagos Pehoe, Nordenskjold y Toro, así como la Laguna Azul, cuyo nombre refleja su belleza, además de los glaciares y témpanos del Seno de Última Esperanza. Sorprendió a Eugenio el dramatismo de estos nombres. Me los enumeró: «Golfo de Penas», «Tierra del Fuego», «Cabo de Hornos», «Falso cabo de Hornos», «Seno de Última Esperanza»... No encontré palabras y me limité a decirle: «Te comprendo: eres un poeta. Percibes que aquí la naturaleza creó un escenario para los navegantes más osados». Le conté que un tiempo antes se había exportado a Alemania un grupo de bandurrias, porque en la Patagonia se decía que anunciaban la primavera. Según el padre Gusinde, los yámanas dicen a sus niños que si lanzan piedras a las bandurrias, la primavera se negará a llegar y volverán ventiscas y nevadas como castigo.

Luego se nos presentó el monte Balmaceda, junto al ventisquero Serrano, en medio del coigüe magallánico o roble y los bosques de turba. Las islas Marta y Magdalena son otros monumentos de este gran parque nacional. En ellas conviven más de cincuenta mil parejas de pingüinos y otras especies, lo que ha motivado a la UNESCO a tratar de asegurar la preservación de la fauna y la flora de esas latitudes. De esa milagrosa fauna magallánica forma parte el estilizado guanaco de piel dorada y vientre blanco nevado, que le permite mimetizarse para escapar del acoso del puma. El guardaparque, un experto conocedor de todo lo que está bajo su cuidado, dice que a los cuatro años el adulto toma posesión de un territorio que defiende a escupitazos y así está en condiciones de tener cuatro o cinco hembras por esposas, a las que fecunda tendidas sobre el coirón, en una cópula estremecedora de inocencia cósmica. El guanaco es el símbolo de este parque. Su antepasado, un camélido primitivo, se extinguió en una época remota. Los flamencos, con sus patas interrogantes arqueadas en ocho como símbolos del infinito, miran por los ojos de agua de la corteza terrestre, mientras los polluelos emergen de esos espejos, repitiendo la perdurable belleza de la región. Al emprender el vuelo con su plumaje rosa fuerte parecen banderolas de la aurora. Los ñandúes, avestruces americanas, viven aquí en compañía de la gaviota andina y del pato correntino. Los ñandúes no vuelan. Visibles desde lejos por su elevada estatura, se tienden en el suelo para ocultarse de sus enemigos; el peor de todos, el hombre. Al sentirse en peligro, se desplazan con rapidez vertiginosa. El hombre ha cazado a las avestruces de la Patagonia para comer su apetitosa carne y sus huevos inmensos, cuyas gruesas cáscaras calcáreas ha utilizado para fabricar tiestos y diversos objetos domésticos. Sus plumas más finas y delicadas se han usado para ornamentar trajes y sombreros de señoronas, cascos de guerreros y bicornios diplomáticos. Por último, las plumas más toscas se destinan a plumeros para limpiar el polvo que se acumula en los muebles pero, como su precio es ahora inalcanzable, han sido reemplazadas por plumas plásticas.

Había momentos en que el espectáculo del viento y de las aguas en loca carrera nos confundía en un arrobamiento artístico. El río que seguía a la cascada se convertía a ratos en un rosal estremecido, donde el viento deshojaba pétalos y los pulverizaba en una bruma blanquecina cuyos tonos cambiaban según los verdes del agua o los azules del cielo. De pronto, una llovizna repentina y de nuevo el sol. El trino de un pajarillo y las florecillas rojas y amarillas se sostenían con temblorosa ternura al borde de los abismos.

¿De qué hablar si esta naturaleza salvaje lo dice todo? ¿Qué poema extraño surgiría de este ruso bamboleante como un frágil tallo al pie de la majestad del macizo del Paine?

Al otro extremo del puente nos esperaban banderas chilenas y británicas. En los ranchos de zinc del puesto Ovejero Pudeto, un grupo de montañistas chilenos y británicos se disponían a escalar el Paine. Evtushenko comenzó a charlar con los ingleses, y yo con el teniente José Orellana de la escuela de alta montaña del ejército. Era una expedición deportiva auspiciada por una institución inglesa, según palabras del teniente. La empresa había debido postergarse varios días por el mal tiempo. El anemómetro había registrado vientos de ciento veinte kilómetros por hora, lo que aumentaba los riesgos para tratar de llegar a la cumbre del cerro Fortaleza, detrás de los cuernos del Paine. Después de cinco semanas de impaciente espera lo lograron finalmente en un día de sol, pero siempre expuestos a la tenacidad del viento. La cima del cerro Fortaleza fue conquistada desde un alto vivac, con el uso de seis cordeles colocados previamente para la. acometida. La cumbre es una enorme meseta de nieve y hielo. Este escalamiento es uno de los más difíciles. Los montañistas tienen que amarrarse la noche anterior a los cables para poder reponer sus fuerzas con un breve sueño en las alturas, antes de la última repechada. En 1955 Heriberto Schmoll y Roncek Pangerc fueron sepultados por una avalancha cuando trataban de escalar el Paine Grande por el Glaciar Colgante Sur. Allí quedaron sus nombres.

«La Patagonia tiene algo de Siberia —decía Eugenio—. El mismo olor a espacio... Algunos lagos me recuerdan al Baikal. Sólo que allá hay más bosques de pino.» Luego comenzó a recitarme su poema «Juramento al espacio» en improvisada traducción. «Si yo pudiera escoger a un enemigo, escogería el espacio porque es un enemigo grande y verdadero... Me lo inspiró Siberia y también lo aplicaría a la Patagonia.» Después con cierto asombro se preguntó y me preguntó: «¿Cómo se formó todo esto? ¿Quién ha hecho todo esto?».

No siendo científico, apelé al sacerdote salesiano Alberto Agostini, que sí lo era. En su libro *Magallanes y los canales fueguinos* afirma que la Cueva del Milodón se formó probablemente por la erosión de las olas del lago que invadió la cuenca de Puerto Natales durante el retiro progresivo del enorme manto de hielo que la rellenaba durante la última expansión glaciar cuaternaria. Este lago logró abrirse paso por la angostura del Kirke hacia el Pacífico, vaciándose gradualmente hasta que dicha cuenca fue en parte ocupada por las aguas del océano. Así, la cueva habría sido excavada por los dedos milenarios del hielo o de las aguas del lago a ciento cincuenta y cinco metros de altura sobre el actual nivel oceánico.

Pernoctamos en Puerto Natales, en la posada El Cisne de Cuello Negro. Nombre bien puesto, porque cisnes tan característicos de Chile acostumbran anidar en el seno de Última Esperanza como en los lagos interiores, donde abunda también el cisne blanco o *coscorova*. En la noche llevé al poeta al barrio de la vida nocturna, pero no encontré el famoso Cerco Grande, adonde íbamos en mis mocedades en busca de mujeres, música y trago. Entramos a otro salón nocturno que a Evtushenko se le antojó semejante a los de Alaska. Sólo había dos o tres hombres bailando tango a desgana con unas mujeres sin brillo. Era un ambiente melancólico.

Regresamos más tarde a la posada, donde compartimos una habitación con dos camas. Mientras fumábamos el último cigarrillo, Eugenio me dijo: «¿Sabes, Pancho, que me ha ocurrido una cosa extraordinaria?».

Me contó que había tenido una larga conversación con María Luz, una mujer morena que conservaba muchos atractivos de un pasado esplendoroso. Lo invitó a su cuarto, ¿y con qué se encontró el poeta? Con un retrato del conde León Tolstoi, enmarcado y colgado en la pared a la cabecera de la cama. Le preguntó: «¿Quién es éste?». Ella le respondió: «Es mi padre». El poeta le dijo que era un gran escritor ruso, el autor de *Ana Karenina*. La mujer se puso a reír y le dijo que lo sabía. No sólo eso: había leído alguna de sus obras. Agregó que también había leído a Dostoievski y que *Las noches blancas* le parecía como «una música de las palabras». María Luz le dijo que cuando venían a su habitación hombres de las estancias y le preguntaban quién era ese hombre barbudo, ella, para evitar explicaciones que tal vez no comprenderían, les respondía que era su padre.

«Que me perdonen los señores de la UNESCO —dijo Eugenio—, pero yo voy a escribir en un poema que Puerto Natales es el centro cultural del mundo porque allí encontré a la hija de Tolstoi.» Escuché en las sombras su risa jubilosa y sarcástica y me pareció que quien me acompañaba no era el poeta ruso sino un antiguo compañero de trabajo con quien había bajado a caballo de la estancia a visitar a las niñas del Cerco Grande.

En el camino de regreso a Punta Arenas nos encontramos con algunos arrieros conduciendo piños de ovejas con sus perros. En la misma huella, alcanzamos a un grupo de cuatro o cinco ovejeros de a caballo que, a galope tendido, con sus perros a la siga, iban a faenas de rodeo.

A mediodía llegamos al asentamiento Cacique Mulato. Fue para mí una alegría ver que los funcionarios de la corporación de la reforma agraria estuviesen reivindicando los nombres autóctonos de aquellas tierras. El cacique Mulato es un personaje histórico de la Patagonia: fue el último de los jefes tehuelches que protagonizaron la transición de un mundo salvaje, pero libre, a un mundo que se dice civilizado, pero que para ellos fue de opresión y exterminio. El asentamiento, forma de propiedad cooperativa, de acuerdo con la ley de reforma agraria dictada poco antes por el gobierno, cubría dieciocho mil cuatrocientas hectáreas donde pastoreaban veinte mil ovejas. Allí se habían instalado dieciocho asentados que, con sus familias, sumaban ciento diecinueve personas.

Cuando llegamos, estaba en pleno desarrollo la faena de la esquila. En un gran galpón funcionaban ocho esquiladoras con un motor. Las ovejas son sacadas de sus bretes y puestas a los pies del esquilador que en unos instantes les desprende el frondoso vellón. El ritmo del trabajo era semejante al de las grandes estancias donde trabajé en mi juventud, en las que se esquilaban cien mil y más ovejas durante la breve temporada.

El presidente del asentamiento, Eleodoro Sotomayor, nos invitó a almorzar. Antes trabajó en la estancia Laguna Blanca, y allí fue peón, puestero, ovejero y esquilador. Por su espíritu de trabajo y su experiencia los asentados lo eligieron presidente de la directiva de cinco miembros. Tres funcionarios de la corporación de reforma agraria asesoran a la directiva. Según Sotomayor, los resultados de la explotación bajo la forma del asentamiento son superiores técnica y financieramente a los que se logran en las estancias de propiedad privada.

Luego conversamos con Pedro Cjetkovic, hijo de yugoslavos, nacido en Tierra del Fuego cincuenta años antes, cuyo trabajo no era el de los ovejeros sino el de constructor de casas, galpones y corrales. Nos contó algo de la historia del territorio donde está el asentamiento. Las tierras pertenecían a un señor Arnaud que vivía en Francia y las arrendaba a la estancia Porvenir. Luego vino la expropiación, en contra de la voluntad de muchísimas personas, de todo pelaje; no se creía en la capacidad y espíritu de empresa de los trabajadores. Los padres del constructor llegaron de la isla Brac, de donde proviene la mayor parte de los emigrados yugoslavos de esta región. Cuenta que en otros tiempos, cuando a un yugoslavo le iba mal, exclamaba con rabia: «¡Maldito sea ese Cristóbal Colón que descubrió la América!». Esta frase resume el drama de los inmigrantes que soñaron con «hacer la América». En Magallanes, sólo algunos lo lograron: la mayoría tuvo que trabajar para los otros.

El deseo de los asentados de Cacique Mulato fue trabajar su tierra para ellos mismos y no convertirse en «nuevos ricos» como sucedió con muchas otras subdivisiones de tierras magallánicas. En todo caso era interesante y promisorio que la Patagonia, tan alejada del resto del país, se estuviese poblando de familias. Así, tal vez, podrá desaparecer el drama del hombre solo, el de la soledad de los trabajadores de campo que yo sufrí en mi juventud.

Mi anfitrión estaba preocupado de los caballos; cada hombre de trabajo poseía una tropilla de cuatro a seis. Le conté que en la Patagonia el caballo se ha dado siempre mucho mejor que cualquier otro animal. En tiempos de los tehuelches, según relatos de viajeros, manadas de miles de yeguarizos salvajes galopaban durante horas de uno a otro confín.

En una estancia, a unos cincuenta kilómetros de Punta Arenas, Evtushenko realizó una hazaña de caza, que otros calificarían de crimen: dio muerte a un cauquén en pleno vuelo de un certero disparo.

A corta distancia de la casa principal, en un campo verde, había una gran concentración de cauquenes que los ornitólogos sajones llaman «the greater Magellan goose» («el ganso mayor de Magallanes» o cauquén común mayor), nombre científico *Chloephaga picta leucoptera*, que abunda en la Patagonia, en Tierra del Fuego y las islas Malvinas. Lo llaman también canquén o avutarda. Nos acercamos para mirarlos de cerca, el poeta, el administrador de la estancia y yo, pero a medida que nos aproximábamos, las aves, desconfiadas, y con razón, se retiraban de manera que siempre se mantenían a la misma distancia de nosotros, los intrusos. El administrador levantó una varilla que llevaba. Bastó su gesto para que los cauquenes, que eran cien o más, emprendieran el vuelo instantáneamente con un sonoro y unánime aplauso de sus alas.

Comenzó una discusión sobre la mejor forma de cazarlos. Se concluyó que esto sólo era posible con trampas o disparándoles al vuelo. Evtushenko dijo que creía poder tumbar a un cauquén en el aire. El administrador mandó traer un rifle de repetición, calibre 22, y se lo entregó. Subimos a un jeep y unos minutos más tarde avistamos una bandada de cauquenes en un potrero. Evtushenko comenzó a aproximarse a ellos. Iba agachado y se movía con gran precaución con el arma preparada. Cuando estaba a unos cuarenta metros de las aves éstas echaron a volar. El cazador levantó el cañón del rifle y disparó. Uno de los pájaros se detuvo en el aire y cayó.

El poeta gritó y corrió como loco hasta donde había caído su presa. Volvió con el pesado pájaro en brazos. Era un macho de gran tamaño. Se conoce su sexo por sus plumas negras y blancas en barras. Las hembras, pardas y grisáceas, son más modestas. La bala le había saltado un ojo y atravesado la cabeza. Su muerte debe de haber sido instantánea. Evtushenko se reía solo y decía algo en ruso. Luego pidió que asaran su cauquén para comerlo a la hora del almuerzo. El administrador aceptó de inmediato. Cuando nos sentamos a la mesa y el cauquén hizo su entrada sobre un gran azafate de porcelana, se veía majestuoso, lustroso y de un color entre nogal y caoba, con zonas más oscuras. Apetitoso. Por desgracia, era tan duro y correoso que resultaba casi imposible meterle el diente. Masticamos, como pudimos, unas partículas de carne. El administrador se reía abiertamente de nosotros. Una vez que nos dimos por derrotados, nos ofreció un asado de cordero, muy tierno.

En algún momento, los cauquenes comenzaron a ser considerados una plaga. Ocho cauquenes comen tanto pasto como una oveja. En Magallanes y sobre todo en Tierra del Fuego son millones. Antes su número era regulado por depredadores naturales: las grandes gaviotas fueguinas, las skúas, los zorros y los primitivos habitantes de la región, sobre todo los onas, diestros cazadores con sus arcos de dos metros y sus flechas con punta de hueso. Pero los onas fueron exterminados, los zorros diezmados y las skúas no son tantas. Éstas prefieren los cauquenes nuevos. Los agarran por el pellejo del cogote, se elevan con ellos y los dejan caer desde unos veinte metros de altura. Repiten la operación varias veces hasta que el polluelo muere. Entonces le abren la cabeza a picotazos y se comen sus sesos. El resto no les interesa. Evtushenko dijo que eran aves crueles. Le dije que, en mi opinión, no son crueles. La naturaleza no es cruel. La crueldad es cosa de los humanos.

Al día siguiente, de regreso en Punta Arenas, la alcaldesa y el instituto chileno-soviético de cultura pidieron a Eugenio que diera un recital en el Teatro Municipal. Cuando fui a buscarlo a su habitación del hotel para compenetrarme de los textos de las traducciones al castellano de sus poemas, que yo debía leer en el teatro, lo encontré desesperado. Me dijo que no podía obtener la musicalidad de las palabras en un poema que trataba de escribir sobre un tema del Seno de Última Esperanza, lugar que lo había sobrecogido: «Necesito escuchar música rusa a mi alrededor, mi música. De pronto, en medio de un verso, escribí sin darme cuenta la palabra "arte" en castellano y no en ruso». Su mesa estaba llena de papeles garabateados. Generalmente, durante el viaje, se despertaba a las cinco de la mañana y comenzaba a escribir. Yo sentía que él vivía a menudo o tal vez constantemente, en silencio y hacia adentro, en un clima poético. Luego, la expresión escrita u oral de esa vida interior la realizaba en la soledad de su cuarto. Por otra parte, sin embargo, lo encontré siempre directo y veraz hasta la crueldad. No me pareció un hombre común ni un temperamento corriente. Tal vez por eso era un poeta. Advertí que poseía unas antenas invisibles con las que lo percibía todo, en especial, la necedad, la inteligencia, la honradez y la hipocresía de quienes lo rodeasen. Sentí que con él había que ser siempre verdadero si se quería ser su amigo. Su espíritu era como una piedra contra la maldad y la doblez. A menudo contradictorio, siempre conmovía su transparencia humana.

Le conté una anécdota del gran actor catalán Enrique Borrás, a su paso por el estrecho de Magallanes. A su regreso a España le preguntaron: «¿Cuál cree usted que es el teatro más grande del mundo?». El actor respondió: «El Municipal de Punta Arenas». Después de una gira exitosa por México y Argentina, no logró llenar ese teatro con *Tierra baja* del autor, también catalán, Àngel Guimerà.

Los tiempos han cambiado. Para escuchar al poeta, ya conocido en Chile y en la región magallánica a través de la prensa, se repletó esa tarde el Teatro Municipal. En cuanto a mí, no había «recitado» versos en público desde mi lejana infancia, en que mi profesor Hugo Daudet me enseñó a decir un extraño poema titulado «La canción del buen hombre», que nunca pude comprender bien. Eugenio me dirigió para la lectura de sus poemas, cosa grata para ambos, porque lo hicimos como un juego. Él me decía: «Pon énfasis en esta frase o palabra». Y yo dócilmente lo hacía. A mí nunca me han gustado los recitadores profesionales, ni los versos recitados. Creo que casi siempre la poesía debe leerse en silencio. En este caso tan especial debíamos entregarle al público aquellos poemas de un mundo lejano en la forma más clara posible para que pudiesen captar plenamente su sentido. El poeta se levantaba como una tromba fantasmal en el escenario y entre las aspas de sus largos brazos y el vuelo de las palomas de sus manos hizo vibrar todos los matices de la dimensión de un alma humana a caballo de nuestra época. Resonó la tragedia que sufrieron tantos pueblos durante la segunda guerra mundial. Sus poemas «Babi Yar», homenaje a los judíos ejecutados en masa en las afueras de Kiev, «Cuadro de infancia» y «Granizo en Jarkov» fueron los más aplaudidos. Vi en Evtushenko una especie de actor-sacerdote desarrollando una liturgia muy personal desde el fondo de su poesía, elevándose desde sus orígenes siberianos a una universalidad contemporánea que en esa ocasión alcanzó a comunicar plenamente en ese rincón de la Patagonia. Después del recital («el más austral que he dado en mi vida») bebimos una copa de champagne en el hotel Cabo de Hornos. Brindó cariñosamente por mí, y me dijo algo que me ha quedado siempre muy grabado: «Desde ahora eres mi nieto adoptivo». No dejaba de tener razón. En mi juventud comencé a aprender de los viejos. Ahora, en la vejez, empiezo a aprender de los jóvenes. En su *Autobiografía precoz*, el poeta ruso proclama: «Para tener el privilegio de expresar la verdad de los demás, debe pagarse un precio: entregarse sin compasión en su verdad».

Tarea difícil porque en nuestra época cada día se hace más compleja la verdad de los demás.

En mi infancia oí hablar a menudo de las islas Chauquis o Chauques, un conjunto algo aislado en el archipiélago de Chiloé. «Allá están las Chauquis», decían en Quemchi, mi tierra natal, señalando el mar abierto por donde desemboca el canal de Caucahué. Uno miraba y miraba pero no veía más que las olas en esa lontananza marina. Así prendieron en mi imaginación como algo misterioso y abrigué siempre el deseo de conocerlas. Pude hacerlo finalmente en el verano de 1967.

Pero no partí desde Quemchi, sino de Dalcahue, otro puerto de la isla Grande de Chiloé que queda más al sur, en las cercanías de Castro. En lengua indígena Dalcahue significa «lugar de dalcas». La dalca era una canoa hecha con tres tablones de la incorruptible madera del alerce. Algunos autores dicen que usaban la madera del coigüe. Los tablones eran calafateados y probablemente amarrados con fuertes lianas, que abundan en estas islas. Estas embarcaciones eran notoriamente superiores a las de otros indígenas del sur, a la llegada de los españoles.

Hay casi siempre una luz bíblica en ese canal de Dalcahue, de costas altas y recortadas, con abras y penínsulas, que hacen recordar las perspectivas del famoso Cristo en escorzo de Dalí. Esa tarde, a mediados de febrero, cuando nos embarcamos en la lancha *Tres Marías*, una lluvia reciente había lavado los bosques costeros y las islas flotaban sobre el bisel del mar, como en el primer día de la creación. Sin embargo, a poco andar, salió un viento caprichoso y el oleaje comenzó a someternos a un intenso vaivén. En la cámara cabíamos estrechamente veinte personas, pero la lancha llevaba alrededor de cincuenta, encaramadas en cubierta y sobre los cubichetes como en un atestado microbús de Santiago. Era gente que regresaba de las festividades del cuarto centenario de la fundación de la ciudad de Castro, donde el presidente de la República había hablado en su discurso más de la política santiaguina que del precio de las papas de Chiloé, donde un saco de ochenta kilos se vende a un precio ridículo, apenas una mínima fracción de lo que pagan los consumidores del centro del país, como consecuencia de la política de precios que imponen desde la capital los grandes hacendados de la Sociedad Nacional de Agricultura. Por ello se armó una discusión entre un partidario del gobierno, un demócrata cristiano, hombre de edad, y un albañil algo más joven, que dijo ser socialista.

—Antes veníamos a caballo con el barro hasta el pecho —decía el más viejo—. Ahora venimos en lancha a motor a Dalcahue y de allí tomamos el micro a Castro. Y con todo, no estamos conformes...

—Así es la vida. Nuestros hijos exigirán más. Pedirán helicópteros. Nunca el hombre está conforme —replicó el otro.

La lancha se detuvo en un recodo, el puertecito de Calén. Bajaron dos o tres personas. El de más edad comentó:

—Ése tiene diez hijos. La mujer tuvo mellizos dos veces. El viejo recibe doscientos mil pesos de pensión y así se queja de Frei. A los niños les dan leche.

—Yo, el único presidente que recuerdo es don Pedro Aguirre Cerda porque cuando era chico me dio un par de zapatos. Este Frei no hace nada por los obreros —respondió el albañil.

Como un tren ordinario o un bus rural, la lancha se iba deteniendo en Daltique, San Juan, Quetalco... En cada lugar dejaba a algunos de sus pasajeros. La vida del archipiélago se basa en la incansable circulación. Al bajar, casi todos los pasajeros se despedían dándome la mano. Una mujer me hizo sentirme confundido al decirme: «Muchas gracias, señor, por haber venido juntos».

A bordo, un hombre enjuto sacó de un saco harinero un acordeón y se puso a tocar y cantar una cueca, que el albañil acompañaba tamboreando en una lata parafinera. Lo único que yo lograba entender del canto era un ritornelo: «Maná maná maná, me voy pal pueblo». De pronto se levantó la voz clara de una muchacha, con rostro de manzana chilota y ojos celestes, como flores de primavera. Las canciones se alternaban con las cuecas bulliciosas. El albañil cantaba una canción moderna, «Por qué soy feo», tamboreando siempre en su tarro. A lo lejos, por la claraboya de popa se divisaba el volcán Corcovado con su pico nevado y retorcido como una corcova. Un niño de unos doce años, pecoso y de nariz ñata, permanecía serio, observando a los ruidosos circundantes con una mirada inquisitiva y tranquila. Un mechón de pelo castaño le colgaba bajo la boina azul.

Con cierta espectacularidad estudiada, el albañil socialista desenvolvió un paquete hecho del papel de un saco cementero, sacó sus espátulas y, de entre ellas, una imagen de yeso de la Virgen del Carmen, a la cual le faltaba una mano. De un bolsillo interior de la chaqueta sacó la mano tronchada y con una especie de cola volvió a unirla al brazo mocho. Una mujer, seguramente vecina suya, le dijo: «No ve, por abandonar a su compañera se le quebró la mano a la Virgen».

Las manipulaciones del hombre con la imagen captaban la atención de todos. La pequeña virgen de yeso era como una diminuta pasajera que atraía las miradas, sobre todo de las mujeres de cierta edad. Una de ellas se persignó. Parecía que esas mujeres de rebozo negro se sentían reconfortadas o más seguras con la compañía de la Señora.

Mi punto de destino era Tenaún, un pueblecito donde, según me dijeron, podía conseguir una lancha para llegar a las anheladas islas Chauquis. Desembarqué ya de noche con otros pasajeros, que me indicaron la posada y restaurante El

Cañazo, para comer y alojar. La dueña de casa, Juana Barría, me sirvió una merienda de papas con cebollines en medio de sus siete niños, la mayor de diez años y el menor de ocho meses. Era una mujer joven, alta, hermosa, de rostro virginal y sereno. Su marido había partido a trabajar de esquilador en las estancias de Magallanes. Ella sola, a sus treinta años, tenía que batirse con el negocio y toda su prole, entre la cual Adán y Fidelia eran mellizos de ocho años de edad. Las criaturas eran desinhibidas, encantadoras. Después del condumio de papas, María Luz, de poco más de cuatro años, me bailó una danza muy curiosa, a la luz de una lámpara de parafina, como llamamos en Chile al queroseno. En la noche, una voz infantil me gritó desde el cuarto vecino: «Don Francisco, yo estoy aquí».

Al alba me levanté, pagué por la comida y el alojamiento una cantidad ínfima y fui a desayunar en casa del profesor Teodoro Navarro, cuya suegra me trajo de regalo tres huevos de gallina todavía tibios, «recién puestos». Algo más tarde, el profesor me llevó en su pequeña lancha a motor rumbo a las islas Chauquis, a través del canal de Quicaví, en cuyas márgenes se encuentra la famosa cueva de los brujos del archipiélago, una especie de Meca de las supersticiones isleñas. Al mediodía fondeamos en Mechuque, en la isla del mismo nombre, una de las Chauquis. Allí me hospedé durante algunos días en casa del oficial del registro civil, don Lucho Barrientos, con esa hospitalidad que caracteriza a mis coterráneos. Gracias a él y a su hermano Edmundo, agricultor, pude conocer más a fondo las islas más maravillosas del archipiélago de Chiloé.

Según el piloto español don José Moraleda, quien descubrió estas islas en el siglo pasado, ellas no ofrecen puerto alguno apropiado para barcos de ningún tamaño. Sus varios canales y esteros sólo dan paso a lanchas y botes y, en algunos casos, sólo en la pleamar. Aun así, ofrecen peligro por sus inflexiones, estrechuras y por la violenta acción de las mareas. Según la voz huilliche *Marichauqui*, las islas son diez (*mari*, «diez»; *chauqui*, «islas»), pero sólo en la marea alta llegan a este número, y aun a once. En la bajamar, las escolleras sumergidas las vuelven a unir y las reducen a seis. Es como si el mar, como un niño caprichoso, descompusiera y recompusiera su rompecabezas en cada marea.

Una tarde me interné a caballo hasta el corazón selvático de la isla Mechuque y desde un claro en lo alto, pude abarcar el conjunto que forman las islas de Añihué al frente, Taucolón al este, muy elevada y montañosa, Cheniao y Voigue por el norte, esta última baja y con una extensa punta en la que se construyó una pista de aterrizaje para aviones pequeños. Más al este, separada por un canal, se divisaba la más grande de todas: Buta Chauquis o Chauquis Grande y, en su extremo norte, Aulín y Cola de Chauquis, isla en la marea alta y península en la baja. Al sur, como un largo barco de proa con espolón, la isla de Tac, famosa por sus ostras. Mechuque tenía entonces seiscientos habitantes; Buta Chauquis, poco más de dos mil, y el conjunto, unos cinco mil. Buta Chauquis llegó a tener tres mil habitantes, pero cuando hice este viaje se había despoblado por la emigración a Magallanes y a la Argentina.

El camino a caballo era estrecho, de cascajo, cubierto casi totalmente por un boscaje de robles, maquis, huiques, zarzamoras y tiques, árboles muy altos estos últimos, generalmente con una mata de bromelias en la parte más elevada de su copa, donde anidan las bandurrias. Dos de estos pájaros me hicieron recordar las cigüeñas en las altas torres medievales de Europa. Tienen un grito trinado, como el tañido de una campana rota. Los isleños dicen que los brujos se convierten en estas grandes aves zancudas y que han visto a algunos cristianos dialogar con ellas. Es casi verdad. Cuando detuve mi caballo al pie de una de ellas, bajó el pico hacia mí y trinó en tono interrogante. Yo le repliqué con un silbido, que aceptó como respuesta válida. No voló.

En esta isla me encontré con Gustavo Llanquín Renín, un hombre rengo de sesenta y siete años que, junto con su mujer, dos hijos y un ahijado, cortaba junquillo en una vega para techar un galpón destinado a las ovejas. Con una carreta de rastra, especie de trineo con varas altas, conducían el junco a través de senderos. Después de la faena me invitaron a tomar chicha de manzana a su casa, de madera, con cocina de hierro a leña. Vivía bien esta gente en sus veinticuatro hectáreas. (Otros, después, me dijeron que tenían alrededor de cuarenta.) Él había nacido en Añihué y entre sus compañeros de colegio recordó a Augusto Berné Sigoña, un viejo amigo mío de Punta Arenas, cuya madre era profesora de esa isla. En las Chauquis se mezclan los apellidos indígenas y europeos. Talma, no se sabe si es lo uno o lo otro; los hay Paillante, Millán, Huenante, Agüil, Carimoney, Hernández, Aro, Campillo. De la Cruz es la traducción del apellido de un francés que vivió en Añihué, Delacroix, como el gran pintor. También hay D'Espessailles, Douglas, Burr, Marcel, Matizine, Corbet y otros.

Edmundo Barrientos, hermano de Luis, en cuya casa yo me alojaba, era un hombre joven, alto, espigado, de nariz aguileña, rubio y de ojos claros, con aspecto de cowboy. Él, su hermano y su hermana tenían unas cincuenta hectáreas de tierra heredadas de los padres. Era una mezcla de ganadero, agricultor y marino. Hicimos varios viajes, con él y su ayudante, Almonacid, en un bote abierto de siete metros de eslora. En una ocasión partimos temprano hacia Buta Chauquis, con dos toros overos, volteados y amarrados en su interior. Uno de ellos era bastante arisco y varias veces corneó la regala y pateó las cuadernas haciendo tambalear la embarcación, tan firme y ancha como una chalupa ballenera. Hubo que ponerle una lona en la cabeza para que no siguiera encabritado. Los desembarcamos en un estero llamado Metahue, donde me deleité comiendo choritos que abundaban en las vetas de cancagua entre la playa de cascajo. Era un día de sol pleno y el agua estaba casi tibia. Después seguimos a Nallahue, donde compramos un saco de papas, un almud de ostras y dos de almejas a precios que son una pequeña fracción de los de la capital. Manuel Vivar, el dueño de casa, nos atendió con manzanas. Sus viveros de ostras y almejas los tiene frente a sus papales y manzanares. Era casado con una mujer de origen yugoslavo, Francisca Kovacic, de la que nacieron niños hermosos. Él tenía sesenta y dos años y ella era muy joven. Fue juez de distrito por tres períodos. Le pregunté sobre anécdotas de su mandato y sobre brujerías.

Me contó que en una ocasión le correspondió levantar el cadáver de Domingo Obreque Belancura, un hombre que llegó del norte y se puso a vivir en el corazón de Buta Chauquis, eligiendo como vivienda el hueco de un gran árbol seco. Sembró papas a su alrededor, pero más bien se mantenía con lo que le daban los vecinos. Así pasó diez años sin salir de la isla. Cuando murió tenía más de ochenta. Nunca se supo nada de su vida anterior. Murió dentro del árbol. «La gente, que no deja de inventar cosas —me dijo—, atribuía su aislamiento a que en el norte había muerto a su mujer y que él se había venido a vivir en el árbol como penitencia...»

Don Manuel Vivar tenía sus propias versiones sobre el *Caleuche*: «Una vez, se nos presentó un barco en el golfo de Ancud, con tres luces de tope. Hicimos llorar a un niño que llevábamos en la lancha y el barco se convirtió en una luz larga, como la que baja de la luna, y desapareció... Otra vez vimos una luz rara debajo del mar. Veníamos en lancha a vela, orzamos creyendo que era un bajo, pero no era bajo porque estaba todo iluminado. No alcanzamos a llegar y también desapareció».

Del trauco no me pudo decir nada porque nunca lo había visto. «Dicen que sólo las mujeres lo ven», expresó sonriendo maliciosamente. Agregó: «El *machucho*, según cuentan, es como un chivo con tres patas y la cuarta enroscada. Es un animal lanudo con pelos levantados... En esta isla, cuando va a morir una persona principal, se siente baile, acordeón y zapateo. Una vez iba por el monte y de repente escuché un acordeón, una flauta y un tambor. Ya me aparecía por acá, ya por allá. Será un barco de guerra en el que va tocando la banda, me dije. Pero pillé sueño a orillas de un barranco y me dormí desde las cinco hasta las once de la noche. Esta isla tiene visiones... En el sur arde».

Cuando nos fue a dejar al embarcadero, donde con un canasto-rastrillo adherido a una larga vara de luma sacaba sus ostras y almejas, nos mostró una cueva grande y nos hizo entrar en ella. Me dijo: «Nadie le ha hallado fin a esta cueva aunque han entrado con luz. Dicen que hay hasta ferrocarril allá al fondo y que lleva a la ciudad de los Césares».

Al partir, lo vimos sentado sobre una piedra, ancho de espaldas, barbiblanco, con un sombrero puntudo parecido al casquete del trauco, y con su camisa y su pantalón incoloros, deslavados por la intemperie. No sabíamos si hablaba en serio o en broma. A su lado, lo acompañaba una piedra de extraña forma, con una cabeza y un solo ojo que semejaba una mujer de Picasso, o una escultura del abstraccionismo moderno. Tal vez era la imagen de la *pincoya*, la sirena que acompaña a los pescadores chilotes en sus lances nocturnos.

De regreso por el canal, al embocar la salida al golfo de Ancud, nos sorprendió un ligero temporal y el bote empezó a embarcar olas por la proa. Edmundo Barrientos, diestro marino, las cortaba de soslayo. A pesar del fuerte viento y oleaje, en el horizonte voltejeaban cinco o seis lanchas a toda vela, entre las islas Buta Chauquis y Tac, pescando sierra. Estos peces se pescan a todo andar, con un anzuelo incrustado en un hueso de canilla de cordero. Al penetrar por las islas de Taucolón y Añihué, dejamos a estribor un islote sin nombre, con algunos robles aparragados en su lomo, matorrales y un hermoso prado. Era como un largo esquife, lleno de pájaros en sus extremos. Edmundo me dijo que la gente escuchaba en las noches el galopar de un caballo en su costa, y por eso la llamaban «la isla del caballo marino».

En una hermosa casa de madera de dos pisos, frente al puente del estero de Mechuque, vivían dos mujeres jóvenes: Sara Minnes, inglesa, y Dorothy Foster, irlandesa. «Las señoritas evangélicas», las llamaban en las islas. Me dijeron que eran muy queridas porque habían salvado vidas, ponían inyecciones y daban clases de inglés. Los vecinos de las islas venían a buscarlas y a dejarlas en bote. Ellas nunca cobraban por sus atenciones médicas, sólo los remedios, y al precio de costo. Dorothy Foster me recibió una tarde. Era rubia, de ojos claros, delicada, menuda, sonriente y evasiva. Había llegado de Irlanda tres años antes y estaba encantada en las Chauquis. «Uno hace las cosas por el Señor, y ahí viene el gozo —me dijo—. Hacemos cosas sencillas no más... Cuando el Señor me llamó y me dijo que no me iba a faltar nada, tuve fe en él, y esa fe es la que nos ayuda. Recibimos donaciones. Si nos falta algo, oramos y es una maravilla cómo el Señor nos socorre. No solicitamos nada, aquí ni en el extranjero. Ésa es una regla de la misión, que uno tenga que vivir de la fe.»

En las islas Chauquis suceden siempre cosas misteriosas y extrañas. Hace un tiempo una ballena herida se paseó por los canales y fue a morir en la punta de Voigue. Un isleño le quitó el arpón y unos cientos de metros de cable de nylon, de gran precio. Otro remolcó la ballena para faenarla. Millalonco, apellido indígena que quiere decir «cabeza de oro», me contó que una vez le pegó una patada a un lobo marino que estaba tendido en la playa. Después, su mujer al volver de una de las islas le dijo: «Tú peleaste con un hombre que era marino del *Caleuche*. Si se hubiera muerto habrían venido a buscarte para reemplazarlo». Millalonco sentenció: «Por eso hay que dejar tranquilos a los animales del mar cuando descansan».

Regresé de noche aún de Mechuque a Dalcahue, en el bote abierto de Lucho Barrientos. Sólo los faros de Mechuque y Tenaún parpadeaban, y debajo de las negras aguas se veían las noctilucas con su fosforescencia o el relámpago de alguna sierra o pejerrey. Al amanecer, los delfines nos recibieron con sus saltos ornamentales y un sol glorioso nos iluminó a mitad de la ruta, con esa luz bíblica de que hablamos al principio.

Sigamos hablando de islas.

Con los medios de comunicación modernos, a veces la realidad se transforma en un sueño. Nunca me imaginé que un día podría llegar de Santiago a Melinka en pocas horas. Esta gran isla, que forma parte del archipiélago de las Guaitecas, fue un lugar predilecto de mis andanzas sureñas. Allí estuvieron Byron, el abuelo del poeta inglés con los pocos náufragos que se salvaron de la fragata *Wager* en el siglo XVIII. La visitaron Darwin, el padre jesuita José García, el pirata Spiltberg y su émulo indígena Ñancupel, de cuyas víctimas todavía se encuentran osamentas, cuentan en Melinka, en las cuevas de Repollal.

Arribar a Melinka siempre fue azaroso y peligroso. El golfo del Corcovado y las temibles bocas del Guafo hacen corcovear a barcos de cualquier calado. «Norte claro, sur oscuro: aguacero seguro», es una verdad ancestral en estas islas. Hasta los aviones tienen que regresar cuando se acerca el negro muro de las tempestades que vienen desde el suroeste. Por eso no me extrañó el meneo dudoso de cabeza del piloto David Puyol, cuando partíamos del aeródromo de Tobalaba, en la mañana del 3 de mayo de 1973. «No hay buen tiempo para Melinka. Tal vez podamos llegar sólo hasta Puerto Montt o Quellón, donde hay dos grados bajo cero», me dijo mirando el cielo seminublado de Santiago.

De todos modos, a las ocho y media partimos en su Beechcraft, de la Corporación de Fomento, a trescientos veinte kilómetros por hora y a tres mil metros de altura, y al rato ya estábamos a la cuadra del volcán Marmolejo, con una pequeña corona de nube en su cono y del desmochado San José como una meseta en la altura. Una trituración caótica, jaspeada de azul y nieve, caracteriza en esta parte el lomo de la cordillera de los Andes y la de la Costa avanza paralela, aborregada, a menor altura, con sus grupas de elefantes grisáceos. Los tableros del ajedrez agrícola se entreveran en el valle central y penetran por las gargantas de ambas moles.

Me puse a mirar con avidez la carta de aeronavegación, que me retrotrajo a la infancia. Allí estaba la isla San Pedro, montaña rocosa de más de mil metros que bordeamos una noche de tempestad con mi padre, remolcando un velero hacia las bocas del Guafo. La punta Chayalime, el Grupo Peligroso, la isla Leucayec, cuyo nombre es de origen chono, donde he fisquiado erizos, he acarreado leña para la fogata común de la familia chilota y he nadado entre cardúmenes de pececillos tan transparentes como sus aguas.

El piloto Puyol me habló de Inallao, el indígena que descubrió el gran yacimiento de plomo de Puerto Cristal, en la orilla del lago General Carrera.

«Inallao murió en un avión de éstos. Iban a despegar con un fuerte viento y agarró un saco para que no se enredara en la hélice. Ésta lo pescó y lo mató. Yo llevo veintiocho años patiperreando en esto. Me gusta mucho esta zona. La he recorrido a caballo durmiendo en carpas con los geólogos y los mineros. He sobrevolado una de las regiones más desconocidas del planeta, el Campo de Hielos Sur que cubre cientos de kilómetros de ancho y de largo, desde el San Valentín hasta las cercanías de las Torres del Paine», dijo el piloto.

Afirmó que la gente que vive aislada en estos lugares tiene costumbres diferentes a las que conocemos. Una vez fuimos varios al velorio de un pescador. El cajón del muerto estaba hecho de tablas rústicas. La viuda estaba llorando junto a él en su modesta vivienda de madera. Un poblador se le acercó y le dijo: «Bueno, yo también soy solito, qué le parece si nos rejuntáramos». La viuda dejó de llorar un momento y le contestó: «Ya me hablaron, ya».

Poco antes de las trece horas volábamos sobre el canal Messier y luego sobre el más pequeño y paralelo que lleva a Melinka. Divisamos el islote de entrada con su faro y la cancha de aterrizaje como en la popa de un portaviones, en el extremo este de la gran isla Ascensión. El piloto Puyol pasó en una serruchada rasante para reconocer primero el terreno. Luego escarpó en redondo, transformando la tierra en cielo y se enderezó en pleno golfo para descender con la suavidad de una paloma del Cabo. Le repito lo que me dijera en una ocasión el catalán y anarquista Colomés en Punta Arenas: «Si Dios existe, tiene que ser catalán».

La bandera chilena nos esperaba izada en el almacén que se inauguraba en esta ocasión, el primer centro comercial establecido en la isla, cuyos habitantes dependían hasta entonces de las compras realizadas en lugares lejanos. Frente al retén de carabineros se levantaba todavía el mañío que plantara el dirigente obrero Víctor Contreras. Melinka fue usada como lugar de relegación o confinamiento por el gobierno de González Videla. En esa isla lejana y apartada de todas las rutas normales de navegación, estuvo el ya nombrado Contreras, que fuera ministro de Obras Públicas en los primeros tiempos de ese gobierno y dirigentes comunistas como Américo Zorrilla y otros. De inmediato, después de la inauguración con discursos de un funcionario santiaguino y de un milenkano, comenzaron las ventas. Los visitantes y numerosos lugareños nos fuimos todos a comer un gran curanto de cholgas, almejas y robalos ahumados, con las consabidas papas, chapaleles y algo de vino blanco. A las tres y media de la tarde, yo había comido ya por todos mis antepasados veliches, chonos y alacalufes. No pude menos de anotar una oración íntima en mi inseparable libreta, pero como mis conocidos y ahora amigos personales de Melinka me miraron desconfiados, me puse de pie al borde del banquete que envidiaría Neptuno y les dije: «Yo no soy ningún espía extraño a Melinka, ni hago propaganda para que mañana me elijan diputado, senador o presidente de la República. Estoy aquí por puro amor a Melinka y al curanto. Para que ustedes no desconfíen, les voy a leer lo que había anotado y que ahora transcribo: «Miro el curanto mientras un pollo picotea unas cholgas que habíamos dejado sobre las piedras aún calientes».

Un día de junio de 1970, a las once y media de la mañana, llegamos a Chabunco, aeródromo de Punta Arenas, con un ligero viento frío y una desazón de sentimientos como una oleada en el pecho ante la vastedad esteparia. ¿Es posible que el hombre aprenda a llorar silenciosamente por dentro?

Viajo con Juvencio Valle y nuestro destino es el estrecho de Magallanes. Las noches son más largas; los días muy breves, duros y oscuros bajo la nebulosa de Magallanes.

Vienen a mi memoria dos hermanos, descendientes de ingleses, de apellido Fenton. Ambos se hicieron acreedores al arrendamiento de tierras en Magallanes en los remates de noviembre de 1884. El objetivo del gobierno era poblar y desarrollar la región incrementando la ganadería, en especial la ovina que se traía del lado argentino. Fue el comienzo también de la creación de las grandes estancias. Los hermanos Fenton adquirieron en la Patagonia, en el lugar llamado Estrecho, treinta mil hectáreas por un período de cinco años, renovables. Uno, médico, y el otro gran domador de animales. Éste, más conocido como «el Loco Fenton», compraba animales chúcaros y después de amansarlos recorría los campos para venderlos. Hizo una fortuna y empezó a deteriorarse psíquicamente. Se ligó a un movimiento semejante a los Rosacruz, escribía unos volantes o folletos que repartía para conseguir adeptos y poco a poco fue perdiendo sus bienes. Tuvo un fin triste. Su hermano médico debió declararlo interdicto y le entregaba regularmente pequeñas cantidades de dinero para que imprimiera sus manifiestos sobre la hermandad universal. Era manso y silencioso. Provisto de un grueso portafolios de cuero en el que llevaba su literatura, solía encontrarse en las cercanías de la plaza para distribuir aquellos volantes entre los transeúntes. Al final, parece que su locura se hizo más complicada y fue necesario internarlo. Hay quienes dicen que las soledades y el clima patagónico contribuyen al desarrollo de las enfermedades mentales.

De repente escucho una voz a mis espaldas. La trae el viento desde una impasible estatua de proa recogida en las arenas de Magallanes. Es el poeta. «Juvencio Silencio», lo llamaba su amigo Pablo Neruda. Nos zarandeamos con otros soplos de viento del suroeste magallánico, entre las espigas metálicas del monumento al inmigrante yugoslavo, a la entrada de la avenida Bulnes en Punta Arenas. Un hombre y una mujer de bronce levantan en la raíz de las espigas la semilla de un niño en sus brazos. El viento galopa al mismo ritmo de los antiguos dinosaurios de la Patagonia del secundario. El bronce monumental se torna una gran campana que repiquetea otras voces: Milicic, Marzolo, Goselin, Vukasovic, Mazlov, Wegman, Kramarenko, Lindford, Fugelle, Arentsen... Son los espíritus de otras nacionalidades que poblaron esa orilla del estrecho.

En la biblioteca municipal de Punta Arenas encontramos una información del diario *El Magallanes*, del siglo pasado, en la que se da cuenta de la detención de Victor Hugo, Pasteur, Darwin, Humboldt y otros onas, por ser ladrones de ovejas. Era frecuente que se les bautizara con nombres ilustres. La crónica termina con las gestiones de los sacerdotes salesianos para rescatarlos de la cárcel y llevarlos después a la misión de la isla Dawson.

Durante medio siglo Dawson fue un refugio frente a Puerto del Hambre. Allí los misioneros, durante décadas del siglo XIX y comienzos del XX, dieron protección a los primitivos habitantes de Tierra del Fuego, los onas o *selk'nam*, con la esperanza de salvarlos de la extinción. No lo consiguieron. A raíz del golpe militar de Pinochet en 1973, la isla fue convertida en campo de prisioneros. Allí estuvieron ministros y altos funcionarios del gobierno de Salvador Allende, notables personalidades del mundo político e intelectual, varios de ellos excelentes amigos y compañeros. Enrique Kirberg, rector de la Universidad Técnica del Estado; Edgardo Enríquez, ex ministro de Educación y antes rector de la Universidad de Concepción; el arquitecto y profesor de la escuela de arquitectura de la Universidad de Chile, Miguel Lawner; Luis Corvalán, secretario general del Partido Comunista; Clodomiro Almeyda, ex ministro de Relaciones Exteriores y muchos más. En otro campo, en la misma isla, fueron confinados cientos de trabajadores, dirigentes obreros y parlamentarios de la región austral, cuyo delito era ser partidarios del gobierno que tuvimos hasta un día aciago de 1973.

Pero regresemos a aquella visita de 1970. Navegamos sobre las angosturas que nos llevan a la boca oriental del estrecho. Divisamos grandes peces. No supimos si eran delfines blancos, cuyas mandíbulas usaban las indias onas para peinar sus cabellos, o las panzas albas de las toninas de lomo oscuro, que aparecían y desaparecían entre los bancos de sargazos saboreando su merienda de pejerreyes y robalos. Ágatas fantásticas se reflejaban entre mar y cielo. Nubes distorsionadas en gargantas musicales con sinfonías multicolores. Un murallón de nubes basálticas avanzó desde más allá de la primera angostura. Nos aterró una niebla invasora de oscuros fantasmas, pero luego serpenteó arrastrada por otros vientos, tal cual la piel cambiadiza de la Tierra del Fuego.

A pesar de los sacudones sobre la bahía Clarence, Juvencio dormitaba como un Krisna, dios hindú considerado la octava encarnación de Visnú. Un gran buque gasero nos saludó con sus humos. Vimos muelles negros, «solitarios como el alba», en aquella ensenada del estrecho.

Fuimos al observatorio construido en el cerro Sombrero del campo petrolífero de Manantiales. La noche era clara y nos recibió un astrónomo improvisado ya que el titular estaba de vacaciones en Punta Arenas. Así entramos en el transparente sombrero agujereado de estrellas. Nuestro guía era el cuidador del observatorio. De tanto cuidarlo había llegado a saber tanto como un astrónomo. Con Juvencio atravesamos años luz y contemplamos las famosas nebulosas de Magallanes, que el primer narrador del estrecho, Antonio Pigafetta describe así: «El polo Antártico no goza de las mismas constelaciones que el Ártico, viéndose en él dos grupos de pequeñas estrellas nebulosas que parecen nubecillas, a poca distancia uno de otro. En medio de estos grupos de estrellas se descubren dos muy grandes y brillantes, cuyo movimiento es poco aparente: indican el polo Antártico». A ojos comunes semejan las barbas flotantes de Hernando de Magallanes en el extremo de nuestra galaxia; o los ubérrimos senos de proa de la Vía Láctea, ofreciendo en su ruta hacia el infinito miríadas de estrellas lechosas, celestes, verdes y azules. Por turnos enderezamos el aparato hacia nuestros propios objetivos. Juvencio vio sólo tres de las nueve lunas que, según dicen, tiene Júpiter, como corresponde al dios del Olimpo. Yo observé once... Tal vez las confundí con las islas Chauquis en pleamar... Luego dirigí el instrumento hacia las aguas y al otro lado del estrecho. Vi una faja de resplandores que parpadeaban desde la Tierra del Fuego. Son verdaderas antorchas que semejan estrellas novas en combustión sobre el extremo austral del planeta.

Estos días de junio son muy sombríos en la región. A las ocho de la mañana está todavía tan oscuro que parece que la noche no se ha retirado; sin embargo, los niños deben ir a la escuela. A las cinco de la tarde nuevamente cae la noche. Las horas de luz son escasas. Los pequeños no conocen un árbol con sus frutos, ni con flores.

Esta Patagonia es muy diferente de la que conocí ayer, trágica y romántica. Quedan pocas grandes estancias. Se la siente con otra potencia, industrial, comercial. La Tierra del Fuego con su petróleo y su planta refinadora. Fuimos a la zona petrolífera por el camino a Posesión-Cabo Negro, el complejo industrial que entrega gas natural, además de propano y butano. Mis años de juventud en la Patagonia y Tierra del Fuego no conocieron de estos adelantos, a pesar de que trabajé en las primeras expediciones petroleras. Todas fracasaron, ¿obra de algún maleficio? Algunos hechos parecen no tener explicación. Sin embargo, a partir del gobierno de Pedro Aguirre Cerda se incentiva la investigación en la misma zona antes explorada, a cargo de un ingeniero chileno, además de gran futbolista, Simian. En 1945, en el extremo norte de Tierra del Fuego se descubrió el yacimiento Manantiales, el primer campo petrolífero chileno.

Hasta allí llegamos con Juvencio Valle, para llevar a los trabajadores la voz de un poeta y de un narrador, a conversar con ellos para que nos cuenten sus experiencias, ya que ellos son nuestros anfitriones.

Unas cincuenta personas, todos empleados por la empresa petrolera estatal, nos esperaban en una sala bien temperada con un silencio expectante. La suave voz de Juvencio deslizó los versos de su poema «El hijo del guardabosques» que el auditorio recibió con un aplauso sostenido. Se transparentaba la espontaneidad. Yo leí un trozo de mi novela *El guanaco blanco* alusiva a las leyendas onas y yámanas: «Entre los yámanas se reúnen de vez en cuando los especialistas de curaciones espirituales; casi siempre se celebra dicha reunión al término de la ceremonia de iniciación reservada a los hombres. Los viejos quieren descubrir a aquellos jóvenes que posean una especial predisposición para la labor de autosugestión e instruirlos en el referido arte. Con ello queda bosquejado el fin de una verdadera escuela de hechicería...».

Esta cita nos sirvió para crear una conversación muy movida, con una diversidad de tópicos que se lanzaron a la mesa improvisada. Aquí existía una «comunidad petrolera» integrada por la casi totalidad de trabajadores sin distinción de categorías, con círculos literarios, de pintura, de música y actividades deportivas. Constantemente estaban organizando concursos y competencias, conectados con Punta Arenas y otras ciudades del país. Así lograban derrotar en parte la lejanía y el aislamiento. Escuchamos los versos del poeta petrolero Benjamín Díaz dedicados al estrecho de Magallanes:

> *Oh, majestuoso Estrecho*
> *llevo un corazón de hombre*
> *aquí dentro de mi pecho*
> *que se agita al oír tu nombre.*
> *Desde mi puesto solitario*
> *te admiro y te respeto.*

Juvencio saludó con emoción a Díaz y yo también. Después nos explicó el solitario trabajo del hombre en las plataformas petroleras. La mujer no está presente en los campos donde se extrae el petróleo. Los obreros están solos y regresan cada tres semanas a la ciudad, donde viven sus esposas y sus hijos.

Después visitamos las casas del asentamiento Cañadón Grande, que junto a otros dos constituyeron la ex estancia Punta Delgada, en la parte oriental del estrecho, cerca del mar. Me atropellaron manadas de recuerdos de mi juventud, que me llevaban de aquí para allá, como a los cuatreros que se esconden en los grandes robles magallánicos aparragados, verdes y blancos, florecidos de copos de nieve cual flores de magnolios. Los mismos robles que alimentaron a los dinosaurios de la edad secundaria de la corteza cerebral del planeta Tierra.

Entre sueños recordé a Goselín con su caballo llamado Patria, que se lo quitó el valdiviano Ulises Gallardo, matancero del frigorífico de Puerto Natales, donde murió atragantado por una vértebra de cordero asado al palo a los sesenta y siete años de edad. Pero yo aún no terminaba mis galopes por la Patagonia: me vi montado en una potranca y escuché la gloriosa carcajada de Ulises Gallardo, «el Boqueyegua», a quien las guardias blancas de Punta Arenas lanzaron, engrillado, a las heladas aguas del estrecho durante la huelga grande de 1919. Se salvó gracias a su vitalidad hercúlea y a que tocó fondo sobre un banco de arena de la desembocadura del río Pescado. Allí se zafó de los grilletes que le habían colocado en los pies y salió caminando como un «Cristo sobre el mar apacentando su rebaño de olas».

La Patagonia se asemeja a un ancho mar, con sus propios horizontes. Un hombre de a caballo, que se alejaba en su poncho de lana blanca, parecía la vela de una lancha chilota.

En dos o tres horas, en una camioneta, estaremos en el distrito Camerón donde se ubica la gran estancia Camerón seguida por un asentamiento, el Timaukel, el ser omnipotente que envía a Quenos a la tierra con el único fin de poblarla. Es una región eminentemente ganadera y forestal: la actividad ovejera estaba calculada en unos doscientos mil animales.

Ha amanecido y la laguna está helada, blanca y espejeante frente a mi ventanilla. Luego, un largo lomo oscuro se recorta en el cielo, y me imagino una gran panza de zorro gris; se torna de ópalo con la alborada. Sigue de largo hacia el noreste y detrás el resplandor de una antorcha. Conocemos de paso estos dos centros ganaderos; sin embargo, aunque hay bastante actividad, los campos no son muy favorables. Los animales los encuentro siempre hermosos, de buena estirpe.

Luego estaremos en el interior de la empresa nacional de petróleos. Se anuncian cambios; hay un proceso de adecuación para enfrentar el futuro. Se observa una inquietud respecto a las cifras de producción. La gerencia de exploración y de producción busca diferentes escenarios con nuevas posibilidades para la conquista de otros pozos.

El terminal Gregorio o San Gregorio, pues se ubica en la bahía del mismo nombre, nació un 15 de septiembre de 1960, fecha que marca un hito en la zona porque ese día se hizo el primer embarque de petróleo crudo con destino al terminal de Quintero, perteneciente a la refinería de Concón.

Tengo una pequeña casita en este balneario popular, les cuento a las personas presentes, y siento una profunda alegría cada vez que pasan frente a mi ventana del segundo piso algunos grandes barcos-tanque petroleros. ¿Y cómo podría decirles que no fui testigo de ese primer embarque, dado que siempre paso las fiestas patrias en Quintero? Los funcionarios no recordaban en esos momentos el nombre del buque.

Al sur del cabo Negro, está la bahía Laredo, el fondeadero más austral del estrecho, junto al fondo del seno Otway. Lleva ese nombre en memoria de doña Francisca de Laredo, esposa del marino español Antonio de Ulloa, que llegó al estrecho con Antonio de Córdoba en 1788. Este lugar fue sitio y residencia de los indios tehuelches, para quienes era su *Koikashaike*, es decir, su toldería. Estos indígenas eran nómades pedestres y se convirtieron en hombres montados por el contacto con el español, que llevó el caballo a esos apartados lugares. Los tehuelches o patagones (de pie muy grande) se hicieron diestros en la caza de avestruces y guanacos que abundaban por millares en esas llanuras. Pero nunca sospecharon que la proximidad del blanco les traería tanto infortunio.

El malhadado motín del teniente Miguel Cambiazo, otra página negra en la historia magallánica, en sucesos repugnantes costó la vida a un sinnúmero de tehuelches, y a unos cuantos chilenos. Entre ellos al gobernador Bernardo Philippi, ilustre personaje, veterano de la goleta *Ancud* que tomó posesión del estrecho de Magallanes el 21 de septiembre de 1843. La muerte del gobernador se ha explicado como una desesperada venganza por esos trágicos episodios. Cambiazo había hecho ejecutar a varios tehuelches, entre ellos a una muchacha que se había comunicado con los hombres del amotinado. La colonia de Magallanes había sido destruida y había que empezar de nuevo a reconstruirla sobre bases más sólidas. Ése fue el motivo de enviar de gobernador al ingeniero Bernardo Philippi, súbdito alemán al servicio del país. Ni los tehuelches ni los amotinados entendían el problema. La víctima fue el desdichado científico alemán.

Al término de nuestra visita nos reunimos con algunos dirigentes, profesores y técnicos quienes nos dieron una verdadera clase sobre «relaciones laborales y sus problemas». Conocimos en primer lugar lo que es la ergomanía, término que desconocíamos. Nos dijeron que por las características de la región, el clima, las grandes distancias, la escasa población, los distintos tipos de trabajo o actividades y los períodos de descanso o vacaciones, este mal aqueja con cierta frecuencia a los que en esos lugares se desempeñan. Es un trastorno que se conoce como «adicción al trabajo». Una afición obsesiva por el trabajo, que actúa como una droga. Se daba con mayor frecuencia, explicaron, entre los ejecutivos de la empresa. Por lo general no tomaban sus vacaciones y buscaban siempre algún pretexto para evitarlas; no hacían vida social... porque en ese momento tienen un trabajito pendiente... No hacen deporte porque no los atrae, y porque además hay muchas otras cosas que hacer. Según los psiquiatras y psicólogos que allí existen, dentro de sus servicios médicos, esta ergomanía les crea un constante estado emocional, de modo que hay que estar siempre alerta a los casos que se presentan, ya que es del todo negativo para el resto de los funcionarios en general.

Esta información nos ha dejado inquietos; sin embargo, agradecemos esta clase, y nos alejamos de la bahía de Laredo con su oleaje calmo y viento suave, recreando en nuestras mentes esos campos poblados por los indios tehuelches, en medio de los ágiles guanacos y locas avestruces o ñandúes.

En 1993 la Universidad de Magallanes, con motivo de celebrarse el sesquicentenario de la toma de posesión del estrecho, me distinguió con una invitación, en reconocimiento a mi obra literaria. Tres años después, en 1996, la misma universidad me conferiría el título de doctor *honoris causa*. Su rector don Víctor Fajardo Morales, en una emotiva ceremonia, en presencia de los consejeros del plantel y autoridades, leyó el decreto universitario por el cual me hacía acreedor a dicho nombramiento, suscrito por todos los miembros de las distintas facultades de la casa de estudio.

Estos dos viajes han sido los últimos a mi tierra adoptiva, y aunque mi regreso a Magallanes siempre ha sido inquietante y esperanzador, éstos me han dejado algo de pesadumbre al no encontrar aquellos rostros con los que compartí trabajo en las estancias, en la prensa, en las distintas labores que desarrollé en mi juventud y madurez, y con mi pequeña familia que tuve en la ciudad. Mi primera mujer, Manuela, tan dulce y tranquila, fallecida prematuramente, y mi hijo Alejandro, que reside en Francia desde hace largos años. Pero como dice un poeta chino, «echa el pensamiento atrás...».

Una campana llama la atención de los pasajeros: un glaciar gigantesco, y un cielo azul transparente nos permite observar el espectáculo, en medio de otros más pequeños que convergen como ríos estáticos hacia sus desembocaduras, sembradas de témpanos de formas muy irregulares. Sobrevuela el gran cóndor andino en busca de presas por la Patagonia occidental. Los carámbanos son unos pequeños barquitos de papel al soplo que hace trinar al avión con sus alas metálicas.

Dejo mi modesto equipaje en el hotel José Nogueira y salgo a dar mi primer paseo, camino hacia las playas del estrecho. Recuerdo el último varamiento de ballenas pilotos que observé en sus playas a lo largo de veinte kilómetros. Es un fenómeno angustiante y que se ha producido varias veces. Los investigadores sugieren la «posibilidad de anomalías en el sentido de orientación de estos mamíferos guías de las manadas», o también podría estar relacionado con el sentido de equilibrio auditivo de especies que, como ésta, se orientan por *echolocation*, cuya traducción podría entenderse como el sentido de orientación y percepción en que el latido del sonido que emite un animal se refleja en el ambiente, el que analizado por el animal le sirve para su orientación, evasión de dificultades y encuentro de sus alimentos. Esta particularidad sería utilizada por los murciélagos y la mayoría de las ballenas dentadas (cachalotes). Los estudiosos científicos de esta fenomenología también la atribuyen a que por la gregariedad de las ballenas pilotos está la tendencia natural al seguimiento, y de allí su varazón múltiple.

Después de estas cavilaciones inicié mis actividades.

El día 21 de septiembre de 1993 se celebra el sesquicentenario de la toma de posesión del estrecho de Magallanes, ceremonia que se realiza en el fuerte Bulnes en presencia de autoridades que encabeza el ministro del Interior, Enrique Krauss. El acto, con el ritual correspondiente, se refirió al sueño del fundador de la patria, Bernardo O'Higgins, cuya visión fue consolidar los derechos que Chile tenía en este territorio. El presidente de la República, Manuel Bulnes, había recibido, desde el exilio de O'Higgins en el Perú, la correspondencia sobre la imperiosa necesidad de sentar como límite austral de nuestro país el cabo de Hornos.

Por 1843 el país estaba informado de que había algunos gobiernos europeos, Francia principalmente, que proyectaban establecer colonias a fin de adquirir dominio sobre la ruta del estrecho, y dado que comenzaba la navegación a vapor, dicha vía sería de importancia incalculable.

Así fue como el presidente de esos años encomendó al intendente de Chiloé para que organizara la expedición, eligiéndose la goleta *Ancud* al mando del capitán G. Williams, de nacionalidad inglesa, que prestaba servicios en nuestro país desde hacía más de veinte años. La tripulación estaba compuesta fundamentalmente de chilotes. Y entre el resto del personal destacaban el ingeniero alemán don Bernardo Philippi y el piloto don Jorge Mabon.

Todo esto se narró con gran acopio histórico de dicha gesta. En ella se recordó al gobernador don Bernardo Philippi, cuyo desgraciado fin en manos de los autóctonos fue una de las secuelas del motín de Cambiazo, y la destrucción de la ciudad de Magallanes, donde había sido enviado para su recuperación. Hay bastante material histórico y literario sobre esta otra página negra de la Patagonia y Magallanes, y yo no la puedo escribir ni describir.

La ceremonia en el fuerte Bulnes terminó, como convenía a la ocasión, con bailes chilotes de la agrupación de conjuntos folclóricos de Chiloé.

Yo, como mitad chilote y mitad magallánico, solicité la anuencia de las autoridades para decir algunas palabras. Sin embargo, no se me permitió. Sintiéndome en democracia dije algunas palabras de por qué me sentía con derecho a hacerlo. Hubo aplausos y un poco de desconcierto por mi actitud. Guardo algunos recortes de los periódicos en que se comentaba esta «salida del protocolo» de parte del escritor Francisco Coloane y se citaba parte de mis palabras, las que finalicé diciendo que para mí «Tierra del Fuego me parece una ballena azul».

Muy curioso fue que llegaran a mi hotel y después a mi casa en Santiago cartas muy elogiosas, junto a las fotografías que se habían tomado mientras hice mi intervención. Lo cuento porque no entiendo lo que es el «protocolo», en casos como ése y otros. Pero ya a estas alturas he preferido rechazar muchas invitaciones para no tener que acatar (o atacar) el protocolo...

Estuve con maestros y estudiantes en la ciudad de Punta Arenas y Porvenir. Allí comprendí que mis palabras dichas en el fuerte Bulnes habían tenido cierta repercusión. Escolares y desde luego los profesores invitantes de Porvenir manifestaron su espontaneidad y gratitud por mi presencia. Me acosaron con preguntas sobre Chiloé, mi trabajo en la Patagonia, el nacimiento de mi literatura. En algunos momentos la emoción no me permitía responder lo que ellos necesitaban o esperaban de un «personaje» que se había atrevido donde no se podía hacer sin el consentimiento de la autoridad.

V. EL GUANACO BLANCO

Durante muchos decenios, a lo largo de todo el siglo, y sin duda desde siglos y milenios anteriores, el gran territorio de Magallanes, con un millón trescientos ochenta y dos mil kilómetros cuadrados de llanuras y sus millares de islas, ha sido escenario de catástrofes telúricas y de atroces iniquidades humanas. Desde mi primera juventud, durante el período en que trabajé en la estancia Sara, en Tierra del Fuego, escuché los relatos de los trabajadores ganaderos sobre las masacres: la de Puerto Natales en 1919, la de la federación obrera de Magallanes en Punta Arenas, en 1920. Luego, la gran huelga, casi una insurrección, que terminó en 1924 con la matanza de cuatro mil hombres, tanto chilenos como argentinos, por unidades del ejército argentino al mando del coronel Varela.

En varios de mis cuentos —«De cómo murió el chilote Otey», «Un madero entarugado» y algún otro— registré algunos de los episodios que la historia oficial ignora o refleja muy débilmente. También en la novela *Rastros del guanaco blanco* y en el cuento «Tierra del Fuego», aunque el trasfondo de este último es más bien la enorme tragedia histórica y social del exterminio de los onas o *selk'nam*, habitantes originales de la gran isla austral. Los aniquilaron salvaje y metódicamente para hacer de sus tierras campos de pastoreo para la crianza de ovejas. Son asuntos enormes y terribles, con los que estoy y estaré siempre en deuda.

También hubo cataclismos, posiblemente anteriores a la aparición del hombre sobre la Tierra. En la era secundaria sobrevino el gran frío. El padre sol se ocultó, se ausentó y al parecer se olvidó de incubar los huevos de los grandes reptiles prehistóricos, como los dinosaurios, que galopaban a ochenta kilómetros por las planicies interminables de lo que hoy llamamos Patagonia. Al no ser incubados sus huevos por el calor del sol, la familia de los grandes acorazados terráqueos no tuvo descendencia. Eso los condujo a desaparecer. Pero la extinción de los onas fue obra de la ilimitada codicia del *homo sapiens*.

Mi primer conocimiento de los primitivos habitantes del extremo sur se produjo durante mi infancia. Oí decir que entre los chilotes había gente emparentada con «otros» que no eran sus iguales. Estos a los que llamaban «otros», para marcar la diferencia, eran los huilliches. Yo los conocí desde niño, porque varios de ellos trabajaron en las tierras de mi madre y sus mujeres atendían las labores de la casa.

Se dice que los huilliches fueron los primeros habitantes de las islas que componen el archipiélago de Chiloé. No se sabe con certeza desde cuándo la poblaron, pero allí estaban cuando llegaron los colonizadores españoles. La palabra *huilliche* significa en mapudungun, la lengua mapuche, «hombres del sur». Según el abate Molina, ellos habrían llamado Chiloé a la isla Grande, nombre derivado de Chile. Mas el presbítero Cavada dice que la palabra viene de *chille* («gaviota») y *hué*, «lugar poblado de gaviotas». Se supone que los huilliches llegaron a las islas empujados por otros grupos indígenas de Osorno, Valdivia o Arauco. Es interesante hacer notar que todos los antiguos pobladores de estas tierras tenían estrechos vínculos de amistad y de parentesco, además del mismo idioma. No así los chonos, patagones y fueguinos, que llegaron también a Chiloé, pero en muy escaso número. Obligados por la necesidad, ellos tuvieron contactos con los huilliches y por eso hay algo de mestizaje en ellos.

Las expediciones de goletas chilotas se dispersaban por los canales australes en cacerías de miles de focas para obtener su fina piel, de preferencia la del llamado «lobo de dos pelos». Los alacalufes, nómadas navegantes, trabajaban en la preparación de las pieles, a cambio de alimentación: galletas, papas, cebollas. Trocaban sus capas de piel de nutria por ponchos y frazadas de lana. Eran esquilmados, pero se sentían contentos. En todo caso, no eran tontos y en cuanto tenían ocasión se apoderaban de herramientas, chalupas y todo lo que podían. También ocurrían actos de violencia, como el rapto de mujeres o muchachas aborígenes. Así un número apreciable de alacalufes llegó a Puerto Montt, Chiloé y Punta Arenas. Hoy es difícil precisar dónde está la pureza de algunas de estas etnias.

En casa de mi madre y de una prima trabajaban en los quehaceres de la casa la Juana y la Carmela, que eran de origen alacalufe. Me acuerdo siempre de la Juana, una muchacha alta y huesuda, firme para los trabajos pesados. Era el sostén de mi madre para el cultivo del campo. Igual pasaba con los cuatro hombres que la ayudaban en el bote pesquero y la chalupa. Ella los llamaba «chonos» en sentido peyorativo. No creo que doña Humiliana supiera que esos indígenas, los chonos, eran un grupo étnico diferente que vivió entre Chiloé y el golfo de Penas. Sin embargo, a mis años, ésos eran asuntos que estaban lejos de mis pensamientos. A pesar de esos contactos con las muchachas que servían en la casa, no recuerdo haber conversado nunca con ellas. Ellas sí entendían las órdenes que se les daban.

Creo haber visto a los alacalufes por primera vez en su medio natural, en el curso de mi primer viaje marítimo, desde mi Chiloé natal a Punta Arenas. Yo tenía catorce años de edad. En las cercanías de la Angostura Inglesa, surgieron dos o tres canoas de indios alacalufes, cual si brotaran de los cantiles costeros. Las montañas estaban cubiertas de una gruesa costra de nieve hasta el borde de la alta marea, dejando un chaflán erosionado o parejo, según la tranquilidad o turbulencia de las corrientes y el oleaje. Me parecieron unos seres exóticos, tanto las mujeres como los hombres, los niños y los perros que llevaban. Al acercarse el barco, todos gritaban «cueri cueri», «guachacay». Agitaban sus cueros de nutria y lobo marino ofreciendo cambiarlos por aguardiente, el «guachacay». Se les puso una escalera de gato y por ella subieron a la cubierta los alacalufes, con quienes los tripulantes y los pasajeros hicieron un activo intercambio, que incluía hasta ropas viejas. Eran más bien bajos, con ese corte de melena conocido como «a lo Beatle», pelos negros, gruesos, narices chatas y rasgos que parecían esculpidos con hachas milenarias. Vestían harapos, salvo uno que llevaba una chaqueta que fue alguna vez de un comandante de la marina, y que conservaba sus galones dorados. Un capitán de navío alacalufe. Al alejarnos, se divisaba desde lejos el humo de sus pequeñas fogatas, acomodadas sobre champones de turba en la cala de sus canoas. Eran signos de interrogación en medio de la soledad de los canales.

Además de las balas y el veneno, los alacalufes o *qawáshkar* así como los yámanas o yaganes, han sido exterminados, casi por completo, por medio de los venenos más sutiles del alcohol y del mero contacto con la «civilización». Eran seres virginales, incontaminados, no en un sentido abstracto o espiritual, sino en el muy concreto y material de los microorganismos. Carecían de defensas frente a los bacilos, bacterias y virus con los que convive el hombre occidental. Fueron así diezmados por simples catarros, que les resultaban mortales, y por enfermedades endémicas como la tuberculosis y los males venéreos. Un solo beso podía bastar para transmitirles la muerte. Así se fueron apagando.

Desgraciadamente nuestras historias se saltan, por lo general, aspectos muy decisivos del desarrollo de nuestra sociedad, cuando no los tergiversan. En un texto de historia, que se podría decir moderno, y que se usa en la enseñanza, leo: «Los indios fueguinos se extinguieron por las enfermedades y el alcoholismo». Que se enfermaran no se puede dudar y que bebieran, tampoco. Pero la causa es muy distinta: crueldad, despojo y exterminio. Ésa es la verdad histórica que se debe afirmar.

En 1929 llegué por primera vez a Tierra del Fuego. Allí me enteré de que Julio Popper, un ingeniero y geógrafo rumano, había sido el primer blanco que atravesó la Tierra del

Fuego desde el estrecho de Magallanes hasta el Atlántico. Con él, hace menos de un siglo llegaron los buscadores de oro a instalarse en Tierra del Fuego. Popper es un personaje muy controvertido, hasta hoy con algunos admiradores, cuyo número es muy inferior al de sus detractores. Este hombre hizo historia entre 1880 y el primer cuarto del siglo XX. Escribía con facilidad y con cierta elocuencia. Por ejemplo: «La Tierra del Fuego es el país en que la fauna polar saluda a los trópicos, donde el pingüino se mezcla al loro tropical. Reúne más contrastes de geografía física, hidrografía, meteorología y etnografía que todo el continente de Australia. Debido a la corriente de Humboldt, que nace en la Antártica, y la corriente del cabo de Hornos, que va al cabo de Buena Esperanza y los mares de Brasil, que es tibia, el oeste es frío y el este es tibio. En la isla se juntan la pampa argentina y la cordillera chilena, que hacen una pequeña América meridional. El este no tiene puertos, el oeste cuenta con ellos, por eso los onas no eran navegantes como los yaganes y alacalufes».

Sin duda era un hombre audaz y despiadado. En uno de sus escritos afirma: «Las fuerzas motrices que impulsan el progreso de la humanidad son el hambre y la cárcel. La primera, porque obliga al hombre a buscar su comida, y la segunda, a trabajar para no robarla».

Julio Popper ideó un sistema ingenioso para aprovechar la fuerza de las mareas en la extracción del oro que abundaba en la isla, y acumuló una inmensa riqueza. Reclutó a decenas de hombres de diversas nacionalidades, aventureros, desertores, mercenarios y criminales, con quienes organizó una temible fuerza armada, que vestía uniformes al estilo del ejército austrohúngaro. Llegó a acuñar su propia moneda (de oro, naturalmente) y a imprimir sus propios sellos de correo. Para atender las necesidades de sus hombres, hizo secuestrar indias, a las que prostituyó.

Popper y luego los estancieros que introdujeron la ganadería ovina, pagaban una libra esterlina por un par de orejas de indio muerto. Como alguno observara que andaban por ahí indios desorejados, el sistema se cambió: el pago se hacía contra la presentación de la cabeza completa. Las carabinas de los esbirros daban cuenta además, masivamente, de la población animal. Los guanacos eran cazados por miles para alimentar a los invasores especialmente ávidos de sus crías tiernas, los «chulengos». La carne que no consumían, la abandonaban para que la comieran los indígenas, previamente envenenada con estricnina y arsénico. Muchos morían en esta forma. El mismo procedimiento aplicaron más tarde los estancieros –mejor dicho, su gente– con las ovejas que morían. Oficialmente, para envenenar a las aves rapaces. De paso, también a aquellos nativos, considerados menos que humanos. Desplazados de sus tierras y empujados hacia los lugares más inhóspitos de la isla, privados de los guanacos, que les proporcionaban carne y abrigo, los onas habían comenzado a dar caza, para subsistir, a esos extraños «guanacos blancos» que criaban los intrusos.

Ésta fue la «justificación» de los cazadores de indios. Defendían la propiedad privada y el futuro de la civilización occidental. El periódico *Sunday Times*, de Londres, citado por el sacerdote alemán del Verbo Divino Martin Gusinde, escribió en 1882: «Se piensa que el campo de Tierra del Fuego se demostraría adecuado para la crianza de ganado; el único inconveniente para este plan es que, según todas las apariencias, sería necesario exterminar a los fueguinos» (M. Gusinde, *Los indios de Tierra del Fuego*. Edición Centro Argentino de Investigaciones Científicas y Técnicas, Buenos Aires, 1982).

Además de Popper adquirieron fama de exterminadores de indios un inglés, Hislop, y un escocés, MacLennan, quien «practicaba la caza del hombre como un deporte», según cuenta Gusinde en su libro *Fueguinos*.

Sacerdotes salesianos fueron los primeros en llamar la atención sobre los crímenes de Popper y sus hombres y fundaron una misión evangelizadora para tratar de salvar a los onas. Cerca de cabo Domingo hubo una gran matanza de indios onas, cuyas osamentas fueron recogidas por sacerdotes y monjas de aquella misión.

Las investigaciones de Emperaire y otros han permitido establecer, mediante el uso del carbono 14, la presencia de seres humanos a lo largo de más de diez mil años en la isla de los Fuegos, como la llamó Hernando de Magallanes. Sus habitantes ancestrales, con mayor derecho, la denominaron Onaisín. Al comenzar el siglo XX los onas o *selk'nam* eran alrededor de doce mil. Parecen haber sido gigantes atléticos. En la edad adulta, muchos varones alcanzaban dos metros de estatura o algo más. Sólo se cubrían el cuerpo en el invierno, con capas de pieles de guanaco; el resto del tiempo andaban desnudos. Los hombres contemporáneos, con excepción, tal vez, de un Hércules de musculatura excepcional, no son capaces de curvar los arcos de dos metros de alto que empleaban para cazar. El delirante Pigafetta, cronista de la expedición de Hernando de Magallanes, que conmovió a la Europa de la época con sus relatos fabulosos, escribió que los fueguinos tenían tres metros.

Me gusta pensar que esos indígenas primitivos tuvieron la religión más antigua de la Tierra. Poseían la noción de un dios único, es decir, fueron monoteístas antes que los hebreos y los musulmanes. Con religioso respeto, se abstuvieron de darle un nombre a ese ser supremo. Para ellos, era «el que no se nombra», «el que está más allá de las estrellas». Pensaban que sus antepasados muertos habitaban en «la isla grande que está dentro del cielo», réplica de aquella en que vivían.

Los mitos de los onas, recogidos en los albores del siglo por el sacerdote salesiano Antonio Coiazzi, tienen un gran aliento poético y son originales, aunque se encuentren en ellos paralelos con las creencias de otros pueblos primitivos. Su gran héroe mítico era Kuanip, quien trajo el fuego a esa tierra de hielos, enseñó a fabricar el primer arco, con la madera del roble y los nervios retorcidos de las patas delanteras del guanaco. También les enseñó a hacer las flechas y el carcaj y la bolsita de piel de foca para guardar seca la yesca. Mostró cómo se podían hacer agujas y anzuelos con espinas de pescado. También enseñó a la madre a lavar al recién nacido en el arroyo y a untarle el cuero con grasa de foca mezclada con fierrillo, la fina arena negra que deslumbra a los buscadores de oro porque está casi siempre asociada con la presencia del metal maldito.

Kuanip era hijo de la montaña roja que existe cerca del cabo Kayel. Cuando nació, los onas se preguntaron: «¿Quién es éste, quién lo ha engendrado, de dónde viene?». Uno respondió: «Es hijo de la piedra». Cierta vez quisieron matarlo con sus flechas. Kuanip miró por sobre su hombro y les gritó: «No se muevan». Los que pretendieron atacarlo quedaron petrificados con sus arcos extendidos. Se les ve hoy: son los cerros que existen cerca de Puerto Haberton, en el canal de Beagle.

Kuanip luchó contra Siáskel, el gigante que comía mujeres y adornaba su cinturón con los pubis de las que sacrificaba. Lo paralizó congelando un río cuando el ogro lo atravesaba. De dos hondazos le descuajó los ojos y luego, trepándose por su espalda, le quebró el espinazo. Los ojos de Siáskel se desparramaron por la tierra y todavía siguen mirándonos con esa luz verde lechosa que se produce en el fango de las aguas estancadas.

Kuanip se enamoró de Oltka, pero como ella no quiso unirse a él, la convirtió en murciélago, con la maldición de que «hasta su sombra sería peligrosa». Sin embargo, Kuanip no pudo reponerse del rechazo de Oltka. Para consolarse fabricó un instrumento musical con el cuello de un cauquén y se internó en los bosques acompañándose con una melodía. Después se perdió en la bruma y finalmente ascendió a la isla grande que está dentro del cielo. Desde allí su ojo vigilante cuida a su raza. (Según el sacerdote Coiazzi, este ojo sería Rigel, una de las estrellas de la constelación de Orión.)

Para los onas existía un ser supremo inmortal llamado Timaukel, que está más arriba de las estrellas. Ve todo, sabe todo, y lee el pensamiento. Él creó la tierra sin formas y el cielo sin estrellas. Después ordenó a Kenós que organizara el mundo actual. Kenós llegó al Onaisín, la tierra de los onas, y como la viera despoblada, tomó dos puñados de barro de un pantano y formó con ellos un órgano genital masculino y otro femenino, los colocó uno junto a otro, y se marchó. Así, cada noche fue naciendo un hombre y una mujer. Hasta que la tierra se fue poblando. La tierra era oscura y por eso los onas son oscuros. En otras partes, Kenós tomó tierra de otros colores y por eso hay hombres con otro color de piel. Para sobrevivir, debían someterse a un lavado ritual en la choza de Kenós. Si no querían seguir viviendo, no se lavaban y se transformaban en pájaro, monte, piedra u otro elemento de la naturaleza. Finalmente, Kenós se elevó al cielo y se convirtió en una estrella. Sería Aldebarán, de la constelación de Orión.

La idea de los indios yámanas, los indios del cabo de Hornos, era que el primer hombre descendió del cielo descolgándose a través de una soga hecha con cuero de foca. Recuerdan un diluvio muy largo, del que sólo se salvó una canoa con varios yaganes o yámanas en la laguna de Agamaca, que está al interior de Tierra del Fuego. En la laguna había quedado también una ballena. Los yaganes la mataron con sus flechas y sobrevivieron largo tiempo alimentándose con su carne, hasta que se reprodujeron en varios lugares y repoblaron las islas del canal de Beagle y otros canales hasta el cabo de Hornos.

De estas leyendas y de los sucesos reales que presencié o me contaron he hablado en mi literatura. Pero condensar y expresar en su integridad la majestuosa tragedia de esta provincia del globo es algo que sobrepasa mis fuerzas. Haría falta el genio de un Picasso para pintarlo en un *Guernica* de dimensiones planetarias. De todos modos, a lo largo de los años he intentado conocerlo y abarcarlo a través de la lectura y el estudio. En este empeño conocí los trabajos de hombres de ciencia extraordinarios y los honestos testimonios de sacerdotes y cronistas.

El antropólogo francés Joseph Emperaire vivió en Chile entre los años 1946 y 1958, el año de su trágica muerte en el curso de un riesgoso trabajo a orillas del estrecho de Magallanes. Lo conocí personalmente en casa de mi amigo John Fell, propietario de la estancia donde se halla la Cueva del Milodón. Fell colaboraba en las investigaciones del sabio. El legado más importante de Emperaire fueron los conocimientos que nos transmitió sobre la vida de la etnia *qawáshkar* o *kawéskar*, más conocida entre nosotros como alacalufe, en su obra famosa *Los nómades del mar*.

En las regiones de mi infancia y adolescencia, las únicas vías de comunicación que conocí fueron las del mar, por bote, chalupa, barco... embarcaciones de cualquier denominación. Todas ellas atrajeron mi curiosidad y mi afecto, que se manifestaron en afanes de coleccionista. Logré tener una considerable colección de naves en miniatura en las que embarqué mis sueños, travesías y travesuras. De aquí que en la obra de Emperaire me llamara particularmente la atención su estudio prolijo del trabajo de los alacalufes para construir sus canoas, según sus habilidades tradicionales más la introducción de técnicas y herramientas modernas. Por desgracia, éstas llegaron demasiado tarde, cuando el grupo humano ya estaba muy mermado y débil para sacar buen partido de ellas.

La elección del árbol con el que se construirá la embarcación es importante. Se realiza después de una seria reflexión. En lo posible, debe ser un coigüe, una especie de roble del sur, estimado por su firmeza, su durabilidad y su resistencia a la humedad y a la corrupción. Después, Emperaire describe con esmero el corte del árbol y su caída, que guardan relación con el terreno. El árbol debe caer en el sitio preparado, cuidando de que los leñadores estén muy protegidos, y en la posición adecuada y previamente estudiada, de modo que sea posible adelgazar el tronco, descortezarlo y revisar posibles defectos o imperfecciones que puedan malograr la seguridad de la futura canoa. El grupo de hombres que efectúa este trabajo ya tiene en su mente el diseño de la embarcación. De aquí la admiración del sabio. Y del que lee. Detalla luego la limpieza del tronco. La proa corresponde a la base del árbol. Allí comienza la talla en doble bisel para dar el perfil y la dimensión del casco. Luego el alacalufe desarrolla todo su esfuerzo y su tenacidad. Dos hombres, a hachazos muy regulares y rápidos, van excavando el tronco hasta ahuecarlo y darle la forma de la canoa. No es un trabajo que se pueda hacer con el calendario al frente. No. Pasan días y semanas en que otras urgencias obligan a interrumpir el trabajo. A veces pareciera que vacilan y piensan en cómo llevar a feliz término su obra. La larga faena termina con el calafateo y el peraltado de la obra. Ésta ha sido una parte de mi cosecha en *Los nómades del mar*, de Joseph Emperaire.

El sabio alemán Martin Gusinde, misionero de la orden del Verbo Divino, ya nombrado varias veces en estas páginas, consecuente como pocos con los principios del amor al ser humano, estampa en el prólogo de su obra clásica *Fueguinos*, un poema de Federico Weber, que expresa una crítica implícita a aquellos que ayer y hoy no comprendieron o despreciaron a los primitivos habitantes de la Tierra del Fuego:

> *Los hombres son los hombres*
> *en todos los tiempos y lugares*
> *vivan bajo un soto de abedules*
> *o bajo un bosque de palmeras.*

En estos pasos, mirando hacia mi pasado, recuerdo una conversación muy feliz y esclarecedora con mi amigo indigenista el profesor y doctor Alejandro Lipschütz, gran conocedor de nuestros aborígenes australes. Nacido en Letonia y educado en Alemania, él conoció mucho a Gusinde y leyó toda su obra en la lengua original. De su gran estudio *Hombres primitivos en Tierra del Fuego* me tradujo párrafos y extensos pasajes, que tienen para mí un enorme poder de evocación, porque se relacionan con dos personajes que también conocí personalmente. Se trata de Nelly Lawrence, india yagana de pura cepa, y de su esposo Federico Lawrence, con quienes viajé una vez en el escampavías *Micalvi* de la Armada, desde Punta Arenas a Puerto Robalo, en la isla Navarino donde vivían. La figura de Nelly aparece esfumada en mi cuento «Témpano sumergido».

Lo que transcribe Gusinde no es un cuento, es un hecho real, pero tiene toda la sugestión que pudieran esconder los témpanos humanos bajo las aguas de la vida. Se transparenta, sobre todo en la superficie, la grandeza espiritual de Nelly y la amplitud comprensiva, el humanismo carente de toda limitación sectaria, del religioso, frente a un ser que posee sus propias creencias religiosas bien arraigadas.

Ha sido en especial Nelly Lawrence [escribió Gusinde y me tradujo el profesor Lipschütz, y yo conservé sus palabras anotadas en mi libreta] este tipo perfecto de una mujer yámana, quien, con atención inquieta y recelosa, me abrió la entrada al mundo espiritual peculiar de su pueblo. Este mundo espiritual nunca antes fue hecho accesible en medida semejante a otros europeos. Este libro es un testigo fidedigno de mi sincera gratitud a esta sencilla y noble mujer fueguina del archipiélago del cabo de Hornos.

El venerable John Lawrence tenía tras de sí una labor de cincuenta años como misionero al servicio de estos indígenas. Su segundo hijo, Fred [el Federico que yo conocí, un hombre alto, enjuto, nervudo, silencioso y distinguido], creció en el ambiente de ellos y durante toda su vida estuvo en contacto con los indígenas. Ya alrededor de los veinte años, Fred vivía en matrimonio feliz con Nelly, mujer yámana de pura sangre, que en todo su modo de ser y de pensar manifestaba las particularidades de su pueblo. En sus seis hijos predomina mucho el tipo aborigen, pero en grado más pronunciado en las tres niñas mayores que en los tres muchachos menores. Desde su tremprana infancia hablaban ellos el yámana y de este idioma se servían para comunicarse con su madre, mientras que su padre hablaba de preferencia en inglés.

Nelly Lawrence era fueguina en todo sentido. En su interior mostraba las características propias de su raza y en cuanto a los valores culturales de su pueblo, se entregaba a ellos de todo corazón. Yo mismo no sabría decir cómo ha sucedido que desde el principio ella me tratara con un favor tan especial. Había yo observado que, en general, ella era tímida y reservada frente a los huéspedes europeos. Pero cuando ella vio mi sincero empeño en respetar la auténtica herencia cultural de sus antepasados, ya no evitaba esfuerzo alguno para facilitarme y concederme todo lo que podía ser útil en mi labor... Taciturna y decidida como era, me prestó una colaboración muy activa. Convocó a gran número de sus paisanos para que yo pudiera verlos y conocerlos. Muy pronto nos acostumbramos mutuamente. Yo los visitaba en sus cabañas y disfrutaba de su compañía como si por largo tiempo yo hubiera sido uno de ellos. Para Nelly, cada una de mis visitas era un acontecimiento especial. Al despedirnos la última vez, me aseguró que en adelante ella podría soportar el grave destino de su pueblo con mayor tranquilidad, porque ahora tenía la gozosa conciencia de que mis observaciones, que me proponía reunir en un extenso libro, rehabilitarían para siempre a sus difamados paisanos.

Igual que otros europeos que habían visitado la región del cabo de Hornos, también los misioneros eran presa de la opinión errónea de que los yámanas no tenían religión alguna. Así, el misionero Thomas Bridges carecía de la capacidad para sopesar con equilibrio y justicia los valores espirituales de los indios. Ellos, por su parte, viendo su actitud desdeñosa, consciente y cuidadosamente le ocultaban todo lo que les era caro y que él habría denigrado con menosprecio y desdén. Yo conocía muchas oraciones con las cuales los yámanas se dirigen a su deidad y con franqueza expresaba a estos indios mi alegría y satisfacción. Nelly Lawrence me dijo varias veces al oírme: «De cosas tan bellas nunca nos habló Thomas Bridges. Se habría más bien pronunciado sobre ellas con ironía cruel y de nosotros se habría burlado».

Los yámanas están plenamente satisfechos con sus propios valores religiosos y nunca se presentó en ellos el deseo de tener más de lo que ya tenían. De allí que consideraran inútiles las enseñanzas cristianas que les fueron expuestas por los misioneros ingleses. Para ellos, la habladuría de los misioneros era impostura. «Ellos quieren engañarnos. Continuamente nos perseguían diciéndonos que termináramos con nuestra fe en Watauinaiwa, el más antiguo, el que no cambia.» Ellos se sienten felices con el *keshpix*, el espíritu, y piensan que sólo por él hay vida en el cuerpo humano. No sabemos cómo entra el *keshpix* cuando el niño comienza a vivir y tampoco sabemos adónde se va al morirse el hombre. Se va lejos, a través de los mares.

Me conmuevo al recordar al padre Gusinde en boca de mi amigo, don Alejandro, como siempre lo llamé. El tema de Martin Gusinde y Nelly Lawrence fue siempre recurrente en mis encuentros con el doctor Lipschütz, quien me llamaba a veces para pedirme que revisara el castellano de algunos de sus originales. No lo necesitaba. Era más que nada una atención suya. Un día le pregunté: «¿No cree usted, profesor, que entre el sacerdote y Nelly se había producido algo parecido al amor?». Don Alejandro sonrió ante mi curiosidad y, con esa finura que mantenía siempre, me dijo con pícara mirada: «Yo no sabría qué contestarle».

En su libro *Fueguinos*, que conozco en una edición sevillana de 1951, Gusinde describe las ceremonias de iniciación a la pubertad, muy actuales en estos tiempos cuando tanto se discute sobre la educación sexual de los jóvenes y no tan jóvenes. Escribe el sabio:

Los pueblos primitivos que viven en la actualidad imponen a la juventud una educación sobre los ritos secretos de la pubertad. La comunidad sabe la urgente necesidad de transmitir a las generaciones venideras todo su tesoro de ciencia y experiencia, valiéndose de una verdadera enseñanza pública. Ningún joven puede quedar exento de ella, pues los viejos vigilan atentamente. No hay edad para esta escuela juvenil. Los únicos requisitos para la admisión son una cierta madurez de juicio y facultad de discernimiento, es decir, un grado de conciencia del deber y responsabilidad, que ordinariamente se da entre los quince y los dieciocho años. Esta escuela de iniciación se lleva a cabo en una gran carpa a la que ingresan los seleccionados para el aprendizaje. El muchacho se sienta entre un hombre y una mujer. Las muchachas, por lo general, están entre dos mujeres. Estos acompañantes son los padrinos de los adolescentes, encargados de la vigilancia. Los siguen a todas partes y van enseñando con energía al aspirante a mantener su buen comportamiento. Hay duras pruebas para los aprendices, así como castigos cuando se apartan de las estrictas normas que deben seguir para ser aceptados como hombres y mujeres adultos. Al finalizar estos meses de entrenamiento, un hombre y una mujer hablan de su encuentro con los espíritus y de la experiencia de sus vidas. Se desarrolla entonces un variado programa en que los iniciados demuestran que han comprendido y practicado las enseñanzas de los ancianos de la tribu. El término del ceremonial se festeja con grandes comidas de carne y todos se divierten después por largo tiempo y se hacen regalos. Entonces pueden iniciar su vida adulta y constituir su propia familia.

El 10 de octubre de 1996 conocí a José Tonko, representante de la etnia *qawáshkar* o alacalufe, que estudia antropología en una universidad de Santiago. Lo vi en la inauguración de la muestra de retratos de los últimos alacalufes, no más de una treintena, que hizo la gran fotógrafa Paz Errázuriz en el Museo Nacional de Bellas Artes y que llamó con el título de la obra de Emperaire: *Los nómades del mar*. Los rostros captados por el ojo maravilloso de la artista son hoy y serán mañana un documento y un reproche para quienes no supimos cuidar a nuestros hermanos. Tonko, joven y fornido, me conocía porque había leído a los doce años, cuando recién lo habían llevado a Punta Arenas, mi obra juvenil *El último grumete de la «Baquedano»*. Sus impresiones concordaban con las mías. Su traslado de los canales y las islas a la ciudad había sido como el mío de Chiloé a Magallanes. Posteriormente me hizo el honor de presentar mi obra *El guanaco blanco* en el instituto Goethe de Santiago, donde habría que reconocer, con una expresión un tanto equívoca, «se robó la película». La mayoría de la audiencia nunca había visto un alacalufe y encontrarlo en este joven, que nos daba una clase magistral hablando como un académico, nos causó un verdadero embeleso. Habló del escenario de su infancia, las islas, penínsulas y recodos, cuyo trasfondo es el bosque exuberante, la frondosidad de los árboles con su infinita variedad de colores. Ésa es la belleza de la Patagonia, que se añora cuando se está en la ciudad. Sin embargo, nos dijo, hay maneras diversas de viajar y de vivir la aventura. Una es «ser un viajero participante en donde el sujeto recibe la acción en forma empírica y la otra es viajar y vivir las aventuras a través de los ojos de los demás. Esta forma de vivir la experiencia la entrega el libro. A medida que se avanza en la lectura, estamos conociendo hechos que podrían ser ficticios o verdaderos, lo cual genera en el lector un montón de sensaciones, emociones y sentimientos... Sin darnos cuenta, resulta que entre el libro y el lector existe un cierto complot, ya que las aventuras y/o conocimientos que transmite el libro son, a la vez, las aventuras del lector. Vivenciar procesos, hitos históricos, experimentar aventuras, viajar a otras latitudes y conocer personas con culturas y formas diferentes de vida nos lo permite el libro. Por lo tanto, nos hace, al parecer, aceptar la diversidad o aceptar al otro cultural». Me dijo José Tonko que, al terminar sus estudios, tal vez regrese a sus tierras, porque quiere palpar con la experiencia del conocer y del saber los cambios ocurridos en él mismo, en las islas y en su entorno. Me pregunto si ya ha regresado y cuáles serán sus impresiones. Las registrará, sin duda, en una disertación erudita o acaso en un libro.

En cierto modo, he sido testigo del proceso del desarrollo que fue adquiriendo el lejano Magallanes a partir de la colonización, que «limpió» el territorio de los habitantes autóctonos, sus verdaderos propietarios. Oteando un poco las hojas de algunos viejos libros y documentos se percibe cómo esas grandes extensiones se fueron entregando a manos particulares, a través del sistema de las concesiones fiscales. Se partía de la ficción de que aquellas eran tierras de propiedad del Estado, el que las subdividía en grandes porciones y las entregaba, mediante subastas, a colonos chilenos o extranjeros, por cierto número de años, con la finalidad patriótica de aumentar la población y desarrollar la ganadería. Los remates de terrenos fiscales se iniciaron en 1880. Un ejemplo: treinta mil hectáreas de terreno fueron entregadas en arriendo por cinco años, por mil quinientos dólares, a José Menéndez, quien llegó a ser uno de los más connotados ganaderos de la región. Otro colono prominente, José Nogueira, debía pagar sólo mil dólares por treinta mil hectáreas, en Río Pescado. Más tarde, se adjudicaron al mismo Nogueira nada menos que ciento ochenta mil hectáreas en el extremo norte de Tierra del Fuego. Inmensa extensión que él traspasó luego a la sociedad The Tierra del Fuego Farming Company, de la firma inglesa Waldron and Wood. La explotación del ganado lanar originó inmensas fortunas y verdaderos imperios territoriales con millones de cabezas de ganado ovino. Los primeros piños de ovejas se trajeron desde las islas Malvinas, donde habían sentado sus reales los ingleses. A medida que aumentaba la población animal disminuía la población humana. Hacia 1895, la misión establecida en la isla Dawson registraba los siguientes datos: total de indígenas, ciento setenta y seis; de ellos, sesenta y cinco alacalufes: veintisiete hombres y treinta y ocho mujeres; onas, ciento once: cuarenta y ocho hombres y sesenta y tres mujeres. Hoy sólo sobrevive un puñado de alacalufes. En 1997 falleció la última yagana pura en Puerto Williams.

VI. EN TIERRAS LEJANAS

Nunca pensé en mis años mozos que mi vida iba a ser tan zarandeada como lo ha sido en frecuentes viajes del sur al centro y del centro al sur del país; menos pude imaginar que me iba a convertir, con el tiempo y a mi pesar, en una especie de *globe-trotter* internacional y que iba a tener ocasión de conocer países tan lejanos y exóticos para nosotros como Rusia, China, India, Mozambique o Líbano, fuera de España y Francia, que siempre han sido para los chilenos de obligada peregrinación. Alguna vez pensé que me hubiera gustado ser explorador y levantar los primeros mapas de tierras ignotas. Viajé mucho, demasiado, para descubrir al final que las tierras y los mares más desconocidos estaban precisamente en las regiones donde nací y pasé mi primera juventud: Chiloé, la Patagonia, la Tierra del Fuego, el cabo de Hornos, el océano austral.

En este capítulo reúno, un poco al azar, recuerdos de mis peregrinaciones, basándome en la memoria y en los apuntes que fui acumulando en mis innumerables y eternas libretas.

La represión del gobierno de González Videla me obligó, como ya he contado, a un breve autoexilio en Buenos Aires, en el año 1948. Dieciséis años más tarde, estuve por primera vez en la Unión Soviética invitado por la Unión de Escritores, para celebrar los ochocientos años de un poeta georgiano del que yo lo ignoraba todo, hasta el nombre. Se trata de Shota Rustaveli, que vivió, según se supone, entre 1172 y 1216. La verdad es que se sabe poco de su vida. En torno a él se ha creado una verdadera leyenda a partir del tardío rescate del olvido de su poema épico *El caballero de la piel de tigre*. Se dice que era huérfano y que lo crió su abuelo monje. Eso explicaría los elementos religiosos y filosóficos que aparecen en su obra. Eran los tiempos del reinado de la bella Tamara, durante el cual este montañoso estado del Cáucaso alcanzó un desarrollo político y cultural notable para la época (siglo XII). Su reino se extendía al sur de la cordillera del Cáucaso, entre ésta y Armenia, el mar Negro y Azerbaiján. Al parecer, el poeta fue amante de la reina, quien le dio un alto cargo en la corte. Los expertos y letrados que han indagado en sus obras dicen que a él se debe la creación del lenguaje literario georgiano. Lo consideran un poeta erudito y ven en sus poemas un sustrato de filosofía china, persa y de los antiguos griegos. Según versiones que bordean la leyenda, este hombre se fue, en su edad avanzada, a Jerusalén, donde murió en uno de los monasterios georgianos.

Conocí *El caballero de la piel de tigre* en la traducción hecha por un chileno, Gustavo de la Torre, de la versión inglesa de M. Scott. Esta traducción fue cotejada y ajustada al original por un georgiano. Se publicó en Santiago en 1964. Así hemos podido saborear la poesía de Rustaveli y saber de las hazañas de Avtandil y Tariel, personajes principales de la obra que, a la manera de Quijotes del medievo, recorrieron el mundo en pos de la justicia y la libertad.

Algunos versos o sentencias del poema han pasado al habla común. Me dicen que es frecuente escuchar: «A quien sabe triunfar en la desgracia le espera un claro festín». O bien: «Deja que diga la escritura lo que los labios no dicen». Esto último me impresionó especialmente. A veces pienso que escribo porque me cuesta menos que hablar.

La primera edición de *El caballero de la piel de tigre* apareció en 1720, cinco siglos después de la muerte del autor, y fue quemada casi en su totalidad por orden eclesiástica. Sin embargo, su poderosa poesía logró sobrevivir y las aguas del tiempo no la enturbiaron.

En octubre de 1958 salí de Chile con destino a un mundo desconocido. Estaba invitado a una conferencia de escritores afroasiáticos que se realizaba en Tashkent, la capital del Uzbekistán soviético. Desde un avión gigantesco, saltamontes, saltamares, la visión de las nubes, hacia arriba o hacia abajo, es una geometría surrealista. Pasamos por Montevideo, Río de Janeiro, Recife. Las horas transcurren más rápidamente que en mi reloj. A medianoche voy volando sobre el Atlántico. Los motores rugen como ballenas de aleta que barbotean chorros de fuego violeta. La luna, una isla blanca en la paz celeste; abajo, fondos oscuros abismales entre gargantas algodonosas. ¡Qué extraña nave la tierra de noche!

A media tarde, París. ¿Qué hay en esta ciudad que a primera vista uno tiene la sensación de haber vivido en ella largo tiempo? Voy a saludar a un amigo a quien conozco a través de cartas. Es el escritor Benjamin Péret. El encuentro fue breve, cordial, dentro de cierta formalidad casi terca. Péret tradujo al francés uno de mis cuentos, «Cinco marineros y un ataúd verde» y lo publicó en *Les Nouvelles Littéraires* en 1953. Lo tituló «Martin est mort».

Desde París emprendo el vuelo hacia la bella Praga, en un avión sacudido por las turbulencias, que nos da la sensación de un pájaro que ha perdido sus alas, y que nos deja en setenta minutos en la capital checa. Ya de noche sobrevolamos Moscú, una vía láctea diseminada en la oscuridad terrestre. Después de una escala y de unas horas de insomnio, porque los cambios de hora han alterado mi reloj biológico, estamos de nuevo a bordo de una gran nave aérea. Son las tres y cuarto de la madrugada, aunque mi reloj diga otra cosa. Volamos rumbo a Tashkent, la capital del Uzbekistán soviético, donde se celebrará la conferencia de escritores afroasiáticos, a la que he sido invitado sin ser africano ni asiático, porque ya se impone en las relaciones internacionales la fórmula Asia, África y América Latina, que vincula y en alguna forma encubre realidades en extremo diferentes.

Serán las cinco y un temblor violáceo debilita el color de la noche. Luego una delgada pincelada de fuego ilumina las finas nubes del horizonte. A mi lado hay una mujer morena y robusta. Nos saludamos con una muda sonrisa. Sin embargo le pregunto: «¿Uzbeka?», y me responde: «¡Uzbeka!». Nos separa el muro del idioma. El Asia infinita nos muestra su rostro pardo a la plenitud del sol. A ratos me parece ver la inmensidad patagónica, a ratos el desierto de Atacama con sus arenas polvorientas. Todo es tan parejo y llano, tan horizontal, que me hace dudar que la tierra sea redonda.

Ahora sobrevolamos un gran lago que interrumpe la monotonía del desierto. Allí tenemos el mar de Aral que, aparte de la bahía Margarita, el punto más notable junto al polo sur, me ha dado las mayores satisfacciones de la vida. Diviso deshilachados fantasmas erráticos, arreados por las huascas del viento, una que otra huella sobre una meseta, un sendero de un oasis a otro. Allí viven serpientes, las reinas de estos lugares y también una especie de ciervo jaspeado, de ojos negros asustados, que ha sido muy cantado por los poetas.

Tashkent, con un millón de habitantes en el año de mi visita, es una de las ciudades más grandes del Asia Central. Está situada en el valle del río Chir-Chik, al oeste del macizo montañoso de Chaktal. Numerosos riachuelos y canales le dan un atractivo especial. Ciudad muy vieja. Ya existía y era conocida antes de nuestra era como la capital del reino de Joresma. Me pareció un lugar adecuado para este encuentro. Allí se han cruzado diversas civilizaciones y culturas, dejando cada una su impronta. Marco Polo llamó «ruta de la seda» a la que partía de Pekín, pasaba por Tashkent y llegaba a Bizancio y finalmente a Roma. Nos parecía estar palpando todo eso que habíamos conocido por libros. En el museo de la ciudad encontramos las raíces del astrónomo Ulugbek, nieto de Tamerlán, autor de precisas tablas astronómicas, que fue decapitado por contradecir las enseñanzas del Islam. En estos años, a fines del siglo XX, vemos que, en materia de religiones e intolerancia, el mundo no ha cambiado mucho.

Mi respeto por Ulugbek creció al conocer una de sus máximas: «Las religiones se dispersan como la niebla, los reinos se disgregan, pero los trabajos de los sabios quedan para toda la eternidad».

También nació en Tashkent otro gran sabio de tiempos antiguos, Ibn Sina, en español Avicena, autor de un avanzado canon de medicina, quien fue acusado de ateísmo por sus trabajos científicos.

Así pues, esta conferencia fue para mí una réplica actualizada de ese brillante pasado histórico, fruto del cruce de caminos de los más diversos pueblos y etnias. El teatro donde se inauguró la reunión, de la antigüedad de Tamerlán, tenía la fastuosidad asiática. Según la leyenda, a los artesanos que crearon sus grecas y arabescos les arrancaron los ojos para que no pudieran repetirlos. Se dirá que son cosas de épocas crueles y oscuras. En este siglo XX, que ha vivido dos guerras mundiales e incontables conflictos armados, hemos presenciado crímenes peores y el aniquilamiento de millones de seres humanos.

Estuvimos allí doscientos cuarenta escritores de veintisiete países. Entre ellos el colombiano Gabriel García Márquez y el africano Wole Soyinka, que en años posteriores iban a recibir, ambos, el premio Nobel; el norteamericano Norman Mailer, el uruguayo Eduardo Galeano, el argentino Osvaldo Soriano, el peruano Mario Vargas Llosa, el senegalés Sambene Ousmane, el egipcio Mohamed Yala y muchos otros, de Birmania, Camboya, India, China, Nepal, Rusia, observadores de Estados Unidos y Alemania occidental. Las traducciones se hacían sólo a cuatro idiomas: ruso, inglés, francés y chino. Pero se hablaban más de treinta. Mi salvación fue una uzbeka que había vivido en Uruguay desde los dos hasta los dieciocho años de edad.

Quiero recordar al escritor norteamericano W. E. Dubois, patriarca del movimiento por los derechos civiles y contra la discriminación racial. Sus palabras me impresionaron. Dijo: «Soy norteamericano porque nací en ese país. También mis padres y mis abuelos. Hemos trabajado en nuestro país, hemos pagado los impuestos, hemos cumplido todas las leyes y hemos ido a la guerra por él. Sin embargo, retrocediendo en mis ancestros, soy africano. En el siglo XVIII, un comerciante holandés tomó prisionero a mi tatarabuelo en la costa del golfo de Guinea y lo llevó al estado de Nueva York, donde lo vendió como esclavo. En la revolución americana, para separarse de Inglaterra, obtuvo su libertad. Una descendiente suya se casó con el bisnieto de un francés hugonote. Yo soy su hijo y por eso me llamo Dubois. Todavía hoy, aunque aparentemente la esclavitud ha quedado atrás, los negros continuamos nuestra lucha por que se nos considere verdaderamente americanos. Seguiremos exigiendo la libertad plena. Que se nos dé igualdad de oportunidades, que nuestros salarios sean iguales a los de los blancos».

En Tashkent conocí también al escritor Mao Tun o Mao Dun, quien presidía la delegación china. Un hombre de cerca de sesenta años, con una mirada muy vivaz en sus ojillos oscuros, que parpadeaban constantemente. Fue uno de los iniciadores del movimiento 4 de Mayo, surgido después de la segunda guerra mundial, en el que convergían escritores que tenían una nueva mirada después de la hecatombe y aspiraban a una literatura que expresara las angustias de los humillados y ofendidos. De ese movimiento, los libros de Lu Xun, como su famosa *La verdadera historia de Ah Q* y las novelas de Mao Tun, entre otras obras, han quedado en la buena literatura universal. Mao Tun me permitió conocer algo de la poesía de Li Po y de Tu Fu, este último un portentoso bebedor, de quien no olvido este verso: «Y mi torpe sombra se enreda en mis pies».

Terminada la conferencia me quedé unos días deambulando por la bella capital uzbeka, con sus amplias avenidas arboladas, sin atenerme a programas oficiales. En Tashkent escuché este proverbio: «No hay que tener cien rublos... hay que tener cien amigos». Un hecho fortuito me permitió establecer un vínculo familiar en la exótica ciudad. Llevaba una carta, unas fotografías y algunos recuerdos de mi amigo el escritor Volodia Teitelboim, para un tío suyo que residía en Tashkent, cuyas hermanas no lo veían desde la infancia.

«El mejor regalo es que usted haya venido», me dijo don Israel Teitelboim al recibir los presentes y acogerme en su casa. Hablo de un hombre de más de cincuenta años, alto, moreno, de rasgos y ademanes distinguidos. Los retratos hablados que tuve que hacer de sobrinos, nietos y primos desconocidos fueron para mí una conmovedora experiencia de amor filial. Don Israel evocó a su hermano fallecido en tierras de América, y me habló de sus condiciones morales, de cómo nunca, a pesar de sus limitados recursos, dejó de prestar ayuda económica al hogar paterno, donde había hermanos menores. Yo, a mi vez, le hice una semblanza de su sobrino Volodia, escritor y dirigente político, ejemplo del intelectual que ha entregado una vida de rectitud a la causa de los trabajadores. Para no ahondar dolorosamente en sus sentimientos, callé detalles de las persecuciones policiales en Chile, pero tuve que hablarle del campo de concentración de Pisagua. Volodia trató el tema en su novela *La semilla en la arena*, que en esos días se estaba traduciendo al ruso. Al mirar los rostros de don Israel, de su esposa Petra Petrovna, de su hija Lina y de su yerno Celic, iban y venían a mi memoria los rasgos de Volodia Teitelboim, de su hermano Miguel y otros familiares, como si las aguas del tiempo y el espacio los mezclaran, trayéndolos y llevándolos de uno a otro continente.

Cuando viajamos nos cuesta desprendernos de nuestra aldea. En países extraños, que hablan lenguas totalmente incomprensibles, donde nada nos resulta familiar, nos sentimos inseguros y comenzamos a descubrir, a veces forzando bastante la realidad, personas parecidas a las que dejamos en la patria y creemos ver en el ángulo de una calle un edificio, una puerta, un balcón semejantes a los de allá.

Tal vez por eso, me sentí de nuevo en la Patagonia o en la Tierra del Fuego, cuando visité la Mongolia Interior, China.

Esa tierra lejana y exótica, patria del conquistador de pueblos Gengis Kan, se asemeja a los parajes de la Patagonia y la Tierra del Fuego por donde galopé en mi juventud, en busca de trabajo y aventura. Sus paisajes son del todo parecidos. El filósofo taoísta Chuang Tze dice que su maestro Li «conducía al viento como un juego de caballos y galopaba quince días sin volver. Ese hombre era dueño de una dicha incomparable».

Así, durante veinte días, en otoño, galopamos, con mi mujer, por las praderas de Mongolia Interior, en jeep, en tren, en avión, con el propósito de hacer un reportaje para una revista. Fueron días incomparables, por la sugestión de la vastedad de la llanura o porque en esa tierra legendaria de Gengis Kan se construía una nueva sociedad. Éste es un territorio autónomo de la República Popular de China, situado en el extremo noroeste de Asia, con una superficie de un millón cuatrocientos mil kilómetros cuadrados. Una inmensa meseta a mil metros sobre el nivel del mar, bordeada de montañas y entre dos ríos. Uno de ellos corresponde al curso superior del Gran Río Amarillo que atraviesa toda la China. Tiene once millones de habitantes, pertenecientes en su mayoría a la etnia Jan, predominante en China, un millón de mongoles y unos cuantos miles de otras nacionalidades, como tajur, jui, coreana.

Viajamos desde Pekín un día y una noche, atravesando cadenas de montañas. Conocimos durante el viaje la Gran Muralla, cuyo alto parapeto almenado serpentea por las cumbres, mientras, debajo de ella, túneles a diversos niveles horadan la montaña. En la estación de Ching Lung-chao, una maniobra de retroceso entre túneles nos hizo perder la orientación. Estábamos seguros de que regresábamos a Pekín. No era así. Entrábamos a las llanuras de la provincia de Sinkiang, para llegar finalmente a Jujejajote, la capital de la Mongolia Interior, donde se entremezclan casas de construcción moderna con las tradicionales chinas, con sus techos ondeados y sus labradas gárgolas.

Mongolia está en las antípodas de Chile y eso hacía aún más interesante encontrar rasgos familiares en el paisaje y en la economía. En Silinjote, provincia de Silingol, hasta donde llegamos en avión, vimos por primera vez, cerca del hotel, una caravana de camellos que cruzaban a paso rápido la ciudad, frente a un templo. También vimos jinetes en pequeños caballos peludos y carros tirados por un tronco de tres caballos delanteros y uno atrás en las varas. Es la región de las praderas mongólicas. Fuimos a visitar una hacienda ganadera estatal. La carretera serpenteaba al comienzo entre suaves lomajes y hondonadas, pero luego la tierra se fue haciendo más llana y los pastizales más altos. Fuimos encontrando rebaños de vacunos y de ovejas, éstas siempre en piños y cuidadas por un pastor con su caballo de tiro o montado, llevando una pértiga de bambú. En medio de todo este paisaje de animales, una que otra *yurta*, la vivienda tradicional de este pueblo que no termina de abandonar sus hábitos nómades. A la vuelta de un lomaje apareció de pronto una mujer joven, vestida de verde, que llevaba de las riendas un brioso caballo alazán. La mujer se detuvo con cierta sorpresa al ver pasar nuestro jeep. Su majestad natural, su bello rostro cobrizo y esas firmes botas de montar, su cabellera negra reluciente como el pelaje del fino animal que la acompañaba sobre la vastedad de la pradera, formaban una imagen pictórica que nunca he podido olvidar.

La hacienda que visitamos se dedica a la ganadería y, en menor escala, a la agricultura. Su personal se compone de dos mil trescientos trabajadores que se ocupan de ciento diez mil ovejas, veinte mil vacunos, siete mil caballos y de una gran superficie de tierras de cultivo. Las comparaciones surgen de inmediato. Yo había trabajado en una estancia de la Patagonia con doscientas mil ovejas. El cuidado de los animales, bajo la vigilancia de veterinarios y otros especialistas, era similar. Vi esquilar a máquina con un equipo móvil y mantener para el invierno el pasto ensilado, alimento para la mayor parte del ganado vacuno y lanar.

El caserío está distribuido en conjuntos que parecen milagros en medio de la llanura. También hay yurtas que se agrupan en una pequeña aldea. Admiro el trabajo de los creadores de esta tienda, perfeccionada a lo largo de los siglos. Semeja un cono truncado, que se abre o se cierra por medio de una tapa circular. A través de esta especie de claraboya sale el cañón de la estufa, que calefacciona y permite cocinar. La yurta está hecha de fieltro, que proporcionan los mismos animales, sostenido por un enrejado circular formado por finas varillas de madera. Este maderamen está «apernado» por medio de pequeños tientos, cabeceados en sus extremos por nudos que desempeñan el papel de tuercas. Un vendaval podría arrancar la yurta de la tierrra, pero no lograría desarmarla. El fieltro está impermeabilizado por fuera. En el invierno se agrega otra capa de fieltro por dentro.

El moblaje es rigurosamente funcional. Las camas se colocan directamente sobre el suelo alfombrado. En el día están enrolladas y colocadas alrededor de los muros, si se puede decir así, y sirven de asientos durante las comidas. Cueros y pieles de animales dan una llamativa decoración. Nos sirvieron leche ácida, crema y quesillos, y al término de esta cena nos festejaron con el famoso *kumís*, aguardiente a base de leche de yegua, del cual ya nos hablara Marco Polo. Para prepararlo se evapora y se condensa el agua que contiene la leche y se conserva luego en tiestos de greda bajo tierra. Al cabo de unos meses o años, se ha convertido en un licor blanquecino y turbio, de hasta un setenta por ciento de alcohol. Se sirve en unos vasos diminutos que parecen un labrado dedal. Gustillo a leche tiene y a tierra otoñal mojada, es bueno para el frío y se sube a la cabeza con la misma rapidez que un buen aguardiente de uva. Así lo recuerdo.

En la tarde escuchamos cantos de bienvenida, que nos parecieron cual salomas, cantos de marineros en faenas colectivas, melódicas y monótonas. Para la despedida nos ofrecieron un espectáculo típico. Una gran caravana de hombres y mujeres, con sus típicos batones, guarnecidos de cueros de ovejas de variados colores, estaban montados sobre sus caballos también vistosamente arreglados a la espera de la partida. A una voz, los vimos partir al galope, en algunos momentos abandonando la montura para sostenerse en un solo estribo a un lado del caballo, abrazando al animal con la otra pierna. Al otro lado del río desmontaron y volvieron a montar para hacernos una última demostración.

El director de la hacienda nos ofreció el kumís del estribo. Mientras los jinetes se alejaban al galope, volvieron a nuestra memoria mil años de historia. Eran las huestes de Gengis Kan en la nueva sociedad que nacía en sus viejas tierras.

El jeep siguió su camino hacia el aeródromo a marcha lenta, lo que nos permitió ver un grupo de jinetes que rodeaban una manada de yeguarizos en plena pampa, sin ningún corral o cerco, metiéndose entre ella con largas pértigas o corriéndolos a campo traviesa. Enlazaban al animal como quien caza una mariposa. Me pareció un espectáculo de teatro o de un gran circo. Aquellas pértigas tienen al extremo una pequeña lazada de tientos trenzados, muy diferente de nuestros lazos. ¿Cuál será la mejor manera?

No veíamos el fin de la llanura porque se confundía con el lejano horizonte. Una gigantesca águila negra planeó un rato sobre nosotros, tal vez extrañada del artefacto que invadía sus dominios o bien porque se trataba de un espíritu legendario de las praderas que venía a despedirnos. La miramos largo rato y al verla perderse entre los altos pastizales, algo de nosotros quedó para siempre en aquel valle infinito de la Mongolia Interior.

En 1960, cuando el mayor terremoto de este siglo sacudió, retorció y despedazó gran parte del territorio de Chile, en especial las provincias del sur, mi mujer trabajaba en el Servicio Nacional de Salud, como subjefe del Departamento de Servicio Social. El terremoto dejó gravísimas secuelas y se multiplicaban los esfuerzos por llevar auxilio a miles de familias sin hogar y por reconstruir siquiera lo más esencial.

Existía alarma en aquellos días por el peligro de que se desbordara el lago Riñihue, debido a los derrumbes producidos por el terremoto, y anegara la ciudad de Valdivia y zonas cercanas. La oficina de emergencia, que coordinaba estos trabajos, pidió al servicio de salud un equipo de asistentes sociales que se trasladara a la región más afectada para evaluar la situación, hacer el censo de las familias que habían sufrido pérdidas de vidas y de viviendas, del tipo de auxilio más urgente para ellas, etcétera. Se designó a Eliana, mi mujer, como encargada de esta misión, que exigía el pronto envío de treinta funcionarias calificadas a la zona de Valdivia.

El día señalado para la partida, estaba ella, con las funcionarias, esperando en el aeropuerto el momento de embarcar en el avión que debía llevarlas al sur. En eso, empezó a percibir miradas extrañas y un rumor de comentarios que iban y venían. Por los altavoces se oían voces estentóreas que anunciaban la partida de los varios aviones que llevaban recursos a la zona de la catástrofe. Preocupada de pasar lista a su equipo, Eliana no había puesto atención a aquellos llamados. Un colega le dijo: «¿No escuchas que te están llamando?». Poco después se le acercó un individuo, una especie de autoridad del Servicio Nacional de Salud que ella nunca reconoció como tal y le espetó: «A usted, señora Rojas, le piden que se dirija de inmediato al Servicio, por orden del director».

Canceló el viaje, hizo lo que le pedían y en las oficinas fue notificada de que se le suspendía del trabajo y que sería trasladada a otro cargo. Poco después, por decreto fue llamada a retiro junto con otros funcionarios. ¿Razones de tipo político? Nunca se pudo precisar. Mejor hacerse el desentendido.

Eliana no quería, por cierto, ser una desempleada más. Por eso recibió con entusiasmo la proposición de viajar a China para trabajar como traductora del inglés al castellano en una revista llamada *China Reconstruye*. Ella siempre había manifestado su interés por ese país y se había vinculado con el Instituto Cultural Chileno-Chino, surgido en Chile después del triunfo de la revolución china. Era una gran lectora de novelas y cuentos chinos antiguos y contemporáneos. Le atraía sobremanera la literatura de Lu Xun. A mí se me ofrecía trabajar como revisor y corrector de estilo del material ya traducido al español.

Dispuestos a partir, debimos resolver diversos problemas porque nuestro viaje iba a ser para largo. Hubo que resolver asuntos domésticos, guardar algunas pertenencias y pensar en lo económico porque los viajes, en general, son de ida y regreso, menos cuando la vida se va. Hoy puedo decir que me costó decidirme a hacer este viaje. No quería defraudar a Eliana, pero en Chile le habían cortado las alas. Tomamos la decisión de viajar con nuestro hijo menor, Juan Francisco, interrumpiendo sus estudios secundarios. El mayor, Alejandro, hacía clases de matemáticas en el Congo.

Al llegar a Pekín fuimos recibidos por amigos chilenos, Yerko Moretic y Virginia Vidal, Joaquín Gutiérrez, Gregorio Goldenberg, además de los funcionarios chinos del centro de publicaciones extranjeras. Rápidamente nos embarcaron en un automóvil hacia el hotel Yoiping-Wan, donde nos esperaba el personal que trabajaría con nosotros. Nos dieron muy buenas habitaciones, el hijo en un departamento separado.

Casi de inmediato establecimos una estrecha relación de amistad con dos familias chilenas, la compuesta por Yerko Moretic, Virginia Vidal y sus hijos, y la de David Borizón y su esposa Graciela Uribe. Al término de la jornada de trabajo no podía faltar la tacita de café en cualquiera de los tres departamentos que ocupábamos. Gozábamos de las alegrías, los pesares los echábamos a la espalda, discutíamos y analizábamos las diversas situaciones que se nos presentaban. Eran años de mucha confusión. Ahora también existe y tal vez sea aún mayor.

En Pekín se estrechó nuestra amistad con el actor Rubén Sotoconil, uno de los fundadores del teatro experimental. En las tardes hacíamos caminatas por una avenida cercana al

Hotel de la Amistad. Nuestros paseos llevaban siempre un objetivo, que no tenía nada de claro o concreto. Se trataba de salir del ambiente del hotel que a veces se hacía tedioso y otras veces, odioso. Allí se comentaba todo lo que pasaba y lo que no pasaba. Las murmuraciones a veces eran graciosas, otras veces, equívocas o penosas. Cómo aquilatar afectos, sentimientos, contrariedades o problemas de familia en una situación tan extraña... Para algunos el Hotel de la Amistad era un gueto, porque vivíamos separados del pueblo, con comodidades que la generalidad de los chinos desconocía, porque carecíamos de información tanto interna como extranjera. Por lo general, nuestras caminatas nos llevaban a hacer recuerdos del Chile que uno acostumbra llevar dentro, a veces sincero, a veces una acomodación al que creemos que es. No se trata en estas páginas de hacer un examen radiográfico ni menos sociológico. Mi vida en Pekín me hizo intuir, salvando las diferencias, lo que habrá sido años más tarde el exilio, experiencia que sólo viví un breve tiempo cuando estuve en Buenos Aires.

Un buen día, Rubén nos invitó con un objetivo «de verdad». Quería tomar unas vistas cinematográficas del parque Peihai, que estaba totalmente helado y en cuyo lago la juventud patinaba gozosamente. Salimos del hotel muy formales, acompañando al cineasta. Nuestro Rubén traía un cartel de buen tamaño en el que había pintado un gran ojo. Lo colocó en un lugar adecuado. Su proyecto era filmar un cuento que iba a llamar *El ojo del mandarín* y que él mismo narraría. No llegó muy lejos. Los camaradas chinos no supieron o no quisieron apreciar nuestro juego y lo interrumpieron bruscamente. Así se frustró la posibilidad de una obra maestra del cine nacional en el extranjero.

Un día nos sorprendimos al encontrarnos con varios hombres aislados que hacían ciertos movimientos que nos parecieron muy extraños. Después supimos que aquello era el tai chi que cultivaban todos los chinos en sus momentos de holganza. Los vimos practicarlo en la terraza de la oficina donde trabajábamos. A veces nos parecía un juego con arte y magia.

Nuestro trabajo no se inició de inmediato. Los directores de la revista nos tenían preparado un viaje a las ciudades de Hang-chou, Cantón y Shanghai. Nos acompañaron dos intérpretes, uno chino-español, el otro chino-inglés.

Hang-chou es una ciudad llena de encanto, cuyo paisaje es de gran belleza. Está emplazada en la ribera norte del estuario del río Chieng-tang al pie de un escenario de colinas llamado El Ojo de las Montañas del Cielo. Las vías de comunicación son una verdadera red de canales y canalizos que, a través del gran canal desembocan en el delta del río Yangtzé. En China nos encontramos a cada rato con la poesía, presente en los nombres de lugares de la naturaleza y obras humanas. Hang-chou, con su multiplicidad de edificios y jardines, monasterios budistas, palacios y lugares de recreación de los emperadores, atrae a una vida retirada y contemplativa. Me pregunto en qué consiste su atractivo, que hace respirar de otro modo el perfume de las flores, la belleza y quietud de jardines y prados donde parece que el día se hubiera detenido.

Eliana solía contarme o leerme trozos o párrafos curiosos o dignos de recordar de las traducciones que hacía. Hang-chou fue conocida como «la ciudad de la seda». Se cuenta que dos monjes, cuyos nombres han sido olvidados, huyeron a Constantinopla, llevando algunos capullos del gusano de seda ocultos en un tallo de bambú, los que entregaron al emperador Justiniano. De allí surgió en el Asia Menor y después en Europa la industria de la seda. Así se extendió el comercio de las telas fabricadas con esta prodigiosa fibra, en desmedro del país originario, cuyo nombre era Seres (del chino *sse*), el País de la Seda.

En Hang-chou encontrábamos a cada paso un nuevo panorama. Para quien no es pintor ni tampoco un modesto fotógrafo, cuesta expresar con palabras lo que en un momento contemplo. Se trata de una carretera por donde camino en medio de un corredor sombrío entretejido por árboles de color esmeralda. La fragancia de la flor del loto inunda el aire. La colina solitaria Ku Shan aún conserva su verdor. En la primavera será sepultada por un mar de cerezos en flor.

Visitamos una industria de la seda, cuyos telares eran pedaleados por decenas de muchachas que manejaban los peines de sus máquinas teniendo enfrente el patrón del dibujo que debían reproducir. Manos muy finas para una tarea delicada. Dentro de la fábrica se escuchaba música constantemente, en especial una canción que también iniciaba cada día la transmisión de la radio oficial, que podíamos escuchar en el hotel. Pronto la identificamos y nos tradujeron en esencia su contenido: «El socialismo es bueno...». Pasado un tiempo se terminaba por ignorarla. Al conversar con los intérpretes sus respuestas sobre la situación del país eran siempre positivas. Y eso lo siento hasta hoy como una verdad. China fue a lo largo de su historia un país acosado no sólo por el hambre sino también por sucesivos imperios, que llevaron a su pueblo infinitas calamidades.

Hang-chou es cuna de importantes literatos, que aparecen en el llamado tiempo de Primavera y Otoño, comienzo del período de los Reinos Combatientes. Los más antiguos poemas que se conocen son las odas, relacionadas siempre con la agricultura. Sus dioses son el sol, las nubes, el agua. Se dice que las trescientas odas del Chi-King son la raíz del árbol de la poesía china. Confucio fue el compilador de esas legendarias odas, escogidas por él entre miles que coleccionaron los maestros de música imperiales. Sus temas son el amor, las penas y las alegrías, los celos entre las concubinas, la rebeldía, los sufrimientos. Escarbando en mercados y negocios de libros viejos encontramos un libro maravilloso: *The Four Books – The Chinese Classics*, editado en inglés en Hong Kong, en 1898. No puedo dejar de copiar unas enseñanzas del capítulo IV de Confucio:

El Maestro dijo:

1. A los quince tenía mi cabeza dispuesta al aprendizaje.
2. A los treinta me mantuve firme.
3. A los cuarenta nunca dudé.
4. A los cincuenta conocí las ordenanzas del cielo.
5. A los sesenta, mi oído fue obediente para recibir la verdad.
6. A los setenta pude seguir lo que mi corazón deseaba sin transgredir lo que era correcto.

Desafortunadamente, no había «a los ochenta». Por eso me siguen gustando la quinta y la sexta de estas máximas.

Mis dos años de vida en China los pasé prácticamente en la capital, Pekín, hoy Beijing. Es un nombre que me cuesta pronunciar. Por eso, para mis recuerdos conservaré siempre su antiguo nombre.

Sufrí una gran emoción al ver por primera vez enjambres de hombres y mujeres en bicicleta y los famosos *rickshaws*, cochecitos de dos ruedas tirados por seres humanos, desplazándose por la avenida Wang-Fu-Ching, a lo largo de sus numerosos mercados. En mis dos viajes posteriores, esa avenida fue mi lugar de referencia, porque en ella siempre se podía encontrar un taxi sin problemas. Además, quedaba a un costado de la Ciudad Imperial y muy cerca estaba el Hotel para Chinos de Ultramar y el famoso Hotel de la Paz donde los extranjeros acostumbrábamos ir a tomar café, por lo general, los sábados por la tarde.

Pekín se levanta a la entrada de un terraplén, que se abre hacia una gran llanura hacia el sur y hacia el este. Las famosas murallas que resguardaban en un tiempo la Ciudad Imperial y, dentro de ésta, la Ciudad Prohibida, hoy no existen. Dentro de ellas están los museos y los monumentos más representativos de su historia.

El clima es riguroso, fríos polares en el invierno, calores de horno en el verano. Un día, a las cuatro de la tarde, el cielo se oscureció en un instante hacia el suroeste de Pekín y se desató el monzón. El calor húmedo de 38 grados nos había hecho abrir las ventanas. De pronto, nos asaltó el viento al ritmo de una sonajera de vidrios rotos y golpazos. Las ventanas de las oficinas se golpeaban abriéndose y cerrándose. Ajenos, al comienzo, a aquella violencia, los extranjeros que trabajábamos en la revista tratábamos de evitar el desparramo de nuestros papeles de trabajo sin atinar a nada. De pronto aparecieron como un relámpago dos o tres muchachitas que de un brinco estaban sobre los escritorios y apernaban puertas y ventanas con una destreza inimaginable, tal como se maniobra en la cubierta de un barco en tempestad. Desde nuestro cuarto piso, detrás de gruesos muros de ladrillo, contemplamos el paso del vendaval. El ramaje de un sauce se sacudía abajo, a la entrada del edificio, como una cabellera loca. De pronto el tronco se quebró quedando al desnudo con el desgarrón su pulpa blanca. El aguacero azotaba con violencia toda la zona. Sentimos peñascazos contra los vidrios de las ventanas, con la amenaza de quebrarlos. A pesar de la temperatura sofocante, eran granizos, más grandes que las bolitas con que juegan los niños. Horas después, la furia amainó y nos dirigimos a casa. La hermosa avenida era irreconocible. Numerosos árboles estaban descuajados de raíz, las plantas estropeadas por el viento, calles y avenidas convertidas en cauces de aguas oscuras y correntosas.

A la mañana siguiente, todo estaba normal y en calma. Los árboles habían sido repuestos en los mismos lugares que ocupaban y sus troncos, apuntalados con lianas, daban la impresión de piernas vendadas. La languidez de sus hojas ponía una triste nota de convalecencia.

El período que pasamos en China coincidió con el desarrollo de las divergencias ideológicas con la Unión Soviética. Aquí diré algo de mis escasos pensamientos sobre este asunto que tanto conmovía e interesaba al mundo al comenzar los años sesenta y que hoy parece algo remoto, arrastrado por el torrente de la historia, siempre imprevisible. Siempre recuerdo un proverbio chino: «Lo que oigo lo olvido, lo que veo lo recuerdo, lo que hago lo sé». En medio de las violentas recriminaciones entre dos poderosos estados socialistas, uno cuyos habitantes representan un cuarto de la población mundial, otro el más extenso de la tierra, este pequeño escritor latinoamericano se preguntaba: ¿cómo es posible que no se puedan entender? En medio de los insultos y las bravatas de ambos lados, me he sentido menos que una gota de agua en la inmensidad oceánica. Al finalizar el siglo, nada de eso tiene sentido.

Un día, a fines del verano, un autobús nos recogió cerca del Hotel de la Paz, donde se había congregado un número suficiente de personas para llevarnos a la colina Tan Che Sze, palabras que designan el Templo del Pozo y el Roble, a unas dos horas de viaje. Cruzamos primero la parte llana, con sus típicas aldeas de casas de adobe, otras de ladrillo y numerosas poblaciones con grandes edificios colectivos modernos. Dejamos atrás una fundición de acero, junto a la cual se alinean camiones y tractores ociosos, porque es domingo. Mucha gente pulula por calles y senderos.

Construido el templo en la dinastía Tsin, siglo II después de Cristo, sus edificios con techos de tejas vidriadas verdes y amarillas están distribuidos en los faldeos del cerro, entre un follaje que muestra leves ocres otoñales. Las acuchilladas estribaciones montañosas se tornan azules con la lejanía.

La hija de Kublai Kan, de la dinastía Yuang, se hizo sacerdotisa en este templo. En una de las salas se conserva «la piedra de la oración», un trozo de piedra negra pulida y reluciente, desgastada por los pies de los orantes a través de los siglos. En un patio se encuentra un antiquísimo árbol sagrado de la especie llamada ginkgo, originario de China. Se le conoce como «el árbol del emperador». Al lado opuesto, a una buena distancia, hay otro semejante: «la compañera del emperador». Hoy es corriente en todo el mundo el uso de un compuesto extraído del ginkgo, que los médicos recomiendan por sus efectos beneficiosos para la circulación sanguínea y para el cerebro. Hay pinos de gran altura, además del «árbol de la sal», al que se rinde pleitesía por su antigüedad. También encontramos el magnolio Yuang, con su tronco de más de cuarenta metros de altura, apreciado por su madera y por sus flores que van del rosa al rojo intenso. Nos dicen que también este árbol es originario de China y que sirvió de alimentación a los dinosaurios. Ellos desaparecieron pero los magnolios sobreviven hoy en todo el mundo.

La vertiente que brota de un dragón vidriado, incrustado en un muro, entrega un agua que se desliza hasta una glorieta en cuyo piso de mármol está grabada en relieve la figura de otro dragón. El líquido serpentea por sus sinuosidades, lo que logra una especie de resurrección de la bestia mitológica, para los chinos símbolo de la longevidad. En diversas salas, varias de forma circular, están los budas. Éstos no son gordos ni sonrientes, son esbeltos y emergen desde una corola de loto, tocados con gorros azules. En este templo, como en otros que visitamos más tarde, las figuras masculinas de Buda visten trajes femeninos. Se supone que el carácter masculino denota fuerza, seguridad, gran determinación y ambición. Los caracteres femeninos, en cambio, se gobiernan por las emociones, son de mayor simpatía, clemencia y caridad. Al vestir ropaje femenino, el buda masculino combina las grandes cualidades de ambos sexos. Nos sorprendió el gran pez de piedra azul, que al tocarlo suena como una campana y que mejora diversas dolencias cuando se le toca de una manera sabia. En un altar con galerías, vimos desfilar a los monjes, llevando candelabros en la cabeza, para que les practicaran la tonsura. La atmósfera religiosa era más sencilla y con menor boato que la de los templos católicos. Se sentía allí una adaptación de las cosas naturales a la búsqueda de la divinidad.

A mediados de octubre de 1981 recibí una sorpresiva y cordial invitación para asistir al Tercer Encuentro Iberoamericano de Cultura, que se realizaba una parte en Guayaquil y otra parte en Quito, tal vez como tregua en la rivalidad que existe entre ambas ciudades, el puerto y la capital, símbolos de los dos escalones del país, la costa y la sierra. Ecuador abría sus puertas como un desafío a las dictaduras que gobernaban y siguen gobernando por décadas a la mayoría de nuestros pueblos del continente. Muchos de los asistentes, escritores y músicos, vivían en el exilio, desparramados por el mundo. Tuve gratísimos encuentros con amigos muy queridos, participé en reuniones y debates, pero para mí, en el fondo del fondo, el objetivo principal del viaje era mi encuentro personal con las islas Galápagos, ambición que mantenía escondida, como me he quedado hasta hoy con la de conocer la isla de Pascua.

El 11 de noviembre me embarqué en Guayaquil en la motonave *Bucanero*, comandada por el capitán Jorge Game Castro, ex capitán de fragata ecuatoriano, que hizo el curso de Estado Mayor en la Armada de Chile. Mi principal compañero de viaje era un antiguo segundo tomo empastado en verde, con letras doradas que dicen: Darwin. En su portadilla hay una dedicatoria de mi buen amigo Tomás Lago: «He acompañado a Pancho durante cuarenta años de travesías y travesuras». Me han dicho que es la primera traducción al español de *El viaje de un naturalista alrededor del mundo*, hecha por Constantino Piquer para la editorial Prometeo de Valencia, España. He llevado este libro como un derrotero en mis viajes, desde la Antártica hasta las islas Galápagos, junto a *Los aventureros del mar* de Emilio Salgari. A veces comparo su imaginación con la ciencia del joven sabio. El veronés fue periodista como yo, estudió náutica, viajó, se dedicó a la literatura con gran éxito. Pero tuvo un triste fin: se suicidó en 1911. Darwin fue desde su infancia coleccionista de minerales y escarabajos, amante de las flores. Llevé ambos libros en este viaje porque han sido, son y seguirán siendo mis compañeros.

Navegando hacia el archipiélago de Colón, más conocido como Galápagos, siento una especie de resurrección de la voz de mi padre, como si me dijera una vez más: «Volvamos al mar». Es viernes, 23 de noviembre. A las once de la mañana, el intenso y bello azul del cielo cambió a un gris claro. Mar y

cielo son dos espejos en la inmensidad del Pacífico. La motonave es una ballena cerúlea que hubiera levantado sus marfile-
ñas barbas hasta lo alto del mástil trinquete. El *Bucanero* es una
partícula en este mágico universo de alta mar. Lleva en sus entrañas cuarenta y cinco tripulantes y ochenta y cuatro pasajeros de diversas nacionalidades. Soy el número ochenta y cinco
porque no tengo cupo en la nave. Al final me colocan en la
cabina cero, en el entrepuente, cerca de la sala de máquinas.
Los pasajes se reservan con mucha anticipación, lo que yo ignoraba. Sentí un gran gozo al quedar entre el cero del *Bucane-*
ro y el cero del paralelo ecuatorial del globo terráqueo.

Dos o tres veces tuvimos que pasar del hemisferio sur al
norte y viceversa, contemplando las Tres Marías de Orión y,
a veces, los resplandores nebulosos de Andrómeda y las Nubes de Magallanes, que columpian el misterio del infinito
sobre las islas del «misterio de los misterios», como dijo Darwin. El 15 de septiembre de 1835, el naturalista escribió sobre ellas: «Es más bien un satélite de América, un pequeño
mundo aparte, de donde ha tomado sólo algunos habitantes.
Se asombra uno más del número de seres aborígenes que alimentan estas islas si se considera su pequeña extensión y se
inclina uno a creer, viendo coronada cada colina por su crá-
ter y perfectamente distintos los límites de cada colada de
lava, que en una época geológicamente reciente el océano se
extendía allí donde se encuentran hoy. Así pues, nos encontramos frente a frente con ese gran hecho, el misterio de los
misterios, la aparición de nuevos seres sobre la Tierra».

El maracuyá es una enredadera que da un fruto semejante a una mandarina, con un sabor distinto, perfectamente
redondo como un sol ecuatorial. Su jugo fue nuestra bebida
favorita a bordo y siempre, si podíamos, le agregábamos un
poco de malicia, de ese ron que guardan los bucaneros, que
una noche, confieso, pasé de contrabando para tres amigos
marineros. No fue culpa del ron con maracuyá, sino de los
espejos del cielo y el mar que de pronto se ensombrecieron
intercambiando garúas. Cerrazón de neblina a proa, gotas de

lluvia, súbito cambio del tiempo. El *Bucanero* no se inmuta, sigue su marcha. Con su proa azul y blanca cual trompa de ballena, hiende ahora entre vaivenes la espesa niebla.

Recordé entonces aquel tiempo en que anduve en el *Indus 11* balleneando en la corriente de Humboldt frente a Valparaíso, donde su anchura es de doscientas cincuenta millas, según mi coterráneo el capitán Humberto Olavarría, quien me agregó: «Donde el mar pierde su color verde botella se termina la corriente».

La primera isla que tocó el *Bucanero* fue La Española, conocida porque los corsarios se quedaban en ella para almacenar mástiles, velas, barriles y otros elementos. Se asegura que no levantaron casas. Es muy probable. Lo más seguro es que durmieran a bordo de sus naves cuando tenían que pernoctar en la isla. Es la que está más al sur del grupo de las islas principales. En un área de cuarenta y siete kilómetros cuadrados, encontré hermosas colonias de focas y albatros. Estos últimos se alimentan de calamares de alta mar. Tienen una gran capacidad de vuelo prolongado a grandes alturas. Llegan hasta aquí desde las costas ecuatorianas y peruanas, también desde las chilenas. A la isla sólo vienen a poner sus huevos y a guiar a su descendencia en sus primeros pasos o aleteos. Los polluelos son alimentados algunos meses por sus padres, hasta que pueden volar.

Pero no he venido a Las Encantadas, nombre más exacto que el de Galápagos, como geólogo, que no lo soy, ni como estudioso, que lo soy a medias y sin método. Me encandilan las puestas de sol, toda la fauna me atrae. Las horas que pasé en La Española fueron para mí de goce espiritual, dedicado a contemplar los pájaros que volaban sobre nuestras cabezas, con los pies metidos entre manglares que veía por primera vez, y a observar animalejos que saltan y corretean y sobreviven a pesar de la destrucción que traen los humanos.

La segunda escala que nos anuncian es la isla Floreana. Converso con Chela Vásquez, bióloga, graduada en la Universidad de Quito, que sabe mucho de este archipiélago de

Colón, su nombre oficial desde que Ecuador formalizó su ocupación en 1832. Chela, de rostro oliváceo, tiene unos ojos con transparencias submarinas, que me recuerdan a la iguana. Le pregunto sobre esa especie de cortina que pende bajo el ojo de la iguana. Me responde que es una membrana protectora de la retina y que se sigue estudiando.

Debí haber comenzado estas hojas con una breve historia de estos territorios insulares, tan estudiados por los sabios, declarados Patrimonio de la Humanidad por la UNESCO para protegerlos de depredaciones. Sin embargo, están escritas en estilo galapaguense y el lector me perdone por no contar todo lo que vi en cinco días por este mundo de prodigios, cuyas asperezas se deben a las frecuentes erupciones volcánicas. Volcanes que a veces despiertan para arrojar este terreno sobre el cual nos desplazamos, surgido entre las aguas del océano. La múltiple e increíble vida animal nos nubla el pensamiento, sobre todo al ver las gigantescas tortugas galápagos que, según se calcula, viven más que cualquier otro ser viviente en la tierra. Por aquí pasó hacia 1540 o 1550 Tomás de Berlanga, quien no les dio nombre, pero en carta al rey de España le habló de estas tierras extrañas donde habitan monstruos, como tortugas gigantes...

En Punta Cormorán hice lo que siempre hago al ver el mar: me coloco un calzón de baño y me lanzo al oleaje, donde me sumerjo, hundo la cabeza y luego emerjo como un pez o un pájaro cualquiera. Empero, este mar del trópico me fue extraño siempre, sus aguas calientes y espesas no simpatizan con mi cuerpo. De pronto vi una inmensa raya que parecía venir persiguiéndome. Cogí un tablón que por allí encontré y quise golpearla. La bióloga, con razón, me reprendió por «la barbaridad que pensaba cometer». Guardé silencio y caminé luego hasta el correo, Post Office, que estaba cerca, pensando que podría enviar un mensaje y partir. ¿Hacia dónde? En ese momento no lo sabía y el amargor que me dejó el desencuentro con Chela pasó pronto. Recordé las leyendas sobre este Post Office y otros que se fueron creando con los años. Sobre este correo de Floreana existen varias versiones. Se dice que lo habrían dejado piratas de los años 1600, como seña de que por allí pasaron. Un barril servía para la recepción de mensajes. El poste que sostiene el correo sirve también de límite entre la región seca y la húmeda. La vegetación abundante y tupida deja crecer limoneros y guayabos, cuyas semillas llegaron a Floreana en las deyecciones del ganado de otra isla.

En los primeros tiempos fue lugar de deportación para criminales. Su población de «bandidos» estaba a cargo de un coronel Williams, quien tuvo la inteligencia de iniciar la explotación y de llevar caballos, asnos y ganado vacuno. No podía faltar entremedio algún chileno que, junto a su numerosa familia, armara una casita de cañas cerca de la playa, donde se abastecían principalmente de palomas, tan mansas que se cogen con las manos.

Al dejar la isla Floreana, con su selva a veces tan tupida que obliga a levantar la vista para ver una franja azul de luz que deja el sol, tenemos la sensación de que Las Encantadas nos pertenecen, son el patrimonio de todos los que amamos la naturaleza y sus creaciones. Siempre quise narrar este viaje en un pequeño libro. Sin embargo, lo fui postergando y postergando. Al final sólo han quedado estos recuerdos, deshilachados pero aún vivos, que inserto aquí, sin haber pagado mi deuda.

23 de septiembre de 1983: Delhi. Hemos venido otra vez a la India invitados por nuestro hijo Juan Francisco, entonces funcionario internacional. También aquí las noticias de Chile me golpean por su dramatismo y por la impotencia de no poder hacer otra cosa que escribir algunos artículos que tengan cabida en un medio de prensa, en algún lugar del mundo. Aunque aquí es difícil tener noticias de nuestro país, encuentro en todas partes una gran simpatía por la lucha de nuestro pueblo y respeto por el presidente Allende. Un día, mientras esperábamos para tomar pasajes a Calcuta, un calcutano encontrado al azar nos interrogó amablemente sobre Chile, cuando mostramos nuestros pasaportes. Las formalidades fueron rápidas. Salimos del recinto y caminamos en su compañía. Eliana servía de intérprete. Nos dice su apellido, Saroyini. No alcancé a captar su nombre de pila. Nos cuenta que es profesor de literatura en la universidad. Conoce la obra de Pablo Neruda, autor que pasa en su cátedra. Nos quedamos sorprendidos. Le cuento que he sido amigo de Pablo y que me sentí muy honrado cuando la editorial Andrés Bello de Santiago me encargó hacer una selección de su poesía. Ahora el sorprendido es él. Me dice: «Usted debe conocer muy bien la obra del señor Neruda para emprender ese delicado trabajo». Enmudecí ante sus palabras. El profesor Saroyini nos preguntó sobre el acontecer chileno y manifestó su solidaridad con nuestro pueblo y con la intelectualidad chilena castigada.

En casa, a través del espejo que nos recibe a la entrada, veo reflejado el recuerdo del día de la muerte de Pablo. Una carta familiar recién llegada nos habla de una manifestación frente al Palacio de Bellas Artes, en la que mujeres llevaban grandes lienzos con consignas: «¡Ni un muerto más! ¡Democracia ahora!».

Me voy a la terraza, donde respiro a todo pulmón y doy gracias a esta India, madre de pueblos, idiomas y religiones, riquezas y miserias, que a ratos me hace olvidar nuestras desgracias. Miro el cielo despejado. La temperatura será hoy sólo de treinta y siete grados. Los mosquitos rondan mis piernas, escucho al pájaro burlón, mientras las catitas salen por miles con loca algarabía desde el cercano parque Lodi hacia otros horizontes de la ciudad. Al atardecer regresan a su dormitorio en el parque. Un sabio griego descubrió un ave vistosa, allá por el siglo IV antes de Cristo, que se expresaba en uno de los idiomas de la India. Parecería que en ese idioma extraño una de ellas da la voz de alto porque de inmediato se produce un silencio sepulcral.

Pasamos al comedor donde nuestro gran cocinero Saavhari nos presenta una fuente con pescado, con muchas espinas, acompañado de esas salsas que sólo él sabe hacer y de arroz blanco con camarones a su alrededor.

Al anochecer siempre me gusta mirar el firmamento, las estrellas. Es una noche calurosa. Entra mi hijo de regreso de su trabajo. Viste una polera color de greda ecuatoriana, que le he traído desde los Galápagos. Comienza a puntear en la guitarra algunas melodías para acompañar la vejez de sus padres. Los recuerdos del viaje pasan como el son del viento en los cordajes del instrumento. A media voz entona «Gracias a la vida». Es el final de un día en el que otra vez estuvieron ausentes mis constelaciones australes.

Al día siguiente repentinamente veo sobre las baldosas de la terraza una mancha invasora de insectos voladores. Forman una verdadera masa comprimida como un inmenso óvalo amenazante que avanza suavemente hacia nosotros, como un fantasma, con infinidad de ojillos y aguijones, emitiendo un zumbido profundo. Mi mujer grita a Saavhari, quien se apresura a cerrar todas las ventanas y rejillas y nos pide calma. Es un enjambre de abejas que ha salido de algún lugar cercano y, al parecer, está extraviado, advierte en tono tranquilo. Dice que se marcharán pronto y que las veremos pasar sin que ni una sola se aparte de su enorme colonia. Acudo a la enciclopedia para saber algo respecto a la miel, pero no es allí donde aprendo que, para llegar a producir cien gramos de miel a partir del néctar, una abeja vuela una distancia equivalente a la vuelta al mundo por el ecuador. Media hora después el enjambre emprende el vuelo. Lo seguimos con la vista hasta que desaparece. Todavía un instante persiste como un recuerdo el sonido de sus roncos motores.

Partimos hacia la vieja ciudad, ligeros de ropa, porque hemos escuchado en la radio que la temperatura subirá hasta los cuarenta y cinco grados. Partimos de Jor Bagh 44 en un triciclo, por la avenida Cornwallis. Por ese camino llegamos a la puerta de la India y luego estamos en Connaught Circus, el gran centro comercial, concurrido y selecto de Nueva Delhi. Es un gran círculo, anillado de portales blancos que continúan en sus transportales. Su suceden las tiendas lujosas, que exhiben marfiles, joyas, saris y cachemiras bordadas a mano. Del círculo emergen nueve calles o caminos principales que se adelgazan por momentos en callejuelas, donde se encuentran talleres para todo. Los artesanos exhiben su instrumental, extendido sobre cartones. Eliana entra a preguntar en un taller donde se enmarcan pinturas. Me quedo fuera como un pavo real, con más ojos en el cielo que en la tierra, porque ha irrumpido la proa del verano y el termómetro se dispara sobre los treintaitantos grados de calor a la sombra.

Olvidé el calor de súbito al ver dos hombres que aparecen de pronto como llamaradas ante el edificio blanco de la Life Insurance Corporation of India. Un melenudo joven delante y otro con imponente turbante negro detrás. Atraviesan frente a otros hombres y se traban en lucha en plena calle. La gente se acerca y forma un círculo cerrado. Me acerco y veo al joven en el suelo. El hombre del turbante negro lo abofetea sin piedad con la mano derecha y al mismo tiempo lo va a estrangular con la izquierda, aferrada a su cuello. El turbante cual negra serpiente se ha desenrollado entre ambos. Indios de todas las vestimentas contemplan impávidos la lucha. Yo soy el único extranjero que con shorts color caqui y camisa azul presencia la reyerta. En mi juventud me habría arriesgado a separarlos. Más de una vez lo hice. Unas veces me fue humanamente bien y otras bestialmente mal.

Se levanta el joven y reluce una daga con mango de bronce. El hombre del turbante negro retrocede con prudencia, pero las volutas del turbante lo siguen y su cola serpentina se enreda en los pies del hombre armado. El ruedo de curiosos se vuelve expectante. Yo miro a la tienda donde se enmarcan obras de arte y pienso en mi mujer, que es frágil y temerosa en estos avatares, pero no en otros. El mayor usa el turbante a manera de poncho, envolviéndose el brazo izquierdo, como los chilenos cuando se traban en pelea a cuchillo. El más joven, desmelenado, abre a la marinera la cuchilla, sobre la palma de la mano, para lanzarla a modo de boomerang. No a la manera del santiaguino, en el barrio de la estación Yungay. Aquí también la estación del ferrocarril está cerca. No hay ningún hombre que se atreva a intervenir para separarlos. La mayoría son mercaderes que cumplen con la norma del refrán: «El que tiene tienda que la atienda».

Aquí, en esta ventana del Asia, me han dicho que jamás hay que pelear con un sable derecho contra otro que sea curvo. Lo tendré muy en cuenta. Parece que el rectilíneo no se compadece con el chueco, o viceversa. Este turbante simboliza la muerte desprendiéndose cual serpiente de la cabeza de un hombre, contra una garra de tigre engastada en la Edad del Bronce. Una mariposa negra vuela desde el pavimento a la pequeña luz de mi conciencia. Dos policías con sus uniformes ocres y sus jinetas irrumpen con sus bastones. Reducen a los dos hombres y se los llevan con las manos atadas. Aparecen otros tres policías. Un furgón verde oscuro se lleva a la serpiente negra del turbante seguida por su dueño. Busco a Eliana, que levanta una mano desde la esquina. El enmarcador de cuadros también ha salido a mirar la pelea. Nos juntamos. Descansamos un rato. Uno no sabe cuál es la causa del cansancio, si los treinta y cinco grados a la sombra o la sombra de la muerte.

Salimos de Connaught Circus por Outab Marg y ya estamos en la Vieja Delhi. Si caminamos por el centro-centro de Santiago estamos viendo parte de esta ciudad lejana, por las ventas callejeras de calzones, sostenes, medias, blue jeans y todo tipo de bagatelas, que se venden por pieza. En Santiago, por cierto, sin los misterios de sus estrechos pasillos, el colorido pintoresco de la variedad de mercancías que se ofrece en todos los idiomas, las hermosas hadas indias con sus saris, lunares rojos en la frente y su joyería tintineante, que nos recuerda a las gitanas, todo ello envuelto en nubes de incienso y de perfumes.

Eliana por un lado y yo a alguna distancia, sin descuidarnos el uno del otro, esquivamos el paso de las vacas y otros animales que circulan tranquilamente por las calles. Avanza la hora y el calor empieza a sentirse con braveza, como una espada que cae en vertical. Repican las campanas de un templo y la perrería levanta sus oraciones con ladridos destemplados. El sol, tranquilo como una luna llena, asoma tras un ramaje y un techo. Pasa un halcón en lento vuelo. Un buitre de cabeza pelada sobrevuela pesadamente los alrededores. Luego el sol se despoja de su vestido rojo y adquiere un color diamantino. Cruzamos la calle y nos vamos a beber un vaso de jugo de caña. Las largas ramas se exprimen a la vista de todos con una herramienta primitiva. Es agradable, su color imita a la horchata, pero está tibio, casi caliente: no hay hielo que dure con este calor.

De pronto un llamado en castellano: «¡Pancho, Eliana!». Es un viejo amigo chileno, el doctor Gonzalo Donoso, médico experto en nutrición que ha asesorado a los gobiernos de varios países de Asia y África. Nuestra amistad se remonta a los años cincuenta, a los tiempos en que yo trabajé en el Servicio de Salud, en un taller de imprenta. Conocí entonces no sólo a Gonzalo y a su hija periodista, Claudia, sino también a su padre, el doctor José Donoso. Fue él quien me llevó algunos cuentos de su hijo José y manifestó su sorpresa cuando le dije que eran excelentes.

Inmediatamente, nuestro amigo y desde ese momento guía, me hizo comer unos sándwiches que en la India llaman *pan*. Los llamó así, porque consistían en una hoja de betel doblada en cuatro, rellena con trocitos de maní, almendras y granos de arroz, revestidos con esencias multicolores. No me desagradó. Caminamos hacia el Fuerte Rojo, con sus altos y gruesos murallones enmarcados en un área extensa de bosques, prados y jardines. Al frente tenemos una piedra con una inscripción bilingüe, hindi-inglés: «Diwam-i-am». Está junto al salón de audiencias públicas que usaban los emperadores mongoles para celebrar los *darbar*, reuniones o funciones estatales. Más adelante, en la India, logré vislumbrar algo más sobre los mongoles, sembradores de maravillas que encontré en mis andanzas. La casa donde vivía, en Delhi, estaba enfrente del parque Lodi, donde iba a caminar entre las tumbas de los sultanes mongoles, descendientes de los Kan. Se sabe de la ferocidad de estos gobernantes, lo que no excluye su refinamiento. Ellos llevaron a la India las literaturas persa y arábiga e introdujeron nuevos estilos en la arquitectura, siguiendo como modelos las construcciones de Damasco y otras ciudades árabes.

El imperio mongol se mantuvo sólidamente en toda la parte norte de la India hasta 1605, año en que muere el príncipe Akbar. Tras sus huellas partimos un día a Agra, en las márgenes del río Jamuna o Brahmaputra, que significa «hijo de Brahma». La fecundidad de las tierras de Assam y de Bengala oriental se debe a este río que desciende con violencia de los Himalayas para ir a purificarse en las sagradas del Ganges.

Akbar fue uno de los más interesantes monarcas mongoles. Se nos cuenta que fue un hombre de mucha sabiduría, tal vez producto de su ascendencia mixta, turca, mongola e irania, naciones de donde procedían las elites políticas del norte de la India. En aquel período del medievo lleno de turbulencias, sus armas principales, que le ganaron la lealtad de las poblaciones no musulmanas del reino, fueron sus medidas prudentes y conciliatorias sobre impuestos y división administrativa. Para sus críticos, sus reformas no aliviaron e incluso agravaron el empobrecimiento del campesino, en contraste con el desarrollo que tuvieron todas las artes, en particular la arquitectura. Eso es lo que se encuentra en la ciudad de Agra, así como el esplendor de la rica gama de verdes de los cultivos, los que se opacan gradualmente con la temprana caída del sol, a eso de las siete de la tarde, a pesar de ser verano.

Lo primero que encontramos, al bajar del bus, fue el fuerte de Agra, una obra típicamente mongola, enriquecida por el encaje de las decoraciones de los artífices indios. En los libros que hurgamos se da gran importancia a los ocho largos años que demoró la construcción y a las grandes sumas invertidas en las obras. Ni una palabra sobre la dureza y el rigor a que estuvieron sometidos los hacedores de la belleza, hombres, mujeres y niños, reclutados por miles. Frente a nuestra casa, en Delhi, vimos un día la combinación de las manos del hombre y la mujer en una construcción de ladrillo. Recordaba el lanzamiento de sandías y melones, que tantas veces vimos en Chile, desde el camión donde están, un hombre arriba, lanzando, y otro abajo, recibiendo la pesada fruta. Acá, la mujer tomaba un ladrillo y lo disparaba a su compañero. Éste lo recibía y lo iba colocando en un canasto que subía por medio de una roldana. Durante mi observación no pude apreciar qué trabajo era el más adecuado para él o para ella, pero ambos sudaban en abundancia. Así imaginé la construcción del fuerte de Agra con miles de brazos. El fuerte está rodeado por una doble muralla de piedra arenisca color laca. En su interior están los palacios, con sus torres recargadas de incrustaciones de mármol. Me gustó la estatua del caballo que fuera montado por el tesorero del palacio, Amar Singh. Montado en él, Singh saltó la alta muralla y se batió con un Maharajá de la corte. El animal murió y hoy es el símbolo de aquellas batallas palaciegas.

Después de la traducción de mi libro de cuentos *Tierra del Fuego*, editada por Phebus, de Jean-Pierre Sicre, en París, 1994, los franceses abundaron en comentarios críticos que a veces me produjeron tal perplejidad que incluso llegué a ponerme en duda yo mismo frente a la obra realizada. Sinceramente creo que los franceses valoraron esos cuentos porque comprendieron el realismo y la dramaticidad de esos sucesos y lugares que el autor parecía haber vivido. Con mi editor Jean-Pierre y mi traductor François Gaudry se produjo una verdadera amistad y un compromiso tácito, ya que hasta hoy han traducido prácticamente toda mi pequeña obra. Debido a la divulgación de aquel libro, mi editor y Michel Le Bris, director del festival de Étonnants Voyageurs, que se lleva a cabo en Saint-Malo, me invitaron a participar en él en 1995 y luego una y otra vez.

Saint-Malo es la capital de la literatura aventurera. Además se han formado allí una cofradía de Cape Horners, o Cabo Horneros, y otra de Vigías Legendarios en memoria de Julio Verne. Michel Le Bris es el creador del festival, que se inició en 1990, en recuerdo de Jacques Cartier, Chateaubriand, los amantes de Baudelaire, los pequeños hijos de Stevenson y Conrad, y también Melville. Trabajador infatigable de poco más de cincuenta años, militante maoísta, no se dice hasta cuándo, descubridor de libros de viajes, es un conocedor fino de la obra de Robert Louis Stevenson, sobre quien ha escrito valiosos ensayos y además dos libros: *Un invierno en la Bretaña* y *La Bretaña entre vientos*. Le Bris ideó este festival porque se sentía marginado de la estética literaria dominante. Su imaginario responde al universo anglosajón y céltico, al mundo de las navegaciones, los descubrimientos y las aventuras, todo lo cual se consideraba «literatura menor» en París. De esa inquietud nació su preocupación por Stevenson, mal catalogado y publicado en ediciones recortadas, considerado un escritor exclusivamente para niños. (Pienso en mí mismo, que he sido señalado como un escritor para niños, en el sentido de que mi obra sería «literatura menor». No me he rebelado contra esas opiniones. Sigo sintiéndome un buen escritor para niños y jóvenes.)

En torno de esa simbología, el festival adquiere una multiplicidad de atracciones en los tres días que dura. La pequeña gran ciudad está en la boca del río Rance. Sus murallones abruptos, envejecidos por los siglos, encierran una historia de glorias y desastres. En su interior, maravillas de siglos despiertan la curiosidad. La vista no logra apreciar la solidez de la piedra que resguarda su riqueza cultural de castillos, palacios e iglesias. Nos asomamos al Museo de los Marinos, donde hay restos de buques, de diversas embarcaciones y cordaje, velámenes, timones, anclas... cosas que admiro y no me canso de mirar.

Pero para mí, la magia de Saint-Malo está sobre todo en su puerto, con un movimiento de todo tipo de barcos de pesca, además de la belleza de los yates y veleros que inundan la bahía. Todo ello con un clima grato y apenas alguna llovizna. El olor de la marisquería nos envuelve, nos invita e incita a acercarnos a los mercados, que exhiben sus exquisiteces desplegadas sobre blancos manteles. Las ostras me tientan. Son hermosas, con sus conchas ondeadas de ribete azul verdoso.

El programa del encuentro da para todos los gustos e intereses. Incluye una feria del libro y también un festival de cine, en el que se exhiben documentales de gran calidad que nunca vemos por estos lados. Me fue grato encontrar escritores que no había imaginado conocer. Abrazarme con Bioy Casares, hoy fallecido y en compañía de su amigo de toda la vida, Borges, que partió algunos años antes. Reencontrarme con Ramón Chao, crítico literario y escritor. Sentarme junto a Thor Heyerdhal, a quien conocí en Santiago alrededor de 1947 cuando preparaba su viaje en la famosa Kon-Tiki. Ahora ambos autografiábamos libros en una de las amplias salas. Éramos los más viejos de los participantes y por ello nos convertimos en foco de atracción para la concurrencia, entre la que se contaban Osvaldo Soriano, Paco Taibo, Luis Sepúlveda, Patricio Manns y Volodia Teitelboim. En la cola que organizó mi hijo y asesor Juan Francisco, para la firma de mis libros, una mujer me habla en castellano: «Me llamo Elena Valdivia. Soy porteña, de Valparaíso, y hace treinta años que vivo en Saint-Malo».

Vi un documental sobre la vida de James Joyce, que me dejó un regusto extraño. Después una distinguida fotógrafa me llevó a ver la estatua del conde de Chateaubriand, nacido en Saint-Malo. Su figura se yergue imponente, envuelta en una capa, sobre una mole de granito. Me dejo fotografiar por la bella dama, por un poco o mucho de vanidad. Recuerdo las descripciones de Chateaubriand de su viaje a Estados Unidos, especialmente su acercamiento a los comerciantes en pieles finas y sus contactos con los indios de Norteamérica. Este noble supo apreciar quiénes eran y cómo eran.

Saint-Malo tuvo, como posible fundador, a un monje galés de nombre Maclou o Malo, que llegó a Bretaña allá por el siglo VI. Allí estableció su sede y se cree que puede haber sido el primer obispo de la localidad próxima, Saint-Servant, porque aún no había población en Saint-Malo. De Maclou o Malo habrían salido los primeros navegantes franceses que exploraron el sur de América y reconocieron las islas Malvinas o Malouines. De allí su nombre de *malouiners* o malvineros. En la Patagonia yo había oído hablar de los malvineros, como se llama a la gente de las Malvinas.

Hay un vino español que llaman Sangre de Toro. Se parece a la chicha de *cauchau* que bebemos en Chiloé para las fiestas de la Candelaria, que tiene un gusto lumoso, a pesar de que no está hecho con el fruto de la luma. Este vino se sirve en los bodegones adyacentes a las torerías en botellas cuadradas que semejan pequeños toros negros de un solo cuerno.

Así sucedió con el que tuvo que lidiar el famoso torero Antoñete, hombre de cierta edad «que está muy ancho y a la gente le gustan los toreros como danzarines», según la opinión de Carmen, la madrileña que me acompañó a la corrida en la Plaza de las Ventas de Madrid. En realidad, Antoñete es fornido y en la frente le llamea un mechón blanco que le hace parecer un camahueto, el unicornio mitológico que las emprende contra los cerros en nuestros archipiélagos sureños. En cambio, el toro negro de aquella tarde, procedente de la ganadería de Jiménez Pasquau, tenía un perfil de luna nueva en el ruedo, con tres cuartos de sol y uno de sombra. Sin embargo, vi al torero generoso y humano cuando el animal embanderado y medio borracho por el desangre meneó la cabeza de izquierda a derecha y viceversa, como diciéndole: «No peleemos más, hermano Antoñete», porque creo que hay una triste y subjetiva hermandad entre el toro y el buen torero. Éste apresuró la agonía sin hacer sufrir más a la bestia y puso fin a la desigual lucha de una sola estocada. Me pareció entristecido al final de la faena. Se acercó cansado a la barrera y sus ayudantes le escanciaron agua fresca de un botijo de greda marfileña en las manos. Bebió un sorbo levantando el hermoso jarro y lo escupió sobre la arena sangrienta de sol. Luego se pasó un pañuelo blanco por la sudorosa frente, con gotas que parecían lágrimas. Se ha ganado el pan de la tarde, pensé para mis adentros, volviendo la cara en busca de un poco de sombra.

Antoñete Manzanares y su toro noble y manso me hicieron recordar a don Pío, personaje de una novela de Unamuno, que siempre dejaba el paso a los otros. Cuando, al morir, llegó al cielo, le cerraron la puerta y lo dejaron fuera. En la lid toro y torero quedaron un poco en el limbo.

Al día siguiente, leí en el diario *El País* el comentario crítico de Luis M. Morcillo: «Con el peor lote estuvo Manzanares, en coraje y con arranques de novillero debutante. Algún muletazo le salió con esas finuras levantinas que encandilan a sus partidarios, y lo demás fue aburrida porfía, pierna atrás y puntita de muleta hacia el hocico del toro. Un Julio Robles, inspirado y con ganas de mojar la oreja a sus compañeros, elevó la corrida hasta las más altas cumbres del entusiasmo, para solaz y parabién de un público que había abarrotado la plaza hasta las manillas del reloj». Es un reloj de gran esfera redonda sobre el cual se levanta una veleta en forma de toro negro, cuyos cuernos se dirigen a occidente, mientras que su cola empenachada apunta al Mediterráneo. Concluye el crítico taurino: «Robles: dos orejas y palmas. Quiso Antoñete igualarse en el triunfo y los guiños de la fortuna le enturbiaron la intención. El cuarto toro hizo una espectacular y lastimosa salida a un tiempo, pues a su tranco de toro bravo se unía la triste estampa de un pitón partido por la cepa».

Trato de explicar a mis coterráneos este lenguaje castizo y torero. Escucho una música de armonio funerario cuando trato de recordar los hechos, pero las metáforas saltan como hondazos desde el griterío de la plaza a mis oídos, que aún zumban con el estruendo. El hermoso toro salió por el portón grande y, al ver al capeador ayudante cercano a su escondite detrás de la barrera de tablas, se dirigió hacia él como un rayo, encajando en la madera el cuerno (o pitón) izquierdo, que se quebró de raíz. El hombre desapareció como un ratón tras el tablón astillado. El presidente de la corrida ordenó retirar al lisiado con su cuerno colgante. Ante el animal se abrió un portón en el cual apareció un hombre sencillo, sin traje de luces, que levantó los brazos llamándolo. El toro embistió de nuevo como un rayo negro y se perdió de vista por el callejón. Tras él se cerró la puerta. Por ella salen habitualmente los toros muertos, arrastrados por mulas. Éste, desastado, salió vivo y coleando.

Me sobrevino el recuerdo del gran torero Antonio Bienvenida, al que vi torear hace muchos años en la plaza de Acho, en Lima. Fue herido de una cornada sobre la ceja derecha. Lo retiraron de la plaza a la enfermería y regresó, con la frente vendada, para ensartar por el testuz al toro, que cayó con los belfos sangrientos a sus pies. Entonces, Bienvenida, venezolano y caraqueño, se levantó como una luciérnaga de nuestra América tropical y se sacó la gorra para ofrecer su triunfo a la delirante multitud.

Por primera vez comprendí, entre recuerdos despertados por las vivencias de aquella tarde de toros en Madrid, el eterno ritual de la Humanidad, entre el miedo, el terror y la valentía, para enfrentar a ese sorpresivo toro negro que se llama Muerte. Y me incorporé con mi propia cobardía o valentía, o viceversa, a esa rugiente multitud que estallaba de pronto en silbatinas, gritos y pañuelos verdes, pidiendo al presidente que retirara al toro inválido. Entonces yo grité a un picador cruel que ensartaba al toro desde un caballo acorazado, a prueba de cornadas: «¡Asesino, asesino, asesino!». Mi joven experta Carmen me explicó: «Allá, en el fondo del ruedo está el picador esperando que los toreros le acerquen el toro». Veo que uno va con la capa siguiéndolo, otro a la derecha atrae al toro a la suya, y el tercero, con la capa roja, frente al portón de la muerte, espera el término de la trágica carambola. Tres hombres con los pies en la tierra y otro con los estribos protegidos por capachos de hierro hacen esta bribonada a pleno sol de España. «¿Y qué has hecho tú en tu vida?», me gritoneó Carmen, sospechando mi cobardía ratonil.

He escrito esta crónica como una confesión ante un juez o una jueza invisibles. En la Patagonia, con el chilote Oyarzún y el gringo Ford, sacábamos baguales de la cordillera, uno adelante, otro atrás y el tercero por el costado, hasta la estancia Sara, donde trabajábamos. En las tranqueras los vacunos salvajes se nos retacaban, pero, con el lazo en los cachos, los arrastrábamos apegualados a nuestros magníficos caballos que un tiempo habían sido también chúcaros. Se arrodillaban los toros pero no nos embestían como éste, de «raza civilizada».

En la Patagonia, los dinosaurios levantaron por primera vez sus largos cuellos en la era secundaria. Ramonearon los brotes de magnolios en los siete solevantamientos del fondo marino que escalonaron la primavera de la vida en esta orilla planetaria. No había ritos, ni toreros, ni sacerdotes bajo el sol implacable, que un día se olvidó de empollar sus huevos. Y los grandes reptiles se extinguieron.

Los plesiosaurios y los tiranosaurios poblaron en esos tiempos nuestra isla Quiriquina. En ella hay un museo para comprobarlo, a cargo del sacerdote Olguín. Dientes de cachalote viven masticando pulpos ciclópeos por la corriente de Humboldt desde la Antártica hasta los Galápagos. Sus colmillos son de marfil tan fino como el de los elefantes. Tienen, los cachalotes, el cerebro más pesado y voluminoso del universo, pero no tienen cuernos y, cuando embisten, lo hacen con la cabeza desnuda, esa cabeza que es la tercera parte de su cuerpo. Y cuando se la destrozan, en las factorías balleneras, asoman dos inmensas lágrimas: una de esperma pura y transparente y la otra de ámbar gris, con el color del cielo infinito.

VII. VOLVAMOS AL MAR

En los últimos tiempos me parece escuchar, cada vez con mayor frecuencia, la voz de mi padre pronunciando las últimas palabras que dijo en vida: «Volvamos al mar». Él murió el 11 de agosto de 1919. Se despidió de mí dándome la mano y diciendo esas palabras. Y su mano ya sin fuerza se desprendió de la mía como una cabilla... Yo tenía nueve años de edad.

Del mar proviene toda vida. Lo digo como darwiniano que soy, creyente en la evolución de las especies. A lo largo de mi existencia he sentido siempre su poderoso llamamiento salobre. Tal vez porque yo sentí desde el vientre de mi madre el latido sensual del mar océano y me crié escuchándolo sin cesar debajo de la almohada, en la casa sobre pilotes donde pasé mi primera infancia.

Desde la distancia cósmica los astronautas han visto la tierra de color azul. El mar la tiñe de azul. La belleza del planeta reside en el mar. En el vientre de la madre flotábamos como peces en el mar, en felicidad perfecta. Flotar en el mar, de espaldas, mirando a las nubes y al sol, con los brazos abiertos como Cristo, produce en el organismo una poderosa recarga magnética y biológica, una inyección salobre de energía y de vida. A veces he pensado que esa energía es lo que me mantiene vivo.

Me gusta pasar largas temporadas en nuestra casita de Quintero a orillas del mar. Alrededor de 1957, retirado de la burocracia, decidimos con Eliana vender un terreno de novecientos metros cuadrados que teníamos al pie del cerro Calán. Necios para los negocios, aceptamos la primera oferta, sin tener idea de los precios. Al firmar la venta debíamos mostrar el certificado de pago de las contribuciones, cosa que no sospechábamos. ¡Vaya ignorancia! Cuando mi mujer las pagó, teníamos una deuda que se remontaba a varios años. Lo que recibimos por la venta sólo nos alcanzaba para comprar dos pasajes de autobús a Quintero, donde poseíamos un sitio muy pequeño. Un abogado nos dijo que podíamos recurrir a una acción legal reclamando la reparación de la «lesión enorme» que habíamos sufrido. Optamos por no hacerlo porque el mismo abogado no nos había advertido con anticipación lo que debíamos hacer. Encontramos que su consejo llegaba demasiado tarde.

Con grandes dificultades y desaguisados, porque no era fácil encontrar los maestros, en un puerto donde es mejor trabajar en la pesca o ser buzo. En fin, terminamos de levantar la pequeña casa, cerca de la playa de las Conchitas y comenzamos a disfrutar de ella desde mediados de 1960. Muchos noviembres y diciembres, dieciochos de septiembre –Día Nacional de Chile, que se conmemora con dos días festivos– y en otras oportunidades, me arrancaba de la ciudad «a mi casa», porque es la que he sentido más propia.

Cuando en pleno invierno sale el sol, lo que no es raro en la zona central de Chile, salía a nadar desde la bella caverna que llaman la Cueva del Pirata. Me lanzo al agua fría y reconfortante y nado unos veinticinco metros de pecho. Después de reposar de espaldas, regreso, siempre de espaldas, como los botes, que salen con la quilla hacia abajo. Así es como se debe salir del mar: nadando de espaldas hasta que la ola lo deposita naturalmente en la playa. Espero que la resaca se retire y entonces me levanto como un caballero. En otras ocasiones, con tiempo tormentoso, me asomo a la cueva para sentir cómo el mar brama contra los acantilados y experimentar esa sensación de plenitud que sólo él me entrega.

La Cueva del Pirata se llama así porque el corsario Thomas Cavendish, joven navegante inglés, libró allí en 1586, en las aguas frente a Quintero, un combate contra los españoles. Cavendish había zarpado meses antes desde su isla y había pasado del Atlántico al Pacífico atravesando el estrecho de Magallanes. Rechazado de las costas de Chile, huyó hacia el norte y continuó en sus correrías de corsario frente al Perú.

Entre los escritores del mar admiro a Conrad, cuya vastísima obra conozco en parte. Gozo y sufro al releer en especial dos de sus obras: *Tifón* y *El negro del «Narcissus»*. También el coloso Herman Melville con su colosal ballena blanca. Otros más, como Robert Louis Stevenson, Julio Verne, Malcolm Lowry, Ernest Hemingway. De este último admiro especialmente *El viejo y el mar*, el regreso del pescador trayendo, atado a su bote, el esqueleto del pez-espada gigante al que logró derrotar en un combate homérico y leal y al que devoraron los tiburones.

Alguna vez quise ser capitán de alta mar. Ése es uno de los títulos mayores a que puede aspirar un oficial mercante, como culminación de una carrera de piloto o capitán de cabotaje. Conocí grandes capitanes de alta mar, como aquel capitán Jensen, que pasó casi toda su vida al mando del *Puyehue*, cuyo viejo casco se encontraba hasta hace unos años, tal vez se encuentre todavía, encallado en la isla Tenglo, en la parte que da a la ensenada de Angelmó. En cambio, su puente de mando se encarama sobre el local social del club de yates de Quintero. Así, la realidad de las cosas ha creado un fantasmal *Caleuche* fondeado al mismo tiempo junto a Puerto Montt y en Quintero, donde vivió lord Thomas Cochrane, el marino inglés que peleó por la independencia de Chile.

En ese viejo barco desguazado vivió y murió mi hermano Alberto, al caer al mar entre su casco y el muelle de Iquique. Al pasar por Puerto Montt un día, fuimos a visitarlo con un amigo fotógrafo. Él registró con su cámara una admirable secuencia de sus interiores, que me evocaron «El fantasma del buque de carga», para mí uno de los mejores poemas que escribiera Neruda:

Las aguas exteriores de repente
se oyen pasar, corriendo como un caballo opaco,
con un ruido de pies de caballo en el agua,
rápidas, sumergiéndose otra vez en las aguas.
Nada más hay entonces que el tiempo en las cabinas:
el tiempo en el desventurado comedor solitario,
inmóvil y visible como una gran desgracia.

Cuando baja la marea, el negro casco con manchones rojos de óxido se encarama sobre el verde acantilado de la isla y, cuando sube la pleamar hasta las escotillas de su entrepuente, el oleaje lo lengüetea como diciéndole: «Levántate y anda». Entonces los eslabones de la gruesa cadena, apilados al pie del castillo de proa, la gran hélice metida como un gran corazón en su bodega del medio, las cuadernas herrumbrosas crujen, como si quisieran armarse de nuevo y echarse a navegar.

Mi imaginación emocional se recuesta en el camarote desde donde acompañé a mi hermano en su último viaje por mar, para ir a enterrarlo al cementerio de Playa Ancha, en Valparaíso, y sobre el «púlpito», como se llama al sobrepuente donde está el compás de intemperie, veo la corpulencia espectral del capitán de alta mar Jensen, al que después encuentro en su puente de mando bebiendo con otros capitanes en la bahía de Quintero. Todo barco tiene un alma colectiva formada por los hombres que lo tripulan, aun cuando sus fierros viejos queden encallados en una isla. Alguna vez quise escribir mis recuerdos personales y fantasmales de barcos y navegaciones con el bello título de «Capitanes de alta mar». Otra tarea pendiente.

Conservo en mi escritorio un sol de mar, al que he transformado en una joya y en un dios, incrustándole tres turquesas que me dio mi mujer. La playa de los Enamorados de Quintero es muy peligrosa. Una mañana yo estaba entre las rocas sacando jaibas, cuando de súbito resbalé en la superficie resbalosa cubierta de algas. Habría tenido una caída muy peligrosa, tal vez mortal. Alcancé apenas a agarrarme de aquel sol de mar, que estaba firmemente adherido a la roca. Creo que me salvó la vida. Por eso le he rendido homenaje.

Un patrón de cúter me contó una vez que navegando por el sur del cabo de Hornos escuchó una música. Le pareció tan sorprendente que decidió investigar de dónde provenía. Remó en su chalupa hacia ese rumbo y encontró, entre un montón de rocas, un barco destrozado. El barco llevaba en su vientre un cargamento de pianos que habían quedado sobre una punta arenosa. Sobre sus teclados las olas hacían escalas de ida y vuelta. Intenté más de una vez contar este episodio, pero siempre me pareció que no lograba comunicar su misterio. Lo incluí en mi novela *El camino de la ballena* pero... no sé, siento que algo falta.

Las grandes olas del golfo de Penas son siempre un espectáculo. Hay que vivirlo sobre una embarcación para sentir sus turbulencias, capaces de sumergir en las profundidades naves de cualquier calado. ¡Ah, cuando son pequeñas y han osado la travesía! Aquí no hay «buque de arte» ni caballo marino que ayude. En el golfo se enfrentan cara a cara y se miden el mar bravío y el buque.

El buzo Juan Bustamante es de Castro, en la isla Grande de Chiloé, y bucea desde los dieciséis años. Un día me contó sobre el desarrollo del cultivo de moluscos como el choro o mitilo. Un científico chileno, el doctor José Estuardo, logró reconocer al macho y la hembra de esta especie e iniciar su reproducción artificial. Desde los años sesenta había en Chile cultivos de ostras y otros productos del mar. Hoy el país exporta grandes cantidades de salmones de río y de mar criados en grandes viveros.

Me gustan las herramientas y la vestimenta del buzo, que se hunde entre los cantiles submarinos del océano Pacífico, cuyos canales, erosionados por los ventisqueros, tienen poco fondo. La escafandra de caucho, a veces tan blanca, con la bola de bronce que se le atornilla en la cabeza al pie de la escalerilla de fierro, junto a la chalupa, el gran ojo de cristal y la manguera con la que se proporciona el aire, dan al buzo el aspecto de un dios monstruoso al hundirse en las profundidades. Si hay sol, reluce su cabeza de oro, como si fuera el astro rey cuando se oculta en el mar.

Bustamante me entusiasma con sus cuentos del fondo marino. Dice que las focas abren sus trompas y empiezan a lanzar burbujas de aire, como jugando. Lo siguen porque son curiosas y no atacan al hombre, a menos que sean atacadas.

He conocido a varios buzos, pero sólo a una buza. Eso fue en Puerto Aguirre, en unas islas llamadas Las Huillas. Ella y su marido, ambos jóvenes, se turnaban para descender al fondo del mar, mientras sus niños los esperaban.

En mis temporadas de verano en Quintero, por las noches siento a menudo la urgencia de salir a la terracita y mirar el cielo. Mirar la Vía Láctea, descubrir sus estrellas y, si hay luna llena, ver como ilumina el mar. Para mí es imposible describir semejante belleza. Mi limitación me hace rememorar lo que me dijera un amigo pintor: «A veces tengo que huir del paisaje y parece que la misma naturaleza me expulsara con violencia, así como no he podido retratar a una mujer hermosa».

Un 14 de diciembre de no sé qué año hubo un temporal de lluvia, inusitado en pleno verano. Al día siguiente, tuvimos un sol maravilloso con grandes nubes en el horizonte. Miro ese cielo muy azul, de baja transparencia, y cuento ciento veintisiete albatros que se desplazan sobre las aguas. Va uno adelante y los demás en dos perfectas líneas paralelas. Sigo largamente su vuelo magnífico, regular, imperturbable, determinado por un misterioso designio colectivo.

Sueño a menudo con mi padre y con frecuencia vuelvo a escuchar sus palabras finales: «Volvamos al mar».

Achuntar: dar en el blanco. En el juego de bolitas, dar con una en la otra.

Aguatero: el que sostiene el halar de una red.

Basilisco: culebra que nace de un huevo puesto por un gallo colorado.

Caballo marino: corcel de mar mitológico de largo lomo donde cabalgan hasta trece brujos para fines maléficos.

Cachigua: árbol de cuyos ganchos se hacen cuadernas para botes.

Cahuel: delfín.

Caleuche: buque fantasma que aparece y desaparece entre las aguas y los reflejos de las luces y sombras de la cambiante naturaleza de las islas.

Camahueto: unicornio mitológico.

Cancagua: piedra arenisca.

Cauchau: fruto de la luma.

Cauquiles: fosforescencias, noctilucas.

Champallas: aletas caudales de la foca y otros cetáceos.

Chelle: gaviota pequeña, de un blanco celeste y cabeza negra. Posiblemente, de su nombre autóctono y onomatopéyico provendría la denominación *chillehué*, «lugar de gaviotas» y luego Chiloé.

Chonchón: mechero de parafina y pabilo.

Choroy: loro.

Chupón: fruto del quiscal, especie de piña entre largas hojas espinosas.

Cola de zorro: *Alopecurus pratensis*. Planta gramínea de grandes espigas blancas.

Collín: enrejado de varas donde se ahúma el pescado.

Coo: nombre onomatopéyico de una lechuza blanca, por su grito.

Cuchivilu: cerdo de los pantanos.

Curanto: mezcla de mariscos, carnes, legumbres, papas, pan de papas y harina de trigo; se cocina en un hoyo sobre piedras calientes y cubierto con césped, helechos y hojas de pangue.

Cututa: avecilla de plumaje oscuro.

Dalcas: embarcaciones primitivas hechas de tres y cinco tablas de alerce calafateadas con su misma estopa.

Doya: especie de molusco, lapa.

Guache: trampa para cazar pájaros.

Hecho cheque: llevar a cuestas a una persona.

Imbunche: guardián de la cueva de Quicaví, monstruo criado por brujos con fines maléficos.

La viuda: mujer fantasmal y fatal, vestida de negro y con pies blancos que sube al anca de un jinete solitario por las noches.

Lío: fécula de la papa, chuño.

Llides: salsa de manteca con chicharrones molidos.

Lloco: obsequio de comidas después de una fiesta.

Losítas: diatomeas u otras conchas que semejan losas.

Macuñ: chaleco de brujo, hecho con piel de mujer.

Mechay: arbusto espinoso de cuyas raíces se obtiene tintura amarilla.

Millalobo: lobo de oro.

Mitahue: fruto del arbusto llamado peta.

Muermo: *Eucryphia cordifolia*. Ulmo.

Murta: fruto dulce y aromático de una hierba de espiga alta.

Palde: utensilio de hierro para sacar mariscos.

Pantalón de carro: pantalón hechizo de lana de oveja negra.

Patranca: especie de pingüino.

Piures: moluscos comestibles.